1re Année — N° 1 — Juin 1909

RECUEIL DES ARRÊTS

DE LA COUR D'APPEL DE RENNES

et

DES JUGEMENTS RENDUS

par les

Tribunaux de Première Instance, Civils et de Commerce, les Justices de Paix et les Conseils de Prud'hommes du Ressort

REVUE MENSUELLE

publiée par

MM. CHARLIER, CUAULT, DUBOIS, Avocats à la Cour,

avec la collaboration des

MEMBRES DU BARREAU ET DE LA COMPAGNIE DES AVOUÉS A LA COUR

ABONNEMENT ANNUEL : **10** FRANCS

PRIX DU NUMÉRO : **1** FR. **50**

RENNES
IMPRIMERIE DE L'HERMINE H. RIOU-REUZÉ
Rue de la Monnaie

1909

SOMMAIRE

Chemins de fer. — Tarifs homologués ayant force de loi. — Demande de wagons incomplète ou irrégulière. — Non-responsabilité de la Compagnie en cas de défaut de fourniture... 5

I. — Succession. — Legs. — Caractères. — Substitution prohibée. — Legs conditionnel.

II. — Acceptation bénéficiaire. — Effets. — Partage des biens. — Liquidation de la succession.

III. — Partage. — Créanciers des co-partageants. — Intervention. — Frais........ 7

Accident du travail. — Loi du 12 Avril 1906. — Assujettissement. — Abattage d'abres. — Commerce de bois........ 12

Accident du travail. — Loi du 9 Avril 1898. — Commune. — Entreprise de Pompes Funèbres. — Service Public. — Assujettissement........ 16

Attentats aux mœurs. — Excitation de mineurs à la débauche. — Présentation de dessins, gravures ou photographies. — Répétition........ 21

Avoué. — Responsabilité. — Mandat *ad litem*. — Adoption. — Transcription sur les registres de l'état-civil........ 22

I. — Vente d'immeubles. — Vente judiciaire. — Opposition.

II. — Prescription acquisitive. — Interruption........ 25

Chemin de fer. — Obtention et usage, sans droit, d'un billet au tarif militaire. — Escroquerie (non). — Contravention au Décret du 1er Mars 1901 et à la Loi du 15 Juillet 1845........ 27

Appel. — Irrecevabilité. — Actes incompatibles avec la réserve et l'exercice du droit d'appel........ 30

Testament. — Lecture. — Surdité. — Preuve........ 34

RECUEIL DES ARRÊTS

de la

DE LA COUR D'APPEL DE RENNES

AVIS

Afin de prévenir ou de dissiper tout malentendu, d'éviter toute confusion, nous croyons devoir exposer ici, en quelques mots, à nos Abonnés et à nos Lecteurs, l'origine et le but du *Recueil* que nous leur présentons.

Tout d'abord, il s'agit d'un *recueil absolument nouveau*, en ce sens qu'il n'est ni la résurrection, ni le prolongement ou la suite, sous un autre titre, d'aucune autre publication du même genre.

En le créant, nous n'avons ni la pensée, ni l'ambition de suppléer ou de remplacer les grandes collections de Jurisprudence comme le *Dalloz*, le *Sirey*, ou même la *Gazette du Palais*, la *Gazette des Tribunaux*. Notre but est seulement de combler une lacune maintes fois signalée par les magistrats et les hommes d'affaires du ressort de la Cour d'Appel de Rennes. Bien que celle-ci, en effet, soit parmi les plus importantes de France, — puisque sa juridiction s'étend sur cinq départements, comprenant vingt-cinq Tribunaux civils et onze Tribunaux de commerce distincts, soit au total *trente-six Tribunaux de première instance*, — elle ne possède actuellement aucun recueil spécial de ses arrêts. En sorte que pour l'étude et la solution des problèmes du droit, il est, sinon impossible, du moins toujours difficile de connaître et d'exposer les doctrines que sa jurisprudence a consacrées.

Nous avons donc résolu de réunir et de publier, pour les mettre à la disposition de tous ceux à qui ils peuvent être utiles, les arrêts susceptibles de présenter un intérêt général.

En même temps, nous avons pensé qu'il pouvait être précieux de recueillir la jurisprudence des Tribunaux du premier degré, qui offre souvent pour l'éclaircissement de maints problèmes, d'utiles suggestions.

Le plan que nous avons adopté est des plus simples, et il suffira à nos Lecteurs de parcourir le présent numéro pour le connaître.

Grâce à la collaboration que nous ont promise les Membres du Barreau et la Compagnie des Avoués à la Cour de Rennes, grâce aussi à la diligence des correspondants que le *Recueil* ne manquera pas de trouver auprès des différentes Juridictions, nous ne doutons pas pouvoir mettre aux mains de ceux qui le désiraient, un précieux instrument de travail.

* * *

Notre *Recueil* paraîtra par fascicules mensuels comprenant au moins 32 pages de texte in-8°. Il formera ainsi chaque année un volume de 385 à 400 pages, avec des tables analytique et chronologique des décisions rapportées.

Le prix de l'abonnement est fixé à **10** francs par an.

Pour s'abonner, il suffit de remplir le bulletin qui est joint à ce numéro, et de l'adresser à M. Riou-Reuzé, *Imprimerie de l'Hermine,* rue de la Monnaie, à Rennes.

RECUEIL DES ARRÊTS

DE LA COUR D'APPEL DE RENNES

et

DES JUGEMENTS RENDUS

par les

TRIBUNAUX DE PREMIÈRE INSTANCE, CIVILS ET DE COMMERCE,

LES JUSTICES DE PAIX

ET LES CONSEILS DE PRUD'HOMMES DU RESSORT

RECUEIL DES ARRÊTS

DE LA COUR D'APPEL DE RENNES

et

DES JUGEMENTS RENDUS

par les

Tribunaux de Première Instance, Civils et de Commerce,

les Justices de Paix

et les Conseils de Prud'hommes du Ressort

REVUE MENSUELLE

publiée par

MM. CHARLIER, CUAULT, DUBOIS, Avocats à la Cour,

avec la collaboration des

MEMBRES DU BARREAU ET DE LA COMPAGNIE DES AVOUÉS A LA COUR

« pour le déchargement duquel je vous prie de vouloir bien lui « donner le matériel ci-dessous :

« Wagons : P N, 700 tonnes ;

« Wagons : O, 900 tonneaux, avec l'indication de 9 des- « tinataires. »

Et le 25 Mars 1907, une autre lettre en ces termes :

« Je vous prie de fournir 1.320 tonnes de matériel Ouest, « pour les expéditions de houille à faire du steamer *de Fon-* « *taine,* que j'attends mercredi prochain, 27 courant, à la « marée de l'après-midi ; dessous, destinations de la marchan- « dise et quantité à expédier à chaque destinataire ; je « demande le tarif le plus réduit. ».

Considérant que par suite des conditions dans lesquelles les wagons ont été mis à sa disposition, Duval a été obligé à des frais de manutention et a subi dans ses livraisons des retards dont il rend responsable la Compagnie de l'Ouest ; que pour se dégager de cette responsabilité, celle-ci a excipé de l'irrégularité des demandes de Duval ;

Considérant que les tarifs des Compagnies dûment homologués et publiés ont force de loi ; qu'ils doivent être appliqués à la lettre et qu'il n'appartient pas plus aux Compagnies, dans leurs conventions, d'y déroger, qu'aux Tribunaux d'en modifier le caractère et la portée ;

Considérant que l'article 6 des conditions générales d'application des tarifs P. V. est ainsi conçu :

« *Fourniture de wagons :* Les expéditeurs sont tenus de « faire connaître à la gare de départ le nombre de wagons « qui leur sont nécessaires pour l'expédition des marchan- « dises, voitures ou animaux dont ils doivent ou peuvent « effectuer le chargement ; ils indiquent en même temps le « poids approximatif de ces objets ainsi que le réseau desti- « nataire, et spécifient si l'expédition doit être faite aux condi- « tions des tarifs généraux ou des tarifs spéciaux. »

Considérant que les termes des lettres précitées ne répondent pas à toutes ces obligations, que c'est en vain que Duval allègue que depuis de très longues années il a toujours correspondu dans les mêmes termes avec la Compagnie de l'Ouest et qu'il n'a jamais eu de difficultés avec elle ; que c'est en vain encore qu'il invoque le commencement d'exécution de ses demandes par la Compagnie ; que ce n'est pas en effet ce commencement d'exécution de la Compagnie qui pourrait se retourner contre elle et avoir pour conséquence de régulariser

RECUEIL DES ARRÊTS
de la
COUR DE RENNES

COUR D'APPEL DE RENNES (1re Chambre)
30 Juin 1908.

Chemins de fer. — Tarifs homologués ayant force de loi. — Demande de wagons incomplète ou irrégulière. — Non-responsabilité de la Compagnie en cas de défaut de fourniture.

Les tarifs des Compagnies de chemins de fer, dûment homologués et publiés, ont force de loi et doivent être appliqués à la lettre, et il n'appartient pas plus aux Compagnies d'y déroger dans leurs conventions qu'aux Tribunaux d'en modifier le caractère et la portée.

Spécialement, en ce qui concerne les demandes de wagons, lorsqu'elles ne comportent pas toutes les énonciations exigées par l'article 6 des Conditions générales d'application des tarifs spéciaux P. V., elles ne peuvent lier la Compagnie, dont la responsabilité, à défaut de fourniture, ne saurait en conséquence être retenue.

On invoquerait en vain, pour échapper à cette solution, que depuis de très longues années on a correspondu dans les mêmes conditions avec la Compagnie, et qu'il n'en est jamais résulté de difficultés, ou encore que la Compagnie a fourni un commencement d'exécution, ce commencement d'exécution ne pouvant avoir pour conséquence de régulariser une situation irrégulière.

COMPAGNIE DES CHEMINS DE FER DE L'OUEST C DUVAL.

LA COUR :

Considérant que Duval, marchand de charbon à Saint-Nazaire, a adressé au Chef de gare de cette ville, le 6 Mars 1907, une lettre ainsi conçue :

« J'ai l'honneur de vous informer que j'attends samedi « prochain le steamer *Grégynog*, avec une cargaison de houille une situation qui ne l'était pas ; que, dans ces conditions, c'est à bon droit que la Compagnie de l'Ouest est venue prétendre qu'elle n'était pas liée par les demandes incomplètes, irrégulières de Duval, ne répondant pas à toutes les obligations exigées par les tarifs et règlements ; que par suite, c'est à tort que le jugement entrepris a reconnu sa responsabilité.

Par ces motifs :

Dit qu'il a été bien appelé, mal jugé ;

Réformant et faisant ce que les premiers Juges auraient dû faire :

Dit Duval mal fondé en sa demande de dommages-intérêts, l'en déboute ;

Maintient la prescription relative à l'enregistrement des lettres des 6 Mars et 25 Mars 1907 ;

Condamne Duval en tous les dépens de première instance et d'appel ;

Le déboute de toutes ses demandes, fins et conclusions ;

Ordonne la restitution de l'amende.

MM. Maulion, 1er Président, — Martin, av. gén., — Dorange et Leborgne, av.

COUR D'APPEL DE RENNES (1re et 2e Chambre).
17 Juillet 1907 et 10 Juillet 1908.

I. — **Succession. — Legs. — Caractères. — Substitution prohibée. — Legs conditionnel.**

II. — **Acceptation bénéficiaire. — Effets. — Partage des biens. — Liquidation de la succession.**

III. — **Partage. — Créancier des co-partageants. — Intervention. — Frais.**

1° L'institution conjointe comme légataires universels de deux personnes, — en l'espèce : un neveu et une nièce, — avec cette stipulation que dans le cas où celle-ci viendrait à mourir sans enfants la part qu'elle aurait recueillie dans la succession appartiendrait à son co-légataire ou aux enfants de celui-ci, ne révèle pas chez le testateur la volonté de régler la succession de sa légataire en même temps que la sienne et d'organiser un ordre successif de transmission des biens : elle ne constitue donc pas une substitution prohibée.

Il faut voir seulement dans de semblables dispositions deux legs conditionnels alternatifs, l'un sous condition résolutoire, l'autre sous condition suspensive.

2° L'art. 826 C. civ., aux termes desquels chacun des cohéritiers peut demander sa part en nature des meubles et immeubles de la succession est applicable, même quand l'un des cohéritiers n'a accepté la succession que sous bénéfice d'inventaire.

Si l'acceptation bénéficiaire crée au regard des tiers une séparation de patrimoine au profit de l'héritier qui a accepté sous bénéfice d'inventaire, celui-ci ne peut enlever à l'héritier pur et simple son droit absolu de perpétuer la personne du de cujus *et de payer ses dettes mêmes* ultra vires.

L'obligation imposée à l'héritier bénéficiaire de réaliser l'actif et d'éteindre le passif ne s'étend qu'à la part qu'il recueille dans la succession.

3° Si les créanciers des co-partageants peuvent intervenir aux opérations du partage et aux procès auxquels elles peuvent donner lieu, ils doivent seuls supporter les dépens de leur intervention, alors même que leur débiteur triompherait dans ses prétentions.

COUPEL C BÊCHU et BOURGOINT

Ces solutions résultent des arrêts suivants, qui font suffisamment connaître les circonstances de la cause.

ARRÊT RENDU PAR LA PREMIÈRE CHAMBRE DE LA COUR D'APPEL, LE 17 JUILLET 1907 :

LA COUR :

Considérant que le jugement du Tribunal Civil de Vitré du 28 Novembre 1906 a été régulièrement frappé d'appel par Coupel, agissant en qualité de tuteur naturel et légal et avec l'autorisation du conseil de famille de Fernande Coupel, sa fille mineure ; que cet appel est recevable.

Au fond, considérant que, par son testament du 20 Juin 1903, la dame Musanger a institué conjointement comme légataires universels sa nièce Fernande Coupel et son neveu Raoul Béchu ; qu'elle a ajouté « dans le cas où Fernande « Coupel viendrait à mourir sans enfants, la part qu'elle aurait « recueillie dans ma succession appartiendrait à Raoul Béchu « ou ses enfants » ;

Considérant que, d'après les termes du testament, il est manifeste que la dame Musanger n'a pas voulu régler la succession de sa légataire en même temps que la sienne et organiser un ordre successif de transmission des biens ; qu'elle n'a pas fait une double institution imposant à Fernande Coupel la charge de conserver pour rendre au sens de l'art. 1048 du C. civ. ; que les dispositions testamentaires litigieuses renferment deux legs conditionnels alternatifs, de sorte que les droits de l'un ou de l'autre des légataires se fixeront rétroactivement au jour de l'ouverture de la succession, et qu'ainsi la condition résolutoire advenant, Armand Béchu tiendra les biens non de Fernande Coupel dont les droits seront résolus, mais de la testatrice directement et sans intermédiaire, et que de même si la condition ne se réalise pas, il verra disparaître sa vocation éventuelle ;

Par ces motifs et adoptant en outre ceux qui ont déterminé les premiers juges :

Reçoit Coupel ès-qualités dans son appel ; au fond, l'en déboute ;

Dit qu'il a été bien jugé, mal appelé, confirme le jugement entrepris ;

Dit qu'il sortira son plein et entier effet ;

Condamne l'appelant ès-qualité à l'amende et aux dépens d'appel.

Cet arrêt a été frappé d'un **pourvoi** en cassation. Le 24 Juin 1908, la Chambre des Requêtes a rejeté le pourvoi par un arrêt ainsi conçu :

La Cour :

Sur le moyen unique, pris de la violation de l'art. 896 C. civ. et de l'article 7, Loi du 20 avril 1810, pour défaut de base légale :

Attendu que par un testament olographe en date du 20 juin 1903, la dame Musanger, après avoir institué pour ses légataires universels sa nièce Fernande Coupel et son neveu Raoul Béchu, a mis à ces legs les conditions suivantes : « Dans le cas où Mlle Coupel viendrait à mourir sans enfants, la part qu'elle aurait recueillie dans ma succession appartiendrait à Raoul Béchu ou à ses enfants » ;

Qu'appelés à fixer le caractère juridique de cette disposition, les juges du fond ont pu décider, sans la dénaturer, qu'elle contenait non une substitution prohibée par l'article 896, mais deux legs conditionnels alternatifs, le premier sous condition résolutoire, le deuxième sous la condition suspensive inverse ;

Qu'en effet, si Fernande Coupel meurt sans postérité, son legs étant résolu, elle sera censée n'avoir jamais possédé les biens que, par l'effet rétroactif de la condition, Raoul Béchu tiendra directement et sans intermédiaire de la testatrice ; que si, au contraire, Fernande Coupel laisse des enfants, son cousin Raoul Béchu ne recevra rien et n'aura été appelé qu'éventuellement ;

Qu'il n'y aura donc pas deux transmissions, mais une transmission unique caractérisée par deux legs, produisant effet, non l'un après l'autre, mais l'un à défaut de l'autre ; que de telles dispositions sont permises par l'art. 1040 C. civ.

PAR CES MOTIFS, rejette....

A la suite de l'arrêt de la Cour d'Appel de Rennes du 17 Juillet 1907, les opérations de partage de la succession de la dame Musanger se sont poursuivies entre M. Béchu et M. Coupel ès-qualités. Elles ont donné lieu à de nouvelles difficultés et à un nouveau procès qui s'est terminé par l'**Arrêt** suivant, rendu le 10 Juillet 1908, par la Deuxième Chambre de la Cour de Rennes.

LA COUR :

Considérant qu'aux termes de l'art. 826 C. civ. chacun des cohéritiers peut demander sa part en nature des meubles et immeubles de la succession ; que ce principe est applicable même lorsque l'un des cohéritiers a accepté seulement sous bénéfice d'inventaire la succession qui doit au regard de chacun des cohéritiers être liquidée d'après la règle propre au mode que chacun a choisi.

Considérant en effet que si l'acceptation bénéficiaire crée au regard des tiers une séparation des patrimoines au profit de l'héritier qui a accepté sous bénéfice d'inventaire, celui-ci ne peut enlever à l'héritier pur et simple son droit absolu de perpétuer la personne du *de cujus* et de payer ses dettes même *ultra vires*

Considérant que l'obligation de l'héritier bénéficiaire de réaliser l'actif et d'éteindre le passif ne s'étend qu'à la part qu'il recueille dans la succession ; que le principe de la division, entre cohéritiers, des droits du défunt, s'applique même au cas où l'un des héritiers n'a accepté que sous bénéfice d'inventaire ; que d'ailleurs l'acceptation bénéficiaire ne rend pas exigibles les dettes à terme, et qu'un cohéritier, même sous bénéfice d'inventaire, ne peut contraindre ses cohéritiers à vendre des immeubles de la succession pour acquitter des dettes à terme ;

Considérant qu'il n'y a pas lieu, à moins d'accord contraire, de vendre, avant le partage, des immeubles grevés d'hypothèque, le règlement du passif entre les cohéritiers étant une opération de la liquidation et non pas une opération préalable au partage lorsque le partage est possible en nature et est réclamé par un des cohéritiers ;

Considérant qu'il n'y a pas à tenir compte des inconvénients qui pourraient résulter pour l'avenir du mode de partage que la loi permet à l'un des héritiers de choisir ;

Considérant que Bourgoint, intervenant en 1re instance, ne fait pas appel du jugement du Tribunal de Vitré ; que Béchu triomphe dans son appel, mais que Bourgoint n'en doit pas moins aux termes de l'art. 882 C. civ. supporter les dépens occasionnés par son intervention ;

PAR CES MOTIFS :

Reçoit Béchu dans son appel, et, y faisant droit, dit qu'il a été bien appelé, mal jugé ; réforme et met à néant le jugement du Tribunal civil de Vitré du 8 avril 1908 et faisant ce que les premiers juges auraient dû faire, homologue les rapports déposés au greffe de Vitré par MM. Rassin et Sinoir ;

Dit que Béchu ne peut être tenu de vendre une part des immeubles pour l'acquit des dettes hypothécaires de la succession ;

Renvoie les parties devant Me Goriaux, notaire, pour qu'il soit procédé au tirage au sort des lots composés par les experts ;

Dit que les dépens seront employés en frais privilégiés de liquidation et de partage, sauf ceux nécessités par l'intervention du sieur Bourgoint qui resteront à la charge de celui-ci ;

A plus avant prétendre, dit les parties non recevables et mal fondées, ; les déboute de toutes conclusions plus amples ou contraires ;

Ordonne la restitution de l'amende.

MM. DE SAVIGNON-LAROMBIÈRE, Prés., — MAHOUDEAU, av.-gén., — AJAM (du Barreau du Mans) et MAULION, av.

COUR D'APPEL DE RENNES (1re Chambre)
16 Décembre 1908.

Accident du travail. — Loi du 12 Avril 1906. — Assujettissement. — Abattage d'arbres. — Commerce de bois.

Le commerce de marchand de bois comprend non seulement l'achat et la vente du bois, mais encore l'ensemble des moyens mis en œuvre pour réaliser le but commercial poursuivi.

L'abattage d'un arbre, acheté et exploité par un marchand de bois non pour ses besoins personnels, mais uniquement pour être utilisé dans son commerce, constitue une opération commerciale entraînant l'application de la loi du 12 Avril 1906. Et l'accident survenu au cours de cette opération procure à l'ouvrier blessé ou à ses ayant-droits, le bénéfice des dispositions de la loi du 9 Avril 1898

La Compagnie d'assurance, qui s'est engagée à garantir tous les accidents pouvant survenir dans le commerce de bois de son assuré, est tenue de relever celui-ci des conséquences de l'accident survenu dans ces conditions.

Vve FERRÉ C PAROIS et l'*Urbaine et la Seine.*

Le Tribunal civil de Nantes a rendu, le 24 Février 1908, le jugement suivant qui fait connaître les circonstances de la cause :

Attendu que la Vve Ferré, agissant tant en son nom personnel que comme tutrice légale de sa fille mineure née en 1897, a fait assigner le sieur Parois et la Compagnie d'assurances l'*Urbaine*, qui l'assure, à la suite d'un accident survenu à son mari le 3 Octobre 1907, qui a entraîné sa mort ;

Attendu qu'il résulte des faits de la cause que le 3 octobre 1907, le sieur Parois, marchand de bois en gros à la Bénate, commune de Saint-Etienne-de-Corcoué, était occupé avec les sieurs Forgeau, Ferré et Rondeau, à abattre un arbre ; qu'un coup de vent étant survenu, l'arbre est tombé plus vite qu'on ne pensait, et Ferré a été pris sous l'arbre ;

Attendu que Parois demande que, dans tous les cas, la Compagnie l'*Urbaine* soit condamnée à le garantir des condamnations qui pourraient être prononcées contre lui ;

Que de son côté, la Compagnie d'assurances l'*Urbaine*, après avoir soulevé l'incompétence du Tribunal Civil de Nantes, déclare abandonner ce moyen et se borne à conclure à sa mise hors cause comme n'assurant pas Parois sur le risque d'abattage d'arbres ;

Attendu qu'il est de jurisprudence constante que la loi du neuf Avril mil huit cent quatre-vingt-dix-huit n'est appicable à l'agriculture qu'en ce qui concerne les accidents occasionnés par l'emploi de machines mues par des moteurs inanimés, et ces accidents sont à la charge de l'exploitant du moteur, en vertu de la loi de 1899 ;

Que l'exploitation d'une coupe forestière, lorsqu'elle se borne à l'abattage des arbres, à leur sciage en permettent l'enlèvement, ou à l'empilage des bûches, est par elle-même un travail agricole, sans qu'il y ait lieu de rechercher s'il y est procédé pour le compte du propriétaire ou pour le compte d'un tiers acquéreur de la coupe ;

Que spécialement, lorsqu'un ouvrier bûcheron, travaillant pour le compte d'un marchand de bois, a été blessé par la chute d'un arbre qu'il venait d'abattre, ledit marchand de bois ne saurait être déclaré responsable, en vertu de l'article 1er de la loi du 9 Avril 1898, pour ce motif que l'on ne peut assimiler à une opération agricole, les opérations commerciales auxquelles se livrait le patron, s'il n'est relevé aucun fait, en dehors de ceux qui sont la suite nécessaire de l'abattage, qui soit de nature à établir qu'un chantier avait été organisé sur le parterre de la coupe en dehors de l'exploitation forestière, ou qu'il était fait usage d'un moteur inanimé dont l'emploi a occasionné l'accident (C. de Cassation, Chambre civile, 4 Août 1902 et 26 Octobre 1903) ;

Que cette jurisprudence, qui avait été précédemment admise par la Cour de Rennes, a été confirmée par de nouveaux arrêts de la Cour de Cassation (8 Février 1904) ;

Que le 23 Juillet 1902, le Conseil d'Etat avait également décidé que l'article unique de la loi du 30 Juin 1899, excluant l'application à l'agriculture de la loi du 9 Avril 1898, dans tous les cas où il n'est pas fait emploi de machines mues par des moteurs inanimés, l'acheteur d'une coupe de bois dont le travail d'exploitation constitue un travail agricole, n'est pas imposable à la taxe additionnelle à la patente prévue par la loi de 1898, lorsqu'il ne fait pas usage de moteurs inanimés ;

Qu'en vain la Vve Ferré essaie de soutenir que la loi de 1906 ayant étendu les risques des accidents à toutes les entreprises commerciales, et le sieur Parois étant commerçant, l'accident dont a été victime son mari, tombe sous l'application de la loi de 1898 ;

Que la loi de 1906 n'a pas pu avoir pour effet de modifier la nature de l'exploitation de coupe de bois ou d'abattage d'arbres ;

Que cette exploitation n'est pas considérée comme une entreprise commerciale, mais comme un travail agricole ;

Que dès lors un accident survenu au cours d'une exploitation de ce genre ne saurait donner lieu à une réparation que si on se trouve dans les conditions prévues par la loi de 1898 ;

Que la Vve Ferré ne saurait soutenir utilement que ces éléments se trouvent dans la cause.

PAR CES MOTIFS :

Décerne acte à la Compagnie l'*Urbaine* de cé qu'elle renonce à soutenir l'incompétence du Tribunal de Nantes ;

Déboute la Vve Ferré, tant en son nom personnel qu'en qualité qu'elle agit, de ses demandes, fins et conclusions ;
La condamne aux dépens.

Appel. — Arrêt (16 Décembre 1908).

LA COUR :

Considérant qu'il résulte des renseignements appris aux débats, que Ferré a été tué par la chute d'un arbre pendant qu'il travaillait à l'abattre ; — qu'il était à ce moment au service de Parois, marchand de bois à la Bénate ;

Considérant qu'il en ressort, d'autre part, que cet arbre faisait partie d'un petit lot d'arbres acheté par Parois ; — qu'il a été complètement exploité, les plus petites branches mises en fagots, les plus grosses débitées en rondins ; — que les fagots ont été vendus ; que le corps de l'arbre a été débité en planches destinées à faire des barriques, c'est-à-dire à être livrées au commerce soit comme planches, soit à l'état de barriques ; — que l'exploitation de l'arbre n'a pas été faite pour les besoins personnels de Parois, mais uniquement pour être utilisée dans son commerce de marchand de bois ; — que ce commerce comprend non seulement l'achat et la vente du bois, mais encore l'ensemble des moyens mis en œuvre pour réaliser le but poursuivi, c'est-à-dire la vente suivant le besoin des acheteurs ;

Considérant que la loi de 1906 a étendu aux entreprises commerciales le bénéfice des dispositions de la loi du 9 Avril 1898 ; qu'il y a donc lieu d'en faire l'application ;

Sur le salaire de base :

Considérant que la Vve Ferré allègue que son mari gagnait 520 francs par an, qu'il recevait, en outre, une prestation en nature de deux litres de vin par jour, représentant une valeur de 240 francs ; enfin qu'il percevait 150 francs à titre de travaux supplémentaires ; que Parois conteste ces heures supplémentaires en s'appuyant sur son livre de paie ;

Considérant qu'il ne produit pas ce livre de paie ; mais que, d'autre part la Vve Ferré, à qui incombe la preuve de la consistance du salaire de son mari, ne justifie le paiement de ces heures supplémentaires par aucun document probant ; — qu'il y a donc lieu de fixer le salaire de base, à l'aide des éléments sur lesquels sont d'accord les parties, tout en tenant compte de l'évaluation de la veuve Ferré, pour le montant des prestations en nature, c'est-à-dire sept cent soixante francs ;

Considérant que c'est avec raison que Parois invoque le bénéfice de la police qu'il a souscrite le 3 Septembre 1900, à la Compagnie l'*Urbaine et la Seine;* qu'elle garantit, en effet, de tous les accidents pouvant survenir dans son commerce de bois ;

Considérant que les faits offerts en preuve sont dès à présent établis par tous les documents du débat ;

PAR CES MOTIFS :

Dit qu'il a été bien appelé, mal jugé ;

Réformant et faisant ce que les premiers juges auraient dû faire :

Dit que l'accident dont a été victime Ferré s'est produit dans l'accomplissement d'un travail nécessité par la profession de marchand de bois de Parois et de son entreprise commerciale ;

Que c'est avec raison que la veuve Ferré s'est prévalue à son encontre des dispositions de la loi de 1906 et de 1898 ;

Dit que c'est également à bon droit que Parois se prévaut des dispositions de la police du 5 Septembre 1900 avec la Compagnie l'*Urbaine et la Seine,* et réclame sa garantie ;

Condamne en conséquence Parois à servir à la veuve Ferré, à trimestre échu :

1o Une rente annuelle viagère, correspondant à 20 % du salaire de base fixé à 760 francs ;

2o Une rente annuelle de 15 % du même salaire, jusqu'à l'accomplissement de sa seizième année, à sa fille mineure issue de son mariage avec le *de cujus ;*

Le condamne, en outre, aux frais funéraires de Ferré ;

Condamne enfin la Compagnie l'*Urbaine et la Seine,* à garantir et indemniser Parois de toutes les condamnations résultant du présent arrêt ;

Condamne l'*Urbaine et la Seine* en tous les dépens de première instance et d'appel ;

Déboute les parties de toutes leurs demandes, fins et conclusions contraires, tant principales que subsidiaires.

MM. MAULION, 1er Président, — MAHOUDEAU, av. gén., — CHARLIER, PUGET (du Barreau de Nantes) et DYÈVRE, av.

COUR D'APPEL DE RENNES (1re Chambre)
22 Février 1909.

Accident du travail. — Loi du 9 Avril 1898. — Commune. — Entreprise de Pompes Funèbres. — Service Public. — Assujettissement.

L'article 1er de la loi du 9 Avril 1898, qui assujettit au risque professionnel les entreprises de transport, embrasse dans la généralité de ses termes les entreprises de pompes funèbres.

Il en est ainsi non seulement quand l'exploitation est dirigée par un particulier ou une société privée, mais encore quand elle est assurée en régie par une commune, bien qu'en ce cas ladite commune remplisse un service public, les services publics n'étant pas nécessairement exempts des conséquences du risque professionnel.

Pour être considérée comme appartenant à la classe des industriels assujettis, il faut sans doute que la commune ait exploité dans un but de lucre; mais cette circonstance se trouve réalisée quand il apparaît que la commune a exploité directement pour profiter elle-même des bénéfices que laisse l'exploitation.

VILLE DE NANTES *C.* Vve HALGAND.

Le Tribunal Civil de Nantes a, le 6 Février 1908, rendu le jugement suivant :

Attendu que la Vve Halgand a fait assigner la Commune de Chantenay, à la suite d'un accident qui serait survenu à son mari, Halgand Auguste, porteur des Pompes Funèbres supplémentaire, le 28 Juin 1907, et qui aurait entraîné la mort survenue le 6 Août suivant ;

Attendu que, le 28 Juin 1907, Halgand était employé en qualité de porteur au service des Pompes Funèbres de Chantenay, quand il eut l'auriculaire gauche écrasé par un cercueil qui lui tomba sur la main, alors qu'il le rentrait, avec un autre porteur, dans une maison où il devait être procédé à un ensevelissement ;

Que des complications se produisirent et qu'il mourut le 6 Août 1907 ;

Attendu que sa veuve a assigné la Commune de Chantenay, en invoquant la loi du 9 Avril 1908 et qu'elle demande l'allocation d'une rente de 280 francs, basée sur un salaire de 1400 francs ;

Qu'elle demande également, si le Tribunal n'est pas éclairé dès maintenant, qu'il soit procédé à une expertise ;

Que, de son côté, la commune de Chantenay soutient que la loi de 1908 ne saurait être applicable, le service des Pompes Funèbres constituant un service public; qu'elle prétend en outre que la Vve Halgand ne justifie pas de la relation de cause à effet existant entre l'accident dont Halgand a été victime et sa mort;

Qu'enfin, elle conteste le chiffre du salaire de base fixé à 1400 fr. et l'évalue à 1080 fr.

Sur l'applicabilité de la loi de 1898 :

Attendu que le 25 Mars 1901, le Conseil d'État a déclaré que les entrepreneurs de Pompes Funèbres, dont l'industrie comporte le transport des corps ainsi que des personnes qui les accompagnent, ne sont pas fondés à se prévaloir du caractère particulier des transports qu'ils effectuent pour soutenir qu'ils ne sont pas des entrepreneurs de transport dans le sens de l'art 1er de la loi de 1908 et doivent payer la taxe établie par l'art. 25 de la même loi;

Qu'un arrêt de la Cour de Paris du 5 Août 1904 a également décidé que la Société des Pompes Funèbres devait être considérée comme une véritable entreprise de transport et que la loi sur les accidents du travail lui était applicable;

Que par suite un des employés au service de cette entreprise peut réclamer le bénéfice de cette loi, alors qu'il a été victime d'un accident de travail;

Que la commune de Chantenay, il est vrai, invoque le fait qu'elle n'a pas traité avec une entreprise de Pompes Funèbres et qu'elle s'est chargée de faire procéder elle-même aux inhumations;

Attendu que ce système ne saurait être admis;

Que le 7 Mars 1900 le Comité consultatif des assurances contre les accidents du travail a été consulté par le Ministre sur cette question;

Que le Comité se référant à son avis du 29 Novembre 1899 sur l'assujettissement du Département et des Communes, qui doivent être considérés comme responsables des accidents survenus au personnel ouvrier qu'ils emploient directement, ou dans le cas où le seraient les chefs d'entreprise avec lesquels ils auraient pu traiter, pour la même catégorie de travaux, a été d'avis que le Département et la Commune se trouvent soumis pour les mêmes travaux aux mêmes responsabilités;

Que la commune de Chantenay a cru devoir faire procéder elle-même aux inhumations, sans vouloir en charger une entreprise spéciale aux Pompes Funèbres;

Que s'ils étaient confiés à une entreprise privée, les transports des corps emporteraient l'assujettissement des entrepreneurs à la loi du 9 Avril 1898;

Que dès lors, la commune se trouvant en son lieu et place, doit être tenue des mêmes responsabilités;

Sur le salaire de base :

Attendu que la Vve Halgand, demande qu'il soit fixé à 1400 francs; qu'elle soutient que son mari exerçait en qualité de porteur supplémentaire des Pompes Funèbres une industrie discontinue et qu'il y a lieu d'ajouter aux émoluments qu'il recevait de la commune de Chantenay, la somme qu'il gagnait par ailleurs en fabricant du chocolat;

2

Attendu que la Vve Halgand n'apporte aucun chiffre permettant d'évaluer les bénéfices que son mari pouvait réaliser en dehors de son emploi de porteur de Pompes Funèbres ;

Que pour fixer son salaire, il y a lieu de prendre le salaire des employés de la même catégorie ;

Que les employés porteurs des Pompes Funèbres dans la commune de Chantenay sont payés 90 francs par mois, soit 1080 francs ;

Que ce chiffre doit être pris comme celui du salaire de Halgand ;

Sur la relation de cause à effet :

Attendu que le Tribunal ne possède pas les éléments nécessaires pour trancher cette question, et qu'il y a lieu d'ordonner l'expertise demandée par la Vve Halgand ;

PAR CES MOTIFS :

Dit applicable à la cause la loi du 9 Avril 1898 ;

Fixe le salaire de Halgand à 1080 francs ;

Nomme MM. les Docteurs Malherbe, Ollive et Monnier en qualité d'experts ; etc....

Appel par la Commune de Chantenay, aujourd'hui représentée par la Ville de Nantes. — **Appel incident** par la Vve Halgand. — **Arrêt** (22 Février 1909) :

LA COUR :

Considérant, que le 28 Juin 1907, Halgand, employé par la commune de Chantenay en qualité de porteur supplémentaire des pompes funèbres, a eu l'auriculaire gauche écrasé par un cerceuil qu'il apportait dans une maison pour un ensevelissement, et qu'il est mort le 6 août suivant ;

Que sa veuve réclame à la commune la rente fixée par l'article 3 de la loi du 9 avril 1898 ;

Que la commune de Chantenay ayant été annexée par une loi du 3 avril 1908 à la ville de Nantes, celle-ci a repris l'instance pour elle ;

Considérant que les parties sont en désaccord sur deux points : le premier relatif à l'applicabilité de la loi du 9 avril 1898, le second concernant la relation de cause à effet entre l'accident et le décès ;

Sur l'application de la loi du 9 avril 1898 :

Considérant que l'article 1er de cette loi vise expressément les entreprises de transport, parmi les industriels qu'il assujettit au risque professionnel ; que la généralité de l'expression embrasse les entreprises de pompes funèbres qui, d'une façon nécessaire et principale, comportent le transport des corps ;

Que si cette solution ne peut être sérieusement contestée quand l'exploitation est dirigée par un particulier ou par une société privée, il n'en saurait être différemment quand elle est assurée en régie par la commune ;

Qu'à la vérité la commune, lorsqu'elle exploite elle-même, remplit un service public ; mais que les services publics ne sont pas nécessairement exempts des conséquences du risque professionnel ; que, bien au contraire, l'Etat, les Départements, les Communes, qui font exécuter des travaux en régie, sont assujettis, en règle générale, à la loi du 9 Avril 1898, lorsque le travail, par le fait duquel un accident s'est produit, rentre dans la catégorie de ceux qui engageraient la responsabilité d'un chef d'entreprise ; que le principe de cet assujettissement résulte nettement du § 5 de l'article 13 de la loi de 1898, qui, pour certains travaux exécutés ou surveillés par l'Etat, interdit l'expertise et y substitue le rapport des agents chargés du contrôle ;

Que, sans doute, pour être considérée comme appartenant à la classe des industriels assujettis, il faut que la commune ait exploité dans un but de lucre ;

Mais qu'on ne saurait prétendre que la commune de Chantenay, en assurant elle-même le service des pompes funèbres, n'avait en vue aucun avantage pécuniaire ; qu'il est évident qu'elle l'exploitait directement pour profiter elle-même des bénéfices qui en résultent ;

Sur la relation de cause à effet entre l'accident et le décès :

Considérant que Halgand a été blessé le 28 Juin, vers 3 heures 1/2 du soir, à l'auriculaire de la main gauche ;

Que le témoin qui a pansé de suite le doigt a déclaré dans l'enquête du juge de Paix, que la blessure était horrible et qu'il avait fait ensuite une partie du travail de Halgand ;

Que la femme Halgand a affirmé dans la même enquête que son mari avait passé une nuit très pénible ;

Que le docteur Plantard, qui a vu le blessé le lendemain et qui l'a soigné d'une façon continue, atteste que la plaie à l'auriculaire a causé une lymphangite de l'avant-bras et du bras, des abcès nombreux sur le membre atteint, de l'arthrite des os de la main, de la suppuration de l'articulation du poignet, et que ce sont ces complications, suites immédiates de la blessure du 28 Juin, qui ont entraîné la mort le 6 Août suivant ;

Que cette appréciation est très nettement confirmée par le docteur Sourisse, qui, en l'absence du docteur Plantard, a également donné des soins au blessé, et par le docteur Poisson, qui a aussi été appelé près du malade ;

Qu'il est donc certain que la mort est la conséquence de l'accident du 28 Juin ;

Sur le salaire de base et la rente :

Considérant que les parties sont d'accord pour reconnaître que les premiers juges l'ont fixé avec raison à 1,080 francs ;

Que la veuve a droit à une rente viagère égale à 20 % du salaire ;

Sur les frais funéraires :

Considérant que la veuve Halgand est en droit de les réclamer dans la mesure fixée par le § 1 de l'article 4, et que la commune ne conteste pas ses conclusions sur ce point ;

PAR CES MOTIFS, et ceux non contraires des premiers Juges :

Confirme le jugement du Tribunal Civil de Nantes, en ce qu'il a déclaré applicable à la cause la loi du 9 Avril 1898, et fixé le salaire de base à 1080 francs ;

Le réforme en ce qu'il a ordonné une expertise ;

Dit qu'il est dès à présent établi que le décès est la conséquence de l'accident ;

Condamne le Maire de la Ville de Nantes, ès qualités, à servir à la veuve Halgand, à partir du décès de son mari, une rente annuelle viagère de 216 francs, payable par trimestre et à termes échus ;

Le condamne en outre au paiement des frais funéraires ;

Le condamne enfin à l'amende et en tous les dépens de première instance et d'appel.

MM. DE SAVIGNON-LAROMBIÈRE, Prés., — MAHOUDEAU, av. gén., — MAULION et DUBOIS, av.

COUR D'APPEL DE RENNES (appels correctionnels)
19 Mai 1909

Attentats aux mœurs. — Excitation de mineurs à la débauche. — Présentation de dessins, gravures ou photographies. — Répétition.

La présentation à des mineurs de dessins, gravures ou photographies licencieuses peut être considérée comme un acte d'excitation à la débauche.

Mais il faut pour que cet acte puisse être réprimé en vertu des dispositions de l'art. 334 C. Pén. qu'il ait été répété.

VON B.... *C* LE MINISTÈRE PUBLIC.

LA COUR :

Considérant qu'après avoir avec raison écarté du débat toutes les autres charges relevées par la prévention à l'encontre de Von B...., inculpé d'excitation habituelle de mineurs à la débauche, le Tribunal a retenu contre lui pour motiver la condamnation prononcée les deux faits suivants :

1° Au mois de Novembre 1908, à Brest, remise à In..., âgé de 13 ans, Ce..., âgé de 14 ans et Da..., âgé de 12 ans, d'une photographie obcène ;

2° Remise quelques jours après, aux mêmes enfants de deux albums contenant plusieurs photographies tout à fait obcènes ;

En ce qui concerne le premier fait :

Considérant que la photographie était placée dans un portefeuille, dans lequel elle a été trouvée par Ce..., qui l'a ensuite montrée à ses camarades In... et Da... ; qu'il n'est pas établi que le portefeuille ait été remis à l'enfant avec la volonté de lui faire voir cette photographie et de l'exciter par ce moyen à la débauche ; que d'autre part, si elle représente un jeune homme en état de nudité, elle n'est cependant pas par elle-même obscène, licencieuse et de nature à exciter à la débauche : que ce premier fait retenu par le jugement entrepris doit donc être écarté :

En ce qui concerne le second fait :

Considérant que si la présentation à des mineurs de dessins, gravures, photographies obscènes ou licencieuses, faite dans certaines conditions peut être considérée comme un acte d'excitation à la débauche, il faut pour que cet acte puisse être réprimé en vertu des dispositions de l'art. 334 du Code pénal qu'il ait été répété ; qu'il suit de là que le fait isolé restant à la charge de Von B...., quelque blamàble qu'il soit, échappe à la répression pénale.

PAR CES MOTIFS :

Dit mal jugé, bien appelé ;

Corrigeant et réformant ; dit que le délit d'excitation habituelle de mineurs à la débauche n'est pas établi à la charge de Von B.....

En conséquence l'acquitte et le renvoie des fins de la prévention sans peine ni dépens.

MM. SAIGET, présid., — LE MARC'HADOUR, av. gén., — CHAUVEAU, av.

COUR D'APPEL DE RENNES (1re Chambre).

24 Mai 1909.

Avoué. — Responsabilité. — Mandat *ad litem*. — Adoption. — Transcription sur les registres de l'état-civil.

C'est à l'avoué à la Cour, mandataire ad litem, *que revient le soin de réaliser les diverses diligences et formalités prescrites par un arrêt d'adoption.*

Mais il peut résulter des circonstances du procès que l'avoué de 1re instance a accepté de se substituer à son confrère pour l'accomplissement de ces formalités.

A défaut de production d'un mandat spécial on peut trouver le commencement de preuve par écrit suffisant pour l'établir dans cette double circonstance que l'avoué de 1re instance a d'une part fait procéder à l'affichage de l'arrêt en prenant sur les placards la qualité d'avoué des adoptants et que d'autre part il a réglé non seulement ses honoraires mais encore ceux de son confrère de la Cour.

Aux termes de l'art. 359 C. civ. c'est bien à la partie intéressée à requérir la transcription ; mais il ne suffit pas à l'avoué, pour être exonéré de toute responsabilité, qu'il établisse avoir remis à sa partie la grosse de la décision à transcrire, il doit encore justifier lui avoir donné les indications et renseignements suffisants pour éviter toute erreur, les formalités à remplir en matière d'adoption étant très exceptionnelles et d'une notion très peu répandue.

Dès lors l'avoué en ne donnant pas les renseignements utiles ou en fournissant des indications inexactes ou incomplètes commet une faute qui engage sa responsabilité et doit indemniser l'adopté du préjudice qu'il peut subir par la suite, notamment par l'aggravation des droits d'enregistrement au moment où il recueille la succession de l'adoptant.

Me X... *C* Raulin.

La Cour :

Considérant que, à la date du 30 Novembre 1893, les époux Chevalier, demeurant à la Boussac, faisaient par le ministère de X..., avoué, présenter requête aux membres du Tribunal de Saint-Malo à l'effet d'homologuer l'acte d'adoption de Mme Amélie Lehon épouse Raulin, reçu le 16 Août précédent par le Juge de Paix du canton de Pleine-Fougères ; que par jugement du 30 Septembre 1893 il a été fait droit à cette requête ;

Considérant que sur requête présentée par Me Z...., avoué à la Cour, la décision du Tribunal de Saint-Malo a été confirmée par arrêt du 7 Novembre 1893 qui a prescrit l'affichage à la Mairie de la Boussac, à celle de Sion, aux Tribunaux de Saint-Malo, de Châteaubriant et en outre l'inscription édictée par l'art. 359 du Code civil ;

Considérant que c'était à Me Z...., avoué à la Cour, mandataire *ad litem*, que revenait le soin de s'occuper de réaliser les diverses diligences et formalités prescrites par l'arrêt ; qu'au lieu de s'en charger lui-même, il crut devoir recourir à l'avoué de 1re instance ;

Considérant qu'il ressort des pièces produites aux débats tout d'abord que X... a fait procéder à l'affichage de l'arrêt en prenant le titre, sur les placards, de « l'avoué des adoptants » ; d'autre part qu'il a réglé non seulement ses honoraires, mais encore ceux de son confrère de la Cour ; que ces deux documents, à défaut de la production d'un mandat spécial, comportent un commencement de preuve par écrit suffisant pour l'établir ; qu'on ne pourrait admettre en effet que l'avoué X... se fût spontanément occupé de poursuivre ces diligences et de procéder à ces actes s'il n'en avait pas été spécialement chargé et s'il n'avait pas accepté de les faire ;

Considérant qu'il ressort de ces premières circonstances que X.... n'a pas pu être mis en possession par Me Z.... que d'une partie des pièces concernant la suite à donner pour régulariser et compléter l'adoption ; qu'il a dû recevoir en même temps que les pièces pour faire procéder à l'affichage les instructions nécessaires pour faire effectuer la formalité de l'inscription sur les registres de l'état-civil prescrite par l'arrêt ;

Que sans doute, aux termes de l'art. 359 du Code civil, c'est bien à la partie intéressée à requérir la transcription ; mais que, encore faut-il pour que cette réquisition puisse se produire qu'elle ait été en mesure de la réaliser par la mise entre ses mains de la décision à transcrire ; qu'il apparaît des circonstances de la cause que cette pièce a dû être transmise par Me X.... aux époux Raulin ; que c'est en vain que, pour l'exonérer de responsabilité, on a prétendu que les époux Raulin n'avaient pas besoin de conseil pour les guider dans ce qu'ils avaient à faire ; que tout au contraire les formalités à remplir en matière d'adoption sont très exceptionnelles, d'une notion très peu répandues, fût-on même membre d'un conseil municipal ; qu'il incombait donc à Me X...., qui avait accepté de se charger des soins de l'affaire, de leur donner tous les renseignements utiles ; que, dans les indications inexactes ou incomplètes qu'il a données, il a commis dans l'accomplissement de son mandat une faute qui engage sa responsabilité dans toutes les limites du préjudice causé à Mme Raulin par la perception des droits à juste titre réclamés par l'enregistrement ;

Par ces motifs :

Statuant tant sur l'appel principal que sur l'appel incident,

Dit qu'il a été bien appelé, mal jugé ;

Réformant et faisant ce que les premiers juges auraient dû faire :

Dit que la responsabilité de X.... est établie ;

Le condamne en conséquence à rembourser à Mme Raulin la somme de 7659 fr. 87, avec intérêts de droit ;

Le déboute de sa demande de dommages-intérêts ;

Condamne X.... en tous les dépens de 1re instance et d'appel y compris ceux de l'appel incident et l'en déboute comme de toutes ses demandes, fins et conclusions ;

Ordonne la restitution de l'amende consignée.

MM. Maulion, 1er prés., — Mahoudeau, av. gén., — Bily le Chauveau, av.

TRIBUNAL CIVIL DE VANNES
26 Mai 1907.

I. — Vente d'immeubles. — Vente judiciaire. — Opposition.

II. — Prescription acquisitive. — Interruption.

Une opposition à vente judiciaire renvoyée devant un notaire ne peut être reçue de la part d'une personne étrangère au jugement que par la voie de la tierce-opposition ;

La prescription de l'article 2265 C. civ. n'est pas interrompue par un acte qui ne contient ni citation en justice, ni commandement, ni saisie, surtout si cet acte est signifié à un tiers.

Denouault ès-qualités et Porcheron C/ Dme Le Calvé.

Le Tribunal :

Attendu que l'opposition formée par la Vve Le Calvé, le 21 Août 1908, entre les mains du notaire chargé par justice de la vente des biens dépendant de la liquidation judiciaire Porcheron a été faite à tort et sans droit, et doit être considérée comme nulle et de nul effet ;

Attendu en effet que la défenderesse n'avait aucune qualité pour s'opposer par acte extra-judiciaire à l'exécution d'un jugement qui lui était étranger, et qu'elle ne pouvait valablement le faire qu'en attaquant cette décision de justice par la voie de la tierce-opposition ;

Attendu qu'à supposer que la Vve Le Calvé ait eu l'intention de revendiquer contre la liquidation Porcheron la maison sise au Reste, en l'Ile-aux-Moines, dont elle se prétend propriétaire, il lui appartenait de le faire par voie d'assignation ou de commandement signifié aux demandeurs actuels, et non sous forme d'opposition signifiée au notaire chargé par autorité de justice de la vente de cet immeuble ;

Attendu que la Vve Le Calvé prétend, sans d'ailleurs en fournir la preuve, que l'immeuble litigieux dépendait de la communauté ayant existée entre elle et le sieur Le Calvé, son mari, comme ayant été acquis d'une Vve Brianton, au cours du mariage, suivant acte sous seings privés du 9 Août 1891 ultérieurement enregistré et transcrit, mais actuellement détruit, et qu'il est devenu sa propriété au décès de son mari, en vertu d'une donation ou d'un testament de ce dernier ;

Attendu que les demandeurs ne contestent pas que la maison du Reste a été acquise par la communauté Le Calvé, le 9 Août 1891 ;

Mais attendu qu'ils affirment qu'elle a été vendue par Le Calvé, le 16 Janvier 1892, à un sieur Le Franc Rozo, de la faillite duquel Porcheron l'a lui-même acquise suivant procès-verbal d'adjudication au rapport de Me Buquel, notaire à Vannes, en date du 4 Septembre 1898, le dit procès-verbal enregistré et transcrit au bureau des hypothèques de Vannes, le 2 Novembre 1898 ;

Attendu qu'ils produisent à l'appui de leur affirmation un acte de vente sous seings privés, consenti par les époux Le Calvé à Le Franc-Rozo, le 16 Janvier 1892, et transcrit le 18 du même mois ;

Mais attendu que la Vve Le Calvé, sans oser dénier sa propre signature qu'elle croyait, prétend elle, avoir été apposée par elle non sur un acte de vente, mais sur un acte d'antichrèse, déclare formellement qu'elle ne reconnaît pas comme émanant de son mari, la signature « A. Le Calvé », apposée au-dessus de sa propre signature, au bas du dit acte de vente ;

Attendu qu'en présence de cette déclaration, les demandeurs ne peuvent utilement opposer à la partie adverse l'acte du 16 Janvier 1892, tant qu'il n'aura pas été procédé à la vérification de la signature attribuée au sieur Le Calvé ;

Mais attendu qu'ils prétendent que Porcheron ayant acquis de bonne foi et par juste titre l'immeuble litigieux en a prescrit la propriété par une prescription utile remontant à plus de dix ans ;

Attendu qu'il n'est pas douteux que Porcheron a acquis de bonne foi et par juste titre l'immeuble qui lui a été adjugé le 4 Septembre 1898, suivant procès-verbal de Me Buquel, notaire à Vannes.

Attendu que la défenderesse reconnaît qu'elle habitait l'Ile-aux-Moines lors de cette acquisition, c'est-à-dire le 4 Septembre 1898, et que, depuis cette date, elle n'a cessé d'habiter dans cette commune ; qu'elle ne méconnaît pas non plus que Porcheron a été mis en possession de l'immeuble litigieux aussitôt après la vente et qu'il n'a pas cessé d'en jouir, depuis lors, d'une façon continue, paisible, publique, non équivoque et à titre de propriétaire, notamment en le louant à des tiers, ou en percevant les loyers et en y faisant toutes réparations utiles et nécessaires;

Attendu qu'elle prétend toutefois que Porcheron n'a pu prescrire la propriété de la maison du Reste parce que la prescription qu'il invoque a été interrompue par l'acte du 21 Août 1908 intervenu avant l'expiration des dix ans nécessaires pour prescrire ;

Mais attendu que l'acte susdit ne contient ni citation en justice, ni commandement, ni saisie ; qu'il a été signifié non pas au possesseur de bonne foi, mais à un tiers n'ayant jamais été en possession de l'immeuble litigieux; qu'il ne remplit en conséquence aucune des conditions voulues pour interrompre la prescription ; qu'il est d'ailleurs nul et de nul effet ;

Attendu qu'il y a donc lieu de décider que Porcheron a tout au moins acquis pour prescription la propriété de l'immeuble en question ;

PAR CES MOTIFS :

Dit que l'opposition formée par la défenderesse le 21 Août 1908 entre les mains de Mᵉ Buquel, notaire à Vannes, et tendant à mettre obstacle à l'exécution du jugement du 3 Juillet 1908 du Tribunal d'Ancenis est nulle et de nul effet ;

En ordonne en conséquence la main-levée pure et simple, entière et définitive ;

Dit que Porcheron, ayant acquis de bonne foi et par juste titre, à la date du 4 Septembre 1898, la maison du Reste en l'Ile-aux-Moines, objet du jugement susdit, en a actuellement prescrit la propriété ;

Dit, en conséquence, que la dame Le Calvé ne peut actuellement prétendre à aucun droit de propriété sur cet immeuble, en vertu de l'acte du 9 Août 1891 ;

Déboute les parties de toutes autres fins et conclusions et condamne la dame Le Calvé aux dépens.

MM. MÉRIEL-BUSSY, Prés., — CAOUS, subst., — VIOLLE et LOUET, av.

COUR D'APPEL DE RENNES (Appels correctionnels)
26 Mai 1909.

Chemin de fer. — Obtention et usage, sans droit, d'un billet au tarif militaire. — Escroquerie (non). — Contravention au Décret du 1er Mars 1901 et à la Loi du 15 Juillet 1845.

Le fait d'avoir demandé et de s'être fait remettre un billet de chemin de fer au tarif militaire, alors même qu'on sait n'y avoir aucun droit, ne peut constituer le délit d'escroquerie, alors du moins qu'il n'a été fait usage ni d'un faux-nom, ni d'une fausse qualité, ni d'aucune manœuvre frauduleuse destinée à faire croire à l'existence d'un pouvoir ou d'un crédit imaginaire.

Mais ce fait doit être assimilé au fait de voyager sans billet, et constitue ainsi la contravention prévue par l'article 58 — 1° du Décret du 1er Mars 1901 et punie par l'article 21 de la Loi du 15 Juillet 1845.

L'erreur commise par l'employé chargé de distribuer les billets ne saurait servir d'excuse au prévenu, l'exacte application des tarifs s'imposant à la Compagnie des Chemins de fer comme aux voyageurs, et devant être protégée en tous cas par une sanction pénale.

La loi du 26 Mars 1891 est applicable aux condamnations prononcées pour contraventions à la police des Chemins de fer.

COMPAGNIE DU CHEMIN DE FER D'ORLÉANS et MINISTÈRE PUBLIC *C* MORNAC.

LA COUR :

Considérant qu'il résulte d'un procès verbal régulièrement dressé et affirmé par le sieur Dufoy, facteur enregistrant à la gare du Chemin de fer d'Orléans à Ancenis, agent dûment assermenté de la Compagnie d'Orléans, et qui n'est d'ailleurs pas contesté par Mornac, que le 14 Juillet 1908, ce prévenu, qui appartient à la Compagnie des Sapeurs-Pompiers de la ville d'Ancenis, se présenta à la gare de Nantes, au guichet de distribution des billets, revêtu de l'uniforme de sapeur-pompier, et demanda un billet de 3e classe au tarif militaire, pour se rendre à Ussel, billet qui lui fut remis sur la présentation d'une permission à lui délivrée par le commandant de la Compagnie des Sapeurs-Pompiers d'Ancenis ; que muni de ce billet Mornac prit place dans l'une des voitures composant le train 1422 ; qu'à l'arrivée de ce train en gare d'Ancenis, à 8 h. 33 du soir, l'agent Dufoy, s'étant fait représenter le billet dont Mornac était porteur, lui fit observer qu'il n'avait pas le droit de voyager au tarif militaire : ce à quoi le prévenu lui répondit qu'il effectuerait néanmoins le trajet ;

Considérant qu'il est également établi que le même jour, avant de se rendre à Nantes, Mornac avait tenté à la gare d'Ancenis, en faisant usage du même procédé, de se faire délivrer un billet militaire pour Nantes, qui lui avait été refusé ; qu'il ne peut donc invoquer sa bonne foi ; que néanmoins les faits ainsi établis ne réunissent pas les éléments constitutifs du délit d'escroquerie, sous la prévention duquel il a été traduit devant le Tribunal Correctionnel d'Ancenis, qui l'a acquitté ;

Que Mornac n'a fait usage ni d'un faux-nom, ni d'une fausse qualité ; qu'il n'a pas non plus employé de manœuvres frauduleuses pour faire croire à l'existence d'un pouvoir, d'un crédit imaginaire ;

Mais considérant que Mornac, en sa qualité de membre de la Compagnie des Sapeurs-Pompiers de la ville d'Ancenis, n'avait pas droit au tarif réduit accordé aux militaires et aux marins par l'article 54 du cahier des charges des Compagnies de chemins de fer d'intérêt général ; que dès lors le fait par ce prévenu d'avoir voyagé dans les conditions qui viennent d'être précisées, en faisant usage d'un billet au tarif militaire auquel il n'avait aucun droit et par suite insuffisant, doit être assimilé au fait de voyager sans billet et constitue la contravention prévue par l'article 58, — 1° du Décret du 1er Mars 1901, et punie par l'article 21 de la Loi du 15 Juillet 1845 ; que la contravention existe même indépendamment de la bonne foi du prévenu, dès que la matérialité du fait est établie, à la seule condition qu'il soit volontaire ;

Considérant qu'il importe peu qu'une erreur ait été commise par l'employé de la Compagnie chargé de la distribution des billets, l'exacte application des tarifs s'imposant à la fois à la Compagnie et aux voyageurs et devant être protégée par une sanction pénale ;

Considérant que les premiers Juges auraient dû retenir cette contravention ;

Considérant que Mornac n'ayant jamais subi de condamnation et les renseignements fournis sur son compte ne lui étant pas défavorables, il y a lieu de lui accorder le bénéfice de la loi du 26 Mars 1891 ;

Sur les conclusions de la Compagnie du chemin de fer d'Orléans, partie civile :

Considérant que la Compagnie d'Orléans a éprouvé un préjudice égal à la différence entre le prix d'un billet de 3e classe de Nantes à Ussel au tarif plein, et celui du même billet au tarif militaire, soit 17 francs ; qu'elle est fondée à réclamer le remboursement de cette somme ;

Mais considérant en ce qui concerne l'affichage de l'arrêt aux frais du prévenu que cette aggravation de peine ne paraît pas justifiée dans les circonstances de la cause ;

Par ces motifs :

Déclare recevable en la forme l'appel porté par la partie civile et celui interjeté par le Procureur Général ;

Infirme le jugement dont cet appel ;

Déclare Mornac (François) coupable d'avoir, le 14 Juillet 1908, commis la contravention ci-dessus spécifiée ;

Condamne Morliac (François), par corps, à la peine de 16 francs d'amende ;

Le condamne à rembourser à la Compagnie du Chemin de fer d'Orléans la somme de 17 francs ;

Le condamne en outre, tant envers la partie publique qu'envers la partie civile, en tous les frais de première instance et d'appel, etc... ;

Dit qu'il sera sursis à l'exécution de la peine dans les conditions déterminées par la loi du 26 Mars 1891 ;

Fixe au minimum la durée de la contrainte par corps.

MM. SAIGET, Prés., — GASPAILLART, rapp., — LAURENT, av. gén., — MAULJON et TRÉVÉDY, av.

COUR D'APPEL DE RENNES (2e Chambre)
15 Mai 1909.

Appel. — Irrecevabilité. — Actes incompatibles avec la réserve et l'exercice du droit d'appel.

Le vendeur qui plaide la nullité de la vente par lui consentie sous certaines conditions, et qui a succombé en première instance, n'est pas recevable à interjeter appel du jugement exécutoire par provision qui a validé la vente, s'il a, postérieurement à cette décision, d'abord sommé l'acheteur de verser son prix et d'exécuter les conditions portées dans l'acte de vente, puis l'a ensuite assigné aux mêmes fins.

Peu importe que, tant dans la sommation que dans l'assignation délivrées à sa requête, il ait déclaré formellement réserver ses droits, ainsi que toutes les voies de recours, actions et exceptions qu'il croirait avoir à exercer ou à soutenir, ces actes volontaires et spontanés étant essentiellement incompatibles avec la réserve et l'exercice du droit d'appel et impliquant nécessairement à la fois la reconnaissance de la validité du contrat et l'acquiescement au jugement qui venait de la proclamer.

MOREAU et ROZET C. LE MAILLOT.

LA COUR :

Considérant que le jugement du Tribunal de Commerce de Saint-Malo, du 7 Août 1907, a été frappé d'appel par Moreau et Rozet ;

Sur la recevabilité de l'appel :

« Considérant que Le Maillot avait, par acte du 10 Juin « 1907, assigné Moreau et Rozet pour : « Attendu que Moreau, « Rozet et Le Maillot, ont vendu à Molé le fonds de commerce « de photographie qu'ils exploitaient à Saint-Malo, sous le nom « de *Photo-Club ;* que Molé a revendu ce fonds de commerce « à Le Maillot ; ouïr dire et juger que Le Maillot est pro- « priétaire du dit fonds de commerce comme l'ayant acquis « de Molé : s'entendre interdire de s'immiscer en rien dans « l'exploitation » ;

Considérant que Moreau et Rozet, ayant opposé la nullité de la vente par eux consentie à Molé, et par conséquent de la revente par Molé à Le Maillot, le Tribunal rendit, le 7 Août 1907, le jugement dont appel, aux termes duquel il déclarait Le Maillot réel et seul propriétaire du fonds de commerce dit *Photo-Club*, comme l'ayant acquis de Molé, qui l'avait acquis lui-même de Moreau, Rozet et Le Maillot, et faisait défense à Moreau et Rozet de s'immiscer en quoi que ce soit dans la gestion du dit fonds ;

Considérant qu'à la suite de ce jugement Moreau et Rozet ont, le 24 Août 1907, fait sommation à Molé d'avoir à verser dans les 48 heures son prix de vente, et « à exécuter « dans le même délai l'intégralité des conditions portées à « l'acte de vente visé et qualifié dans le dit jugement » ;

Que le 24 Août suivant, ils ont assigné Molé, pour s'entendre condamner à payer la somme de 9,000 francs, prix exigible pour la vente du *Photo-Club*, et à exécuter toutes les autres clauses et conditions de l'acte de vente ;

Que deux jours après le 2 Septembre, ils assignaient le sieur Blandin, agent d'affaires, qui, aux termes de l'acte sus-visé, avait mandat de recevoir le prix, et qui avait en effet reçu 8,000 francs de Le Maillot, payant en l'acquit de son vendeur Molé, et demandaient contre lui personnellement, et en tant que de besoin solidairement avec Molé, condamnation au paiement de ladite somme de 8,000 francs ;

Que, à la même date du 2 Septembre 1907, ils assignaient Le Maillot, pour l'avisager à l'instance ;

Que, sans doute, dans la sommation sus-rappelée du 24 août, Moreau et Rozet ont déclaré formellement réserver tous leurs droits, « ainsi que toutes les voies de recours, « actions et exceptions qu'ils croiraient avoir à exercer ou à « soutenir » ;

Qu'on lit dans l'assignation délivrée à Molé : « Sous

« réserve de tous les moyens, droits et actions spécifiés dans « la sommation du 24 Août 1907 » ;

Que la même phrase se retrouve dans les assignations Le Maillot et Cardin, auxquels, du reste, la dite sommation n'avait pas été signifiée ;

Mais que Blandin a été purement et simplement assigné en paiement du prix de vente déposé entre ses mains ;

Que d'autre part, ces sommation et assignations en vue d'obtenir l'exécution du contrat par eux argué de nullité, impliquent nécessairement à la fois la reconnaissance par Moreau et Rozet de la validité de ce contrat, et leur acquiescement au jugement qui venait de la proclamer ;

Que par ces actes volontaires et spontanés, essentiellement incompatibles avec la réserve et l'exercice du droit d'appel, Moreau et Rozet ont adhéré, de la manière la plus positive, à la chose jugée ;

PAR CES MOTIFS :

Déclare Moreau et Rozet non recevables dans leur appel du jugement du 7 Août 1907 ;

Les en déboute ;

Les condamne à l'amende et en tous les dépens.

MM. CANAC, présid., — MAHOUDEAU, av. gén., — CHAUVEAU et BRAULT (du Barreau de Saint-Malo), av.

COUR D'APPEL DE RENNES (1re Chambre)
17 Mai 1909.

Testament. — Lecture. — Surdité. — Preuve.

La lecture, qu'aux termes de l'article 972 C. civ. le notaire doit donner du testament qu'il a reçu en la forme authentique, doit être une lecture efficace, que le testateur puisse entendre, afin de lui permettre de vérifier si sa pensée a été exactement traduite et de rectifier les erreurs de rédaction qui auraient été commises.

Dès lors, si le testateur n'avait pu, à raison de son état de surdité, percevoir cette lecture, le testament serait entaché de nullité.

1re Année — N° 2 — Juillet 1909

RECUEIL DES ARRÊTS
DE LA COUR D'APPEL DE RENNES
et
DES JUGEMENTS RENDUS
par les
Tribunaux de Première Instance, Civils et de Commerce,
les Justices de Paix
et les Conseils de Prud'hommes du Ressort

REVUE MENSUELLE

publiée par
MM. CHARLIER, CUAULT, DUBOIS, Avocats à la Cour,
avec la collaboration des
MEMBRES DU BARREAU ET DE LA COMPAGNIE DES AVOUÉS A LA COUR

ABONNEMENT ANNUEL : 10 FRANCS
PRIX DU NUMÉRO : 1 FR. 50

RENNES
IMPRIMERIE DE L'HERMINE H. RIOU-REUZÉ
Rue de la Monnaie

1909

SOMMAIRE

Testament. — Lecture. — Surdité. — Preuve 33

I. — Vente de navire à l'étranger. — Loi du pays où a lieu la vente. — Extinction des hypothèques.

II. — Jugements rendus par des juridictions étrangères. — Exequatur 35

I. — Jugements et arrêts. — Tribunaux de Commerce. — Exécution provisoire. — Dispense de caution.

II. — Appel. — Effet dévolutif. — Incompétence des premiers juges.

III. — Demande nouvelle. — Demande accessoire 40

I. — Appel. — Faillite. — Recevabilité.

II. — Louage d'ouvrage et d'industrie. — Directeur. — Rétrogradation. — Indemnité 42

I. — Cultes. — Séparation des Eglises et de l'Etat. — Etablissement public attributaire des biens. — Créanciers de l'établissement cultuel supprimé. — Preuve. — Ecrits dépourvus de date certaine.

II. — Preuve littérale. — Impossibilité (non). — Boucher. — Livraisons journalières.

III. — Action *de in rem verso*. — Vendeur 44

Séparation des Eglises et de l'Etat. — Sonneries de cloches. — Autorité municipale : Pouvoir réglementaire. — Sanctions pénales 48

(Voir la suite du Sommaire au verso de la couverture).

Mais, lorsqu'il n'est pas établi que le testateur était atteint d'une surdité absolue, c'est au demandeur en nullité à préciser les conditions dans lesquelles cette lecture a été faite et à démontrer que le testateur n'a pu l'entendre ; — et les témoins instrumentaires sont les seuls dont le témoignage importe à cet égard.

Il ne saurait suffire de faire entendre des témoins représentant le testateur comme arrivé à un degré de surdité extrême, ne lui permettant plus de comprendre que par signes, alors que ces affirmations absolues sont contredites, d'une part, par les déclarations d'autres témoins, et d'autre part, par ce fait capital qu'interrogé par le notaire, en son étude, lors de la confection du testament, le testateur a nettement répondu aux questions qui lui étaient posées, montrant ainsi qu'il les avait entendues et comprises.

TROADEC-KERGIL *C* Vve LÉOST.

LA COUR,

Considérant que le 29 Novembre 1905 Marie Kergil, Vve Lhostis, se présentait à Brest, en l'étude de Me Lamarque, notaire, accompagnée des époux Troadec et de quatre personnes destinées à servir de témoins instrumentaires ;

Que le notaire demanda en breton à la Vve Lhostis ce qu'elle venait faire chez lui ;

Que sa demande étant restée sans réponse, Me Lamarque renouvela sa question encore en breton ;

Qu'elle lui déclara alors qu'elle venait pour donner tous ses biens à sa nièce, Mme Troadec ;

Que le notaire ayant demandé aux quatre témoins s'ils avaient bien entendu les paroles de la Vve Lhostis, tous répondirent affirmativement ;

Considérant, en présence de ces déclarations géminées et parfaitement nettes, qu'il est certain que la volonté de la testatrice était à ce moment très arrêtée et que le notaire l'a exactement traduite et consignée dans l'acte du 29 Novembre 1905 ;

Considérant que suivant les prescriptions de l'article 972 C. civ., le notaire rédacteur a bien mentionné que l'acte avait été lu et relu à la Vve Lhostis ;

Qu'on pourrait croire que l'acte est régulier et valable, les formalités légales se trouvant en apparence accomplies, mais que la Vve Léost argue de sa nullité par ce motif qu'à raison de sa surdité la testatrice n'a pu en entendre la lecture ;

Considérant qu'en imposant à l'officier public rédacteur de l'acte testamentaire sa lecture au disposant, le législateur a eu en vue non pas l'accomplissement d'une simple formalité purement matérielle ; qu'il a attaché à cette obligation une toute autre portée ; qu'il a entendu par cette lecture mettre le testateur en mesure de comprendre et de contrôler comment avaient été exprimées ses intentions, si elles avaient été bien comprises, de façon à faire procéder, s'il en avait été autrement, à toutes les rectifications nécessaires pour en conformer l'expression à sa volonté ; mais que, pour qu'il en soit ainsi, que cette lecture réponde au vœu de la loi, il faut que le testateur ait pu en faire la perception ;

Considérant que les renseignements rapportés aux enquêtes sur le degré de surdité de la testatrice sont bien contradictoires ; que, alors que certains témoins la représentent comme arrivée à un état de surdité extrême, ne lui permettant plus que de comprendre par signes et allant même jusqu'à ne plus lui permettre de se rendre compte du danger, d'autres au contraire affirment qu'elle pouvait encore entendre ce qu'on lui disait ;

Qu'on trouverait la preuve de l'exactitude de cette assertion dans ce qui s'est passé chez le notaire Lamarque, puisque à la seconde question posée elle a entendu ce qu'on lui demandait et a répondu d'une façon très catégorique ;

Que, quoi qu'il en soit, c'est à l'intéressée, demanderesse en première instance, à rapporter la preuve que la testatrice n'a pas entendu la lecture qui lui a été faite, preuve d'autant plus nécessaire dans sa précision qu'il ne peut être douteux que le testament ne traduise fidèlement la volonté qui a été exprimée ;

Considérant que les enquêtes ne relatent aucun renseignement suffisamment probant à cet égard ; que les quatre seules personnes dont les témoignages peuvent être utilement interrogés sont les quatre témoins instrumentaires ; qu'ils rapportent bien que la lecture a été faite, mais qu'aucun d'eux n'est venu dire, ce qui serait nécessaire, qu'il avait la croyance, sinon la certitude, que cette lecture n'avait pas été entendue par la testatrice ;

Qu'il serait même quelque peu surprenant qu'il en ait été autrement, puisque le notaire avait pris la précaution de lui relire, par deux fois, l'acte qu'il venait d'écrire, une fois en français et une fois en breton (4e témoin instrumentaire) ;

Qu'il avait pris en outre le soin de lui faire dire par sa nièce ce qui était écrit ;

Qu'elle avait paru très bien le comprendre et y donner son plein assentiment, en disant que tout était bien si l'acte était régulier ;

Par ces motifs :

Dit qu'il a été bien appelé, mal jugé ;

Réformant et faisant ce que les premiers Juges auraient dû faire :

Déclare bon et valable le testament du 19 Novembre 1905 et décharge les époux Troadec des condamnations contre eux prononcées par le jugement entrepris ;

Condamne Mme Léost aux entiers dépens de première instance et d'appel ; la déboute de toutes ses demandes, fins et conclusions ;

Ordonne la restitution de l'amende.

MM. Maulion, 1er prés., — Mahoudeau, av. gén., — Bodet et Chauveau, av.

COUR D'APPEL DE RENNES (1re Chambre)
23 Mars 1908

I. — Vente de navire à l'Étranger. — Loi du pays où a lieu la vente. — Extinction des hypothèques.

II. — Jugements rendus par des juridictions étrangères. — Exequatur.

1° Les formalités de procédure et d'exécution, en matière de vente d'un navire saisi, relèvent non pas de la loi du pavillon, ni de celle du lieu où a pris naissance la dette qui a déterminé la saisie, mais de la loi du lieu où ont lieu les poursuites et l'exécution.

Spécialement quand, s'agissant d'un navire saisi et vendu en Angleterre, les prescriptions de la loi anglaise ont été régulièrement observées en ce qui concerne la saisie, la vente, le paiement, la distribution du prix, le navire est libéré et purgé de toutes les hypothèques qui le grevaient, ainsi qu'il en serait en France en cas de saisie et de vente.

2° Si quand une partie entend se prévaloir en France d'une décision rendue à l'étranger elle doit en demander l'exequatur *aux tribunaux français pour la rendre exécutoire, il n'en est pas de même quand il ne s'agit pas de procéder à l'exécution d'une décision émanant d'une juridiction étrangère, mais seulement d'en apprécier la portée quant aux intérêts en jeu auxquels elle s'applique.*

BUREAU ET BAILLERGEAU *C* CHANTIERS ET ATELIERS DE SAINT-NAZAIRE.

LA COUR,

Considérant que, dans le courant de l'année 1904, la Compagnie de Navigation du Sud-Ouest, dont le siège était à Bordeaux, fut mise en état de liquidation judiciaire ; — Qu'au nombre de ses créanciers se trouvaient : le Crédit Foncier et Agricole d'Algérie, la Société Anonyme des Ateliers et Chantiers de Saint-Nazaire, dite de « Penhouët », et les assureurs ;

Considérant que pour arriver à se couvrir de leurs primes ces derniers provoquèrent, de la Haute Cour de Justice de l'Amirauté Anglaise, la saisie du voilier *André-Théodore* ; — Que cette saisie fut opérée dans le port de Cardiff le 25 Juillet 1904 ;

Considérant qu'à la suite et comme conséquence de cette saisie le navire se trouva placé sous la main de la justice anglaise ; — Qu'il fut vendu en conformité des lois de cette nation et par soumission, suivant le mode choisi, dans sa souveraine appréciation, par le *Marschall*, agent d'exécution ;

Considérant que le 7 Octobre 1904 Bureau et Baillergeau, armateurs à Nantes, furent déclarés adjudicataires au prix de 406,950 francs ; — Que, suivant l'obligation impérieuse que leur créait la loi anglaise, ils versèrent, dans les quinze jours, l'intégralité de cette somme entre les mains du Trésorier de la Cour de l'Amirauté ; — Qu'il leur fut fait remise d'un acte leur attribuant la propriété de l'*André-Théodore* ; — Qu'ils firent alors revenir ce navire à Nantes pour le franciser ;

Considérant que ce navire était, ainsi qu'il a été dit, en dehors des assureurs créanciers saisissants, grevé de deux inscriptions hypothécaires : l'une, du 24 Janvier 1903, pour une somme de 280.000 francs, au profit du Crédit Foncier et Agricole d'Algérie ; l'autre, du 27 Janvier 1903, de 150.000 francs, au profit de la Société de « Penhouët » ;

Considérant que, pour la distribution du prix, un conflit s'éleva aussitôt en Angleterre entre les différents créanciers ; — Que, sans s'arrêter autrement à cette circonstance, ce qu'il convient de fixer tout d'abord et de retenir, c'est que Bureau et Baillergeau, ayant intégralement et régulièrement versé leur prix, demandèrent au Crédit Foncier d'Algérie et à la Société de « Penhouët » la main-levée de leurs inscriptions ;

Considérant que, sur leur refus, ils eurent recours à une instance devant le Tribunal de Bordeaux ; — Que, par un jugement du 10 Décembre 1906, confirmé par arrêt du 25 Février 1907, le Crédit Foncier fut condamné à donner main-levée ; — Que, le même jugement, qui avait rejeté le déclinatoire d'incompétence proposé par la Société de « Penhouët », ayant été réformé par l'arrêt précité, elle fut assignée devant le Tribunal de Nantes, aux fins de main-levée de son inscription, bien qu'elle n'eût pas touché l'intégralité de sa créance ;

Considérant que l'intimé a soutenu, devant les premiers Juges, que les conditions dans lesquelles s'était effectuée la vente du navire *André-Théodore,* la distribution du prix opérée suivant la loi anglaise ne pouvait avoir pour résultat de la priver de son droit de suite, pour recouvrer le complément de sa créance ; — Que Bureau et Baillergeau n'avaient pas procédé aux formalités de la purge ni fait, conformément à la loi du 10 Juillet 1885, les notifications aux créanciers inscrits, de façon à leur permettre de sauvegarder leurs créances ;

Considérant que, faisant droit à cette prétention, les premiers juges ont rejeté la demande de Bureau et Baillergeau, estimant que toute vente de navire sur saisie passée à l'étranger était inopérante au regard des créanciers hypothécaires, comme ne présentant pas pour eux les garanties que leur assure leur loi nationale ;

Considérant que, s'il y a lieu de reconnaître que tout ce qui touche au fond du droit se règle par la loi du lieu du contrat, c'est-à-dire par la loi du pavillon, il n'en est pas de même lorsqu'il s'agit de formalités de procédure ou d'exécution ; — Qu'elles relèvent, au contraire, de la loi du lieu où le procès est engagé ; — Que les formes de la saisie, de la vente des navires variant suivant les pays, on ne peut que faire abstraction de la nationalité du navire et du lieu où a pris naissance la dette qui détermine la saisie, pour suivre les formalités de la loi du pays où ont lieu la poursuite et l'exécution, les seules possibles, puisque c'est au nom de la puissance publique qu'elles sont appliquées dans chaque Etat ; — Qu'au surplus, ce serait s'exposer à une inextricable confusion et, le plus souvent, à une impossibilité que de vouloir faire appliquer par chaque nation les formalités dictées par les lois du pays de la partie intéressée aux débats ; — Que d'ailleurs, s'il en était autrement, on pourrait être conduit à ce résultat des plus préjudiciables qu'un navire grevé d'hypothèques et vendu sur saisie à l'étranger ne pourrait jamais être acheté par un Français et que des étrangers acquéreurs seraient eux-mêmes exposés à se trouver inquiétés, le jour où ils amèneraient leur navire en France, soit volontairement, soit par fortune de mer ;

Considérant qu'il n'est pas douteux que les prescriptions de la loi anglaise, en ce qui concerne la saisie, la vente, le paiement, la distribution du prix ont été régulièrement observées ; — Que la Société de « Penhouët » l'a reconnu et a réclamé elle-même leur application dans les débats qui se sont produits devant le Tribunal, puis devant la Cour de Bordeaux entre les créanciers hypothécaires et les assureurs, au sujet de la priorité à accorder à leurs créances ; — Que, dans ces conditions, elle est mal venue, aujourd'hui, à protester contre cette loi, à chercher à créer, entre les différents créanciers, en présence de la décision de la Cour de Bordeaux, une situation différente, privilégiée pour elle ; — D'autant plus, d'autre part, qu'elle ne saurait contester, avec quelque apparence de raison, qu'elle n'ait pas connu cette vente ; — Qu'en effet, avant qu'elle ne s'effectue et pour faciliter les soumissions, le *Marschall* s'est livré à une grande publicité, répandant en tous pays, pour l'annoncer, des circulaires et des communications aux journaux ; — Qu'elle a même ratifié cette vente, puisque, sans faire aucunes diligences, avant qu'elle se réalise, pour la protection de ses droits, elle a, dès le 12 Octobre, demandé une collocation et chargé ses mandataires de toucher la somme qui lui serait attribuée ; — Qu'enfin, en ce qui concerne spécialement les acquéreurs, il convient également de retenir qu'ils se sont exactement conformés aux conditions du cahier des charges et que ce n'est qu'après avoir pris, auprès de l'autorité anglaise compétente, des renseignements sur la situation qui leur serait faite par rapport aux créanciers s'ils restaient adjudicataires et en avoir reçu l'assurance qu'ils n'avaient rien à redouter qu'ils se sont décidés à se porter acquéreurs ;

Considérant que la vente, le paiement et la distribution du prix de l'*André-Théodore*, effectués suivant la procédure anglaise, libèrent donc et purgent ce navire de toutes les hypothèques qui le grevaient, ainsi qu'il en serait en France en cas de saisie et de vente ;

Considérant que lorsqu'une partie entend se prévaloir en France d'une décision rendue à l'étranger, elle doit en demander l'*exequatur* aux tribunaux français pour la rendre exécutoire ; — Mais que, dans la cause, il ne s'agit pas de faire procéder à l'exécution d'une décision ni d'un acte émanant de la justice étrangère, mais uniquement de savoir quelle portée doit avoir cette décision au regard des intérêts qui se trouvent en jeu et auxquels elle s'applique ; — Que c'est donc à tort que les premiers Juges ont, en dehors des conclusions des parties et d'office, déclaré que la décision de la Haute Cour de l'Amirauté prescrivant la vente de l'*André-Théodore* et le procès-verbal de répartition du prix auraient dû être soumis à la formalité de l'*exequatur* ;

Par ces motifs :

Dit qu'il a été bien appelé, mal jugé ;

Réformant et faisant ce que les premiers Juges auraient dû faire :

Dit qu'il n'y avait pas lieu à *exequatur* ;

Dit et juge en outre que le navire *André-Théodore* est libéré et purgé des hypothèques qui le grevaient ;

Condamne la Société Anonyme des Ateliers et Chantiers de Saint-Nazaire à donner main-levée et radiation pure et simple et définitive de l'inscription prise en son nom à la douane de Bordeaux, le 29 Janvier 1903, et de toutes autres inscriptions qui auraient pu être prises en son nom, en tout autre endroit, sur le dit navire ;

Et, faute de ce faire dans la huitaine du présent : Ordonne la main-levée et la radiation dont s'agit, à quoi faire le Directeur ou le Receveur principal des douanes ou tous autres préposés seront tenus et seront contraints en vertu du présent et des certificats prescrits par la loi, que ce faisant ils seront déchargés judiciairement ;

Condamne la Société Anonyme des Ateliers et Chantiers de Saint-Nazaire aux entiers dépens de première instance et d'appel ;

Ordonne la restitution de l'amende consignée ;

Déboute les parties de toutes leurs autres demandes, fins et conclusions.

MM. Maulion, 1er Prés., — Martin, Av. gén., — Govard (du Barreau de Paris) et Chatel, Av.

COUR D'APPEL DE RENNES (2e Chambre).

12 Novembre 1908.

I. — **Jugements et arrêts. — Tribunaux de Commerce. — Exécution provisoire. — Dispense de caution.**

II. — **Appel. — Effet dévolutif. — Incompétence des premiers juges.**

III. — **Demande nouvelle. — Demande accessoire.**

1° Les jugements rendus par les Tribunaux de Commerce sont de plein droit exécutoires par provision, conformément aux termes de l'art. 439 C. Proc. civ., alors même que l'exécution provisoire n'a été ni ordonnée, ni même demandée. Mais en ce cas ils ne sont exécutoires par provision qu'à charge de fournir caution.

2° L'appel relevé contre un jugement interlocutoire a pour effet de dessaisir définitivement et complètement les premiers juges de la connaissance du litige principal. Ils sont dès lors incompétents pour en connaître, comme aussi pour statuer sur les demandes accessoires.

Spécialement les premiers juges sont incompétents pour apprécier le mérite d'une demande à fin de dispense de caution pour l'exécution provisoire d'un jugement interlocutoire frappé d'appel. A la Cour seule, saisie par l'appel principal, il appartient de statuer, le cas échéant, sur une demande de cette nature.

3° La demande de dispense de caution ne constitue pas par elle-même une demande nouvelle ; elle doit être considérée comme un accessoire de la demande principale.

MASSIN C consorts LÉNA et consorts GUILLEVIN.

LA COUR,

Considérant que des difficultés étant survenues entre Massin et les intimés, bouchers à Lorient, au sujet de l'exécution d'un contrat passé entre eux, le Tribunal de Commerce de Lorient a, le 14 Février 1908, prononcé la résiliation de ce contrat, aux torts et griefs de Massin, et prescrit certaines mesures pour parvenir au règlement de la situation entre parties, sans d'ailleurs statuer expressément sur l'exécution provisoire ;

Considérant que Massin a, les 2 et 3 Avril 1908, régulièrement interjeté appel de ce jugement ;

Qu'aussitôt et dès le 8 Avril, les bouchers de Lorient ont saisi à nouveau le Tribunal de Commerce pour faire décider, par addition au premier jugement, qu'étant tous d'une solvabilité suffisante, ils ne sauraient être astreints à fournir caution ;

Que le 10 Avril 1908, statuant par défaut contre Massin, le Tribunal saisi a rendu une nouvelle décision admettant la demande, autorisant l'exécution provisoire du premier jugement, en dispensant les bouchers de fournir caution, et condamnant Massin aux dépens ;

Que Massin a régulièrement interjeté appel de ce second jugement qui, aujourd'hui, reste seul soumis à l'appréciation de la Cour ;

Considérant que le jugement du 14 Février n'ayant pas statué expressément sur l'exécution provisoire qui, au surplus, n'avait pas été demandée, constituait, aux termes de l'art. 439 du Code de Procédure Civile, un jugement exécutoire par provision, mais seulement à charge de fournir caution ;

Qu'une seconde décision de justice, ainsi d'ailleurs que l'ont bien compris les intimés, était nécessaire pour les dispenser de cette caution ;

Mais considérant que l'appel de Massin ayant eu pour effet de dessaisir définitivement et complètement le Tribunal de Commerce de Lorient de la connaissance du litige principal, la demande de dispense de caution ne pouvait plus être portée à ce Tribunal, alors qu'il est constant qu'une demande de cette nature ne constitue pas par elle-même une demande nouvelle, mais doit être considérée comme un accessoire de la demande principale ; que c'était donc uniquement à la Cour saisie par l'appel principal qu'il appartenait, le cas échéant, de statuer sur cet accessoire ;

Que c'est donc à tort et incompétemment que le Tribunal de Commerce de Lorient a été saisi et incompétemment qu'il a statué, alors que ses pouvoirs étaient épuisés ;

PAR CES MOTIFS :

Reçoit Massin en son appel et y faisant droit ;

Déclare nul et de nul effet le jugement du Tribunal de Commerce de Lorient du 10 Avril 1908 ;

Condamne les intimés en tous les dépens de première instance et d'appel ;

Ordonne la restitution de l'amende.

MM. CANAC, Président, — LA COUTURE, avocat général, — CHARLIER, MARTIN et ROBIC (ces deux derniers du Barreau de Lorient), av.

COUR D'APPEL DE RENNES (2e Chambre).

6 Mars 1909.

I. — **Appel. — Faillite. — Recevabilité.**

II. — **Louage d'ouvrage et d'industrie. — Directeur. — Rétrogradation. — Indemnité.**

1° L'appel relevé par le failli, entre le jugement déclaratif de la faillite et l'arrêt confirmatif de cette décision, à l'encontre d'un jugement qui lui fait grief, n'est pas nul, aux termes de l'article 443 C. Co., alors que le jugement déclaratif de faillite n'est devenu définitif que postérieurement à l'acte d'appel, et que d'ailleurs les syndics de la faillite, agissant dans l'intérêt de la masse, ont confirmé cet appel et déclaré reprendre l'instance.

2° La rétrogradation du directeur d'une Société ne peut être considérée comme injustifiée, s'il résulte des circonstances de la cause qu'elle a été motivée, sinon par une incapacité manifeste, du moins par le manque de décision et d'autorité.

En pareil cas, le directeur ainsi rétrogradé ne peut prétendre qu'à une indemnité pour brusque révocation.

Le délai de préavis qui doit être observé dans un cas semblable doit être fixé à un an.

Mais l'indemnité à laquelle peut prétendre le directeur rétrogradé ne saurait être supérieure à la différence pendant un an entre son traitement de directeur et celui qui lui est alloué pour les fonctions qu'il est invité à reprendre.

SOCIÉTÉ DES TRACTEURS ÉLECTRIQUES BRETONS
C PINEL-PESCHARDIÈRE.

LA COUR,

Considérant que le jugement du Tribunal de Commerce de Saint-Malo du 6 Novembre 1907 a été frappé d'appel par Le Guen et Gilbert, en leur qualité d'administrateurs et de liquidateurs de la Société Anonyme des Tracteurs Bretons ; — Que le jugement qui a déclaré la faillite de la Société n'est devenu définitif que postérieurement à l'acte d'appel ; — Que d'ailleurs les syndics, agissant dans l'intérêt de la masse, ont confirmé l'appel interjeté et déclaré reprendre l'instance ; — Qu'il y a lieu, par suite, de rejeter l'exception proposée par l'intimé et de déclarer l'appel recevable ;

Au fond :

Considérant que Pinel-Peschardière, entré au service de la Société des Tracteurs Bretons, le 15 Juin 1906, comme chef de la station électrique, au traitement de 3,000 francs par an, fut, le 26 Septembre suivant, nommé directeur au traitement de 4,200 francs, puis, le 2 Août 1907, révoqué de ses fonctions de directeur et replacé dans celles qu'il occupait antérieurement ; — Que Pinel-Peschardière n'accepta pas cette disgrâce et quitta volontairement le service de la Société ;

Considérant que la mesure prise contre l'intimé ne fut pas absolument injustifiée et que les premiers juges ont reconnu avec raison qu'elle avait pu être motivée, sinon par l'incapacité manifeste qu'allèguent les appelants, du moins par le manque de décision et d'autorité de Pinel-Peschardière ; — Que, dans ces conditions, ce dernier ne peut prétendre qu'à une indemnité pour brusque révocation ;

Considérant qu'en fixant à un an le délai de préavis qui aurait dû être observé, le jugement dont appel a fait une juste appréciation des circonstances dans lesquelles est intervenue la révocation de Pinel-Peschardière et de l'importance des fonctions qu'il occupait ; — Mais que l'intimé ne peut prétendre à une indemnité supérieure à la différence pendant ce même temps entre son traitement de directeur et celui qui était attaché aux anciennes fonctions qu'il était invité à reprendre ;

PAR CES MOTIFS et ceux non contraires qui ont déterminé les premiers Juges :

Reçoit la Société des Tracteurs Bretons dans son appel et y faisant droit ;

Réforme le Jugement dont appel, mais seulement quant au chiffre de l'indemnité ;

Condamne Gasnier-Duparc et Pasquier, ès-qualités, à payer à Pinel-Peschardière la somme de 1,200 francs ;

Confirme pour le surplus le dit jugement ;

Condamne Pinel-Peschardière aux dépens d'appel ;

Ordonne la restitution de l'amende.

MM. CANAC, présid., — LA COUTURE, av. gén., — CHAUVEAU et JOUANJOUAN (du Barreau de Saint-Malo), av.

COUR D'APPEL DE RENNES (1re Chambre)

29 Mars 1909.

I. — **Cultes. — Séparation des Eglises et de l'Etat. — Établissement public attributaire des biens. — Créanciers de l'établissement cultuel supprimé. — Écrits dépourvus de date certaine.**

II. — **Preuve littérale. — Impossibilité (non). — Boucher. — Livraisons journalières.**

III. — **Action de in rem verso. — Vendeur.**

1° Les établissements publics qui, en exécution de la loi de 1905, ont reçu des biens provenant d'un établissement du culte supprimé sont les ayant-cause dudit établissement. En conséquence, les écrits réguliers émanant des représentants légaux de celui-ci leur sont opposables, alors même qu'ils n'auraient pas acquis date certaine.

Toutefois, pour que de tels écrits puissent juridiquement constituer une preuve en faveur du créancier qui actionne l'établissement public attributaire en payement d'une dette contractée par l'établissement supprimé dont il est l'ayant-cause, il faut qu'il soit établi qu'ils ont été donnés antérieurement au moment où l'établissement du culte a été mis sous séquestre et où par conséquent ses représentants légaux ont cessé leurs fonctions.

Spécialement, les fournitures de boucherie constituant une dépense ordinaire que l'économe d'un Petit-Séminaire avait qualité pour engager et régler, un arrêté de compte émanant de cet économe peut constituer une preuve littérale complète au profit du boucher qui en est le bénéficiaire ; mais il est nécessaire pour cela qu'il porte une date antérieure à la mise sous séquestre du Petit-Séminaire et par conséquent à la cessation des fonctions de l'économe.

2o *Un boucher, fournisseur habituel d'un Petit-Séminaire, ne peut être considéré comme étant dans l'impossiblité de se procurer une preuve écrite de ses livraisons journalières, au moins sous la forme d'arrêtés de comptes mensuels ou trimestriels.*

3o *L'action* de in rem verso *n'appartient qu'à celui qui ne peut invoquer aucun contrat précis.*

Spécialement un vendeur ne peut se prévaloir de l'action de in rem verso *et des facilités de preuve qu'elle offre pour obtenir de son acheteur le payement du prix de la vente.*

ODY-AUDRAIN *C* HENRY es-qualités.

Les biens du Petit-Séminaire de Plouguernevel ont été, en exécution de la loi du 9 Décembre 1905, attribués à l'Hospice de Rostrenen, à la charge par celui-ci d'acquitter le passif de l'établissement cultuel supprimé.

M. Ody-Audrain, boucher à Rostrenen, fournisseur habituel du Petit-Séminaire, se prétendant créancier d'une somme de 9.384 fr. 75 pour solde restant dû sur ses livraisons de 1905 et 1906, a assigné devant le Tribunal Civil de Guingamp M. Henry, Maire de Rostrenen, ès-qualités de Président et représentant de l'Hospice de Rostrenen, en payement de la dite somme.

A la date du 18 Mars 1908, le Tribunal a rendu le **jugement** suivant :

Le Tribunal,

Attendu que le demandeur Ody-Audrain se prétend créancier du Petit-Séminaire de Plouguernevel de la somme de 9.384 fr. 75 centimes pour fournitures faites au Petit-Séminaire de Plouguernevel en 1905 et 1906 ;

Attendu qu'il ne rapporte aucune preuve à l'appui de sa prétention ; qu'il ne produit aucun livre de commerce régulièrement tenu pouvant rendre sa créance vraisemblable ;

Attendu que subsidiairement il demande à être autorisé à prouver, par tous les moyens de droit et notamment par témoins, le bien-fondé de sa créance ;

Mais attendu que pour être fondé à administrer la preuve testimoniale il faudrait qu'il pût produire un commencement de preuve par écrit, rendant vraisemblable le fait allégué ;

Attendu qu'il n'en produit pas dans l'espèce ;

Attendu en effet qu'on ne peut considérer comme commencement de preuve par écrit un relevé de compte, sans date, signé par l'abbé Guillaumel, ancien économe du Petit-Séminaire de Plouguernevel, inscrit sur un cahier produit par Ory-Audrain ;

Que ce relevé de compte n'est autre chose qu'un certificat, une attestation du bien-fondé de la demande ;

Attendu que si, dans des décisions précédentes, le Tribunal de Guingamp a admis les demandes des créanciers de l'ancien Petit-Séminaire de Plouguernevel, il y a lieu de remarquer que, dans ces différentes espèces, le bien-fondé de la demande était établi par des factures avec des dates confirmées par le cachet de la poste, des livres régulièrement tenus, des récépissés d'expédition de marchandises ayant dates certaines qui ont permis d'admettre soit la demande principale, soit la demande subsidiaire ;

Attendu que, dans l'espèce, M. Ody-Audrain ne produit qu'un simple cahier d'écolier, ni coté, ni paraphé, qui ne mentionne ni factures, ni acomptes, ni arrêts de compte, sauf celui sans date signé Guillaumel ; qu'il ne présente aucune comptabilité ;

Attendu que ce livre, pas plus que l'écrit qui a la prétention de le corroborer, n'a aucune valeur juridique ;

Attendu que si l'on admettait l'attestation fournie par l'abbé Guillaumel, l'on serait amené à en conclure qu'il suffirait à un prétendu créancier de produire une attestation de l'ancien économe d'un établissement supprimé pour faire la preuve de sa créance, ce qui est inadmissible ;

Attendu en résumé qu'en l'espèce l'écrit invoqué par Ody-Audrain n'est pas de nature à rendre vraisemblables les faits allégués,

Par ces motifs :

Déboute Ody-Audrain de sa demande tant principale que subsidiaire ;

Le condamne aux dépens ;

Ordonne l'enregistrement du cahier produit ;

Appel. — Arrêt (29 Mars 1909).

La Cour,

Considérant que Ody-Audrain demande au Maire de Rostrenen ès-qualités le paiement d'une somme de 9.384 fr. 75 pour des fournitures de viande qu'il aurait faites au Petit-Séminaire de Plouguernevel en 1905 et 1906 ;

Qu'il lui appartient d'apporter la preuve juridique de sa créance ;

Considérant qu'il prétend d'abord avoir une preuve écrite et invoque à cet égard un arrêté de compte inscrit sur son carnet entre plusieurs pages blanches et ainsi libellé : « Reste « dû au 30 Novembre : 15.319 fr. 30 — 6.500 = 8.819 fr. 30 ; « *signé* : Guillaumel, économe » ;

Qu'il n'est pas contesté par le Maire de Rostrenen que l'Hospice est l'ayant-cause du Petit-Séminaire ; que les écrits réguliers des représentants légaux du Petit-Séminaire sont opposables à l'Hospice et n'ont pas besoin vis-à-vis de lui d'avoir acquis date certaine ;

Considérant que l'arrêté de compte produit par Ody-Audrain concernant une dépense ordinaire que l'économe avait qualité pour engager et régler aurait donc fait, en principe, preuve complète, s'il avait porté une date antérieure au 19 Décembre 1906, date de l'expulsion du Petit-Séminaire et, par conséquent, de la cessation des fonctions de l'économe ;

Mais considérant que cet arrêté de compte ne porte aucune date ; qu'il est par suite impossible de considérer comme établi qu'il a été donné par l'économe antérieurement au 19 Décembre 1906 ; qu'il ne peut donc constituer juridiquement la preuve écrite de la créance ;

Considérant que pour le même motif il ne pourrait servir de commencement de preuve par écrit ;

Considérant que Ody-Audrain prétend être en droit de prouver par tous moyens sa créance parce qu'il aurait été dans l'impossibilité morale d'obtenir une preuve écrite des livraisons par lui faites ;

Considérant que l'on ne peut admettre qu'un boucher est dans l'impossibilité morale de demander à ses clients une preuve écrite de ses livraisons journalières ; qu'il est difficile de dire qu'il ne pourrait pas s'en procurer une à la fin de chaque mois ou de chaque trimestre, surtout quand il s'agit de livraisons mensuelles dépassant habituellement 1.000 francs ;

que tout au moins au commencement du mois de Décembre 1906, alors qu'à la connaissance de tous la mise du Petit-Séminaire sous séquestre, par application de la loi du 9 Décembre 1905, était imminente, Ody-Audrain pouvait et devait faire arrêter régulièrement son compte par l'économe ; qu'il reconnaît du reste implicitement qu'il lui était possible de le faire puisque son argumentation principale consiste à soutenir qu'il l'a fait et c'est l'absence de date qui seule empêche l'arrêté de compte qu'il produit d'avoir force probante ;

Considérant qu'Ody-Audrain invoque enfin l'action *de in rem verso* qui l'autoriserait encore à prouver par tous moyens l'enrichissement qu'il a procuré au Séminaire, c'est-à-dire les fournitures qu'il lui a faites ;

Mais considérant que l'action *de in rem verso* ne doit être admise que si les parties ne peuvent pas invoquer un contrat précis ; qu'Ody-Audrain invoque un contrat de vente ; qu'un vendeur ne peut se prévaloir de l'action *de in rem verso* et des facilités de preuve qu'elle offre pour obtenir de son acheteur le paiement du prix de vente ; qu'il doit évidemment suivre les règles édictées par la loi pour la preuve de son contrat ;

PAR CES MOTIFS et ceux non contraires des premiers Juges :

Confirme le Jugement dont appel ;

Déboute l'appelant de toutes ses demandes, fins et conclusions ;

Le condamne à l'amende et en tous les dépens d'appel.

MM. OUDIN, fais. fonct. de Président, — MAHOUDEAU, Av. gén., — CHAUVEAU et MAULION, av.

TRIBUNAL DE SIMPLE POLICE DE RENNES
24 Mai 1909

Séparation des Églises et de l'Etat. — Sonneries de cloches. — Autorité municipale : Pouvoir réglementaire. — Sanctions pénales.

Le Maire en fixant pour les enterrements et services funèbres la durée maxima des sonneries de cloches ne fait qu'user du pouvoir de police qu'il tient de l'article 27 de la loi du 9 Décembre 1905 et ne porte nullement atteinte au libre exercice du culte.

La contravention à l'arrêté pris par le Maire conformément à ses pouvoirs est sanctionnée par l'article 471-15° du Code Pénal.

MINISTÈRE PUBLIC C X... et Y...

LE TRIBUNAL,

Attendu qu'il résulte des procès-verbaux de l'agent T..., ce qui n'est pas contesté par les inculpés, que le 11 Mars dernier, le sieur Y... a sonné à la volée un glas pendant 9 minutes, de 6 heures 13 à 6 heures 22 du matin, en l'église de A..., à Rennes;

Attendu que le Ministère public soutient que ce fait constitue à la charge de Y..., une infraction à l'art. 1er § 10 de l'arrêté de M. le Maire de Rennes, en date du 29 Août 1908, et requiert par suite contre le sieur Y..., l'application de l'art. 471 § 15 du Code Pénal et contre l'abbé Z..., curé de A..., de l'article 156 du Décret du 18 Juin 1811 et de l'article 1384 C. Civ.;

Attendu que pour leur défense les sieurs Z... et Y..., par l'organe de leur défenseur, concluent à ce qu'il plaise au Tribunal de dire et juger que l'arrêté de M. le Maire de Rennes sus-visé a été pris contrairement aux dispositions de la loi du 9 Décembre 1905, art. 1er et 27, du décret du 18 Mars 1905, art. 50, 51, 52 et suivants et de la loi du 2 Janvier 1907, — de dire et juger que ledit article est dépourvu de toute sanction pénale, — de déclarer les sieurs Y... et Z... relaxés des fins de la poursuite intentée contre eux, — de les renvoyer sans amende ni dépens;

Attendu qu'il est de jurisprudence certaine « que chacune « des dispositions d'un arrêté municipal doit être examinée « isolément dans sa valeur intrinsèque, dans son rapport avec « la loi qui confie à l'autorité municipale le droit de faire des « règlements, sans que l'illégalité de l'une ou son prétendu « caractère exclusif puisse réfléchir sur celles dont la légalité « ne peut être contestée » (Cassation, 19 Décembre 1908; que c'est le Maire seul qui fixe l'heure et la durée des sonneries;

Attendu qu'il n'est pas douteux qu'il rentre dans les attributions de l'autorité civile, l'arrêté municipal qui, pour éviter certains abus, détermine, en vertu de la loi du 9 décembre 1905, la durée des sonneries de cloches et que le Maire de Rennes, en fixant pour les enterrements et services funèbres, suivant les circonstances, la durée maximum des sonneries de cloches, n'a fait qu'user du pouvoir de police qu'il tient de l'art. 27 de la loi du 9 Décembre 1905 et n'a nullement porté atteinte au libre exercice du culte;

Attendu que c'est donc à bon droit qu'une contravention a été relevée contre le sieur Y..., pour avoir le 11 Mars dernier sonné un glas pendant 9 minutes, de 6 heures 13 à 6 heures 22 du matin, contrairement aux dispositions du § 10 de l'art. 1er de l'arrêté de M. le Maire de Rennes sus-visé;

Que cette contravention est prévue et punie par l'art. 471 § 15 du Code Pénal;

Attendu les termes de l'art. 1384 du Code Civil;

Attendu qu'aux termes de l'art. 1er de l'arrêté de M. le Maire de Rennes sus-visé « pour les églises paroissiales, les « curés ou desservants, ou, en leur absence, les vicaires, ont « seuls le droit de faire sonner les cloches des édifices destinés « au culte, pour les offices, prières publiques et autres « services religieux »;

Que le sieur Y..., lorsque le 11 Mars dernier il a sonné les cloches à l'église de A..., était donc bien le préposé du Curé de cette église;

Vu l'art. 162 du Code d'Instruction criminelle, l'art. 172 du même Code;

PAR CES MOTIFS :

Condamne le sieur Y..., etc...

MM. ALLAIN DES BEAUVAIS, Prés., — BAVEREY, Min. pub., — DUBOIS, Av.

COUR D'APPEL DE RENNES (2e Chambre)

3 Juin 1909.

I. — **Compétence commerciale. — Lieu du payement. — Clause de « payement par traite acceptable et payable sur place bancable. »**

II. — Ajournement. — Indication du délai pour comparaître et du jour où se tiennent les audiences. — Défaut d'indication d'un jour préfixé de comparution. — Validité.

III. — Mise en demeure. — Démarches du créancier.

1° L'indication par le vendeur, dans sa lettre confirmative du marché, que le payement aura lieu « par traite acceptable et payable sur place bancable » n'implique pas nécessairement une dérogation aux conditions du marché et la renonciation par l'acheteur qui n'a pas protesté contre les énonciations de cette lettre à la faculté de payer en son domicile.

Le Tribunal de Commerce de ce domicile est donc compétent pour connaître des difficultés survenues entre les parties au sujet du marché, alors même quil n'existerait dans son ressort aucune place bancable.

D'ailleurs, le vendeur, en indiquant seulement sur la traite créée par lui le nom et la demeure du tiré sans désignation d'aucun autre domicile, fixe lui-même le lieu du payement au domicile du tiré.

Peu importe qu'en envoyant cette traite à l'acceptation le vendeur y ait joint une facture portant en marge l'indication imprimée que les « traites ne sont pas une dérogation à « la condition du lieu de paiement qui est Paris » alors que l'acheteur a refusé la facture et la marchandise.

2° Si aux termes de l'article 61-4° C. Proc. civ. l'exploit d'ajournement doit contenir, à peine de nullité, l'indication du délai pour comparaître, aucun texte n'exige l'indication d'un jour préfixé de comparution.

En conséquence, satisfait aux prescriptions de la loi un exploit qui contient assignation pour « la première audience « utile après l'expiration du délai de la loi qui est de un « jour franc augmenté en raison des distances » et l'indication que les audiences du tribunal saisi se tiennent le mercredi de chaque semaine à midi et demi.

3° En matière commerciale, des démarches faites par l'acheteur auprès du vendeur pour obtenir livraison peuvent constituer une mise en demeure suffisante.

COMPAGNIE FRANÇAISE DE PHOSPHATES C. LUCAS.

Le 22 Juillet 1908, le Tribunal Civil de Pontivy jugeant commercialement a rendu le **Jugement** suivant :

Le Tribunal,

Attendu que par exploit du 17 Juin 1908 la Compagnie Française de Phosphates a fait opposition au jugement par défaut de ce siège en date du 18 Mars 1908 ; — Qu'elle invoque à l'appui de cette opposition des moyens tirés tant de la forme que du fond ; — Que cette opposition est régulière en la forme ;

En ce qui concerne l'incompétence :

Attendu que le Tribunal de Commerce de Pontivy n'est pas celui du domicile de la Compagnie, laquelle a son siège à Paris ;

Qu'il n'est pas davantage tout à la fois celui de la promesse et de la livraison, deux conditions dont le concours est nécessaire pour qu'elles soient attributives de compétence ;

Qu'en admettant en effet que le marché ait été conclu au Faouët, arrondissement de Pontivy, il est constant d'autre part que la marchandise était livrable en gare de Doullens (Somme) ;

Attendu qu'il fut convenu lors du marché que le paiement se ferait à 90 jours net, en traites acceptables sur place bancable ;

Que s'il est exact qu'il n'existe pas de place bancable dans l'arrondissement de Pontivy, la clause dont il s'agit est aujourd'hui dénuée d'intérêt, eu égard aux circonstances postérieures à la passation du marché ;

Que la facture transmise à Lucas par la Compagnie Française de Phosphates le 30 Mai 1907 porte en effet la mention suivante : « valeur au 30 Août prochain, en notre traite incluse à votre acceptation S. V. P. Pièces jointes : une traite » ;

Que la traite ainsi transmise à Lucas porte d'autre part cette mention : « A monsieur François Lucas, négociant, grains et engrais, au Faouët (Morbihan) » ;

Que de ces pièces résulte que la Compagnie Française de Phosphates a renoncé à la clause relative au paiement ;

Que dès lors, le paiement devant se faire au Faouët, arrondissement de Pontivy, domicile de Lucas, débiteur, le Tribunal de Commerce de cet arrondissement était compétent pour connaître de la demande dudit Lucas ;

En ce qui concerne la prétendue nullité de la citation :

Attendu que si aux termes de l'article 61-4° du Code de Proc. civ. l'exploit d'ajournement doit contenir à peine de nullité l'indication du délai pour comparaître, aucun texte n'exige l'indication d'un jour préfixe de comparution ;

Qu'il a donc été satisfait aux prescriptions de l'article sus-visé dans l'exploit du 22 Février 1908, qui contient assignation pour « la « première audience utile après l'expiration du délai de la loi, qui est « de un jour franc augmenté en raison des distances » et indication comme jour d'audience du mercredi de chaque semaine à midi et demi ;

Attendu que si Lucas a assigné la Compagnie Française de Phosphates en la personne du Directeur, il n'a fait sur ce point que se conformer aux indications contenues au marché du 6 Novembre 1906 passé par Rondaul, lequel a fait précéder sa signature de ces mots : « Bon pour marché, Pour le Directeur, l'Agent général des Ventes » ;

Attendu qu'il est enfin inexact de prétendre que l'assignation a été délivrée non pas au siège social actuel de la Compagnie, mais à l'ancien siège ; qu'il suffit de lire l'exploit précité du 22 Février 1908 de Levé, huissier à Paris, pour se convaincre que celui-ci, après s'être présenté au numéro 22 de l'Avenue Victoria, ancien siège de la Société, s'est présenté au numéro 11 *bis* rue de Beaujolais, siège actuel, et a remis la copie à la concierge de la maison ;

Attendu que dans ces conditions, l'exploit dont s'agit doit être considéré comme régulier ;

Attendu qu'à la date du 6 Novembre 1906 la Compagnie Française de Phosphates, par son agent Rondaul, a vendu à Lucas qui acceptait une rame de 60 tonnes de phosphates pour le prix de 1.375 francs ; que cette vente a été confirmée par la dite Compagnie le 9 du même mois ;

Attendu que ces marchandises devaient être expédiées fin Avril ou commencement de Mai suivant ; que cependant l'expédition n'en fut faite que le 26 Mai ;

Qu'en présence de ce retard Lucas dut faire savoir à la Compagnie Française de Phosphates qu'il refuserait la livraison des marchandises, à moins d'un nouvel arrangement l'indemnisant du préjudice par lui subi ;

Que cet arrangement n'eut pas lieu ;

Attendu que les démarches faites par Lucas près de la Compagnie venderesse, démarches résultant des documents de la cause, sont suffisantes pour constituer une mise en demeure ; qu'il a été notamment jugé que la lettre qui manifeste la volonté d'une partie d'exiger l'accomplissement d'un contrat commercial constitue une mise en demeure ;

Attendu que la Compagnie Française de Phosphates a par son fait causé à Lucas un préjudice dont elle lui doit réparation ; que le Tribunal possède des éléments suffisants d'appréciation pour en déterminer l'importance ;

PAR CES MOTIFS :

Reçoit en la forme la Compagnie Française de Phosphates opposante au Jugement du 18 Mars 1908 ;

Se déclare compétent comme étant le lieu du paiement ;

Déclare bonne et valable l'assignation du 22 Février 1908 ;

Au fond :

Condamne la Compagnie Française de Phosphates à payer à Lucas la somme de trois cents francs à titre de dommages-intérêts ;

Déboute par voie de conséquence la dite Compagnie de sa demande reconventionnelle de dommages-intérêts ;

Ordonne l'enregistrement du marché ainsi que de la facture du 30 Mai 1907 et de la traite du 26 du même mois ;

Condamne la Compagnie Française de Phosphates en tous les dépens.

Appel. — Arrêt (3 Juin 1909).

LA COUR,

Considérant que le Jugement du Tribunal civil de Pontivy jugeant commercialement du 22 Juillet 1908 a été régulièrement frappé d'appel par la Compagnie Française de Phosphates ;

Que sur les exceptions de forme rejetées par le Jugement, l'appelante ne reprend et ne soutient en cause d'appel que le moyen d'incompétence fondé sur ce que l'arrondissement de Pontivy, qui n'est certainement pas le lieu de la promesse et celui de la livraison, ne serait pas davantage le lieu où le paiement devait être effectué ;

Considérant que le 6 Novembre 1906 la Compagnie appelante a vendu à Lucas, par l'intermédiaire d'un sieur Rondaul, 60 tonnes de phosphates sur wagons Doullens, paiement à 90 jours net ; — Que le lieu du paiement était d'après cette convention le domicile du débiteur ;

Que dans la lettre de confirmation du marché la Compagnie de Phosphates a bien ajouté les mots « par traite acceptable et payable sur place bancable » mais qu'il est douteux que Lucas ait compris cette clause comme une dérogation aux conditions premières et que la Compagnie elle-même a montré qu'elle n'avait pas entendu y déroger ; — Qu'en effet elle a présenté à l'acceptation de l'intimé une traite à son ordre, datée du 26 Mai, à l'échéance du 31 Août 1907, tirée sur Lucas, au Faouët (Morbihan) ;

Considérant que l'indication du nom et de la demeure du tiré sans indication d'un autre domicile démontre que la Compagnie appelante a, ainsi que l'intimé lui-même, interprété la convention comme fixant le lieu du paiement au domicile du débiteur ;

Que sans doute elle lui a adressé le 30 Mai une facture sur laquelle on lit en marge l'indication imprimée que « les traites ne sont pas une dérogation à la condition du lieu de paiement qui est Paris » ; — Mais que Lucas a refusé la facture et la marchandise ;

PAR CES MOTIFS et ceux non contraires qui ont déterminé les premiers Juges :

Déboute la Compagnie Française de Phosphates recevable, mais mal fondée dans son appel ;

L'en déboute ;
Confirme le Jugement entrepris ;
Dit qu'il sortira son plein et entier effet ;
Condamne l'appelante à l'amende et aux dépens d'appel.

MM. CANAC, Prés., — LA COUTURE, Av. gén., — ROUXEL et OGÉE, Av.

COUR D'APPEL DE RENNES (1re Chambre)
15 Juin 1909

I. — **Appel. — Enonciations de l'acte d'appel. — Absence d'indication de la qualité de l'appelant ; insuffisance de la désignation de la décision entreprise. — Absence de préjudice. — Recevabilité.**

II. — **Prescription acquisitive. — Etablissements publics.**

III. — **Séparation des Eglises et de l'Etat. — Action en reprise. — Biens appartenant légalement au patrimoine des fabriques. — Héritiers collatéraux.**

1o Les originaux des actes d'appel, comme leurs copies, doivent contenir tant sur la qualité de l'appelant que sur la décision entreprise toutes les indications nécessaires pour que la partie contre laquelle est formé l'appel soit en mesure de contrôler le droit de l'appelant et de préparer en outre ses moyens de défense.

Ainsi, quand deux jugements ont été rendus le même jour entre deux parties par le même Tribunal dans deux affaires différentes, doit être considérée comme incomplète la copie d'un acte d'appel qui se borne à indiquer qu'il est fait appel par une partie, dont la qualité n'est pas complètement énoncée, du jugement contradictoirement rendu à une date et par un Tribunal expressément spécifiés sans porter l'indication de l'affaire à laquelle s'applique cette copie d'appel.

Mais si, malgré les omissions de la copie qui lui est délivrée, il apparaît que l'intimé n'a pu se méprendre sur la notification qui lui était faite, — par exemple si, ayant déjà reçu une notification régulière et complète d'appel dans l'une des deux affaires où il figurait avec sa femme, il a dû forcément dans sa pensée appliquer la seconde notification, faite par copie unique, à l'autre affaire où il figurait seul et comprendre nécessairement qu'elle concernait l'autre jugement, puisqu'il n'y en avait eu que deux prononcés ce jour-là dans lesquels il fût partie — si l'indication incomplète de la qualité de l'appelant et l'absence d'indications précises sur l'objet même de la décision n'ont pu déterminer dans sa pensée aucune confusion ou erreur dont ses intérêts et leur défense aient pu souffrir, il est mal fondé à invoquer la nullité de la notification et il y a lieu de tenir pour valable et régulier l'appel ainsi formalisé.

2o Les établissements publics peuvent, comme les simples particuliers, acquérir par prescription.

On ne peut considérer comme contraire à l'ordre public le fait, par une fabrique, de posséder un immeuble qui lui a été donné en dehors de l'autorisation qu'elle aurait dû demander.

L'obligation pour les établissements publics de se procurer l'autorisation administrative ne concerne que les acquisitions à titre gratuit et ne fait pas obstacle à ce qu'ils acquièrent par prescription, sans autorisation, les biens qu'ils ne pourraient recevoir directement en vertu de la donation qui leur a été faite sans avoir été autorisés.

3o Les biens qu'elle a ainsi acquis par la prescription font légalement partie du patrimoine de la fabrique et les actions en reprise ou en revendication auxquelles ils pourraient donner lieu sont soumises aux lois de 1905 et de 1908.

En conséquence, seul un héritier en ligne directe a qualité pour les intenter.

ADMINISTRATION DE L'ENREGISTREMENT, C LE MOIGN

LA COUR,

Considérant que sous la même date du 31 Janvier 1908 le Tribunal a rendu deux jugements intéressant : l'un l'Administration de l'Enregistrement et les époux Le Moign, demeurant à Gouarec ; l'autre l'Administration de l'Enregistrement et Le Moign seul, l'un des deux époux, ancien propriétaire à Gouarec ;

Considérant que l'Administration de l'Enregistrement ayant relevé appel de ces deux décisions l'huissier Le Goff, en résidence à Loudéac, a été chargé par elle de la notification ; — Qu'il y a procédé le même jour, 11 Mai 1908 ; — Que l'une des copies énonce la notification faite par l'Administration séquestre des biens de l'Eglise de Saint-Connec à Mme Eugénie Daniel, épouse commune en biens de M. Georges Le Moign, propriétaire, Avocat, Docteur en droit, et à M. Le Moign pris tant en son nom personnel, au besoin, que pour assister et autoriser sa dite épouse, de l'appel qu'elle interjette du Jugement contradictoirement rendu le 31 Janvier 1908 par le Tribunal de Loudéac ; — Que l'autre copie, remise à Georges Le Moign seul, se borne à énoncer qu'il est fait à la requête du Directeur général de l'Enregistrement appel du Jugement contradictoirement rendu le 31 Janvier 1908 par le Tribunal de Loudéac, sans porter l'indication de l'affaire à laquelle s'appliquait spécialement cette dernière ;

Considérant qu'il est de jurisprudence constante que les originaux des actes d'appel, comme leurs copies, doivent contenir tant sur la qualité de l'appelant que sur la décision entreprise toutes les indications nécessaires pour que la partie contre laquelle est formé l'appel soit ainsi mise en mesure de contrôler le droit de l'appelant et de préparer en outre ses moyens de défense ; — Qu'il est certain que, dans la circonstance, elles étaient incomplètes dans la copie relative à l'appel qui lui était personnel qui lui a été remise ; — Mais que, malgré les omissions faites, Le Moign ès-qualités n'a pu se méprendre sur la nature des notifications qui lui étaient faites ; qu'il est donc mal fondé à invoquer la nullité de l'une d'elles ; — Qu'il n'ignorait pas en effet quelles étaient les deux affaires dans lesquelles le Tribunal de Loudéac avait statué le 31 Janvier 1908 et l'objet spécial à chacune d'elles ; — Qu'il savait également que dans l'une il était partie avec sa femme, que dans l'autre il figurait seul ; — Que, après avoir reçu une notification complète et régulière à l'occasion de l'affaire dans laquelle il figurait avec sa femme, il n'a pas pu se méprendre sur l'objet de l'autre notification qui ne s'adressait qu'à lui seul; qu'il a dû comprendre nécessairement qu'elle concernait l'autre jugement, puisqu'il n'y en avait eu que deux prononcés ce jour-là dans lesquels il fût partie ; — Que ce n'est donc pas l'indication incomplète de la qualité de l'appelant et l'absence d'indications précises sur l'objet même de la décision qui ont pu déterminer dans sa pensée une confusion ou une erreur dont ses intérêts et leur défense aient pu souffrir ; — Qu'il n'est même pas possible qu'il s'y soit produit la moindre méprise ; — Qu'il y a donc lieu de tenir pour valable et régulier dans la forme où la copie en a été délivrée à Le Moign l'appel formé par l'Administration séquestre contre le Jugement du Tribunal de Loudéac du 31 Janvier 1908 relatif à l'action en reprise des biens de la fabrique de l'église de Saint-Mayeux ;

Sur le fond :

Considérant que suivant testament olographe en date à Saint-Mayeux du 15 Janvier 1861 Auge Le Moign, recteur de cette commune a légué à l'église paroissiale deux prairies inscrites au cadastre sous les nos 510 et 886 section C, à charge par elle de faire célébrer deux octaves de services pour le repos de son âme le jour de son décès et quatre services par an à perpétuité ;

Considérant que par exploit du 14 Janvier 1907 Le Moign a assigné l'Administration séquestre à l'effet de voir prononcer la nullité de la libéralité précitée ;

Considérant que à aucun moment depuis son entrée en jouissance la fabrique de Saint-Mayeux n'a cherché à obtenir des pouvoirs publics l'autorisation prescrite par l'article 910 C. civ., maintenu par l'article 6 de la loi du 4 Février 1901, pour que le legs puisse recevoir son effet par une acceptation régulière ; — Que, dans ces conditions, il est resté sans effet légal et que la propriété des pièces de terre qui forment son objet n'est jamais entrée dans le patrimoine de lafabrique ; — Que dès lors si la procédure était restreinte à ces limites, les lois de 1905 et de 1908 étant sans application, Le Moign aurait toute qualité pour intenter son action contre le séquestre et tous droits pour la voir accueillir ;

Mais, considérant que l'Administration séquestre prétend que si la fabrique n'a pas été munie de l'autorisation nécessaire pour accepter la donation, que si l'immeuble litigieux n'est pas entré de la sorte dans son patrimoine, tout au moins en a-t-elle par prescription acquis la propriété ; — Que depuis plus de trente ans en effet elle a possédé dans les conditions indiquées par la loi pour lui permettre de prescrire ;

Considérant qu'aux termes de l'article 2227 C. civ., les établissements publics sont soumis pour la prescription aux mêmes règles que les particuliers et qu'ils peuvent comme eux l'opposer ;

Considérant que depuis son entrée en possession, tout au moins depuis plus de 30 ans avant 1905, la fabrique a en fait exercé sur l'immeuble litigieux une possession continue, non interrompue, paisible, publique, non équivoque et à titre de propriétaire : — Que l'intimé n'allègue pas en effet que à aucun moment elle ait été de la part de qui que ce soit l'objet d'un trouble quelconque dans sa jouissance ; — Que d'autre part se trouvant et sachant se trouver en possession d'un titre qui la constituait donataire de l'immeuble litigieux, elle n'a pas cessé, bien que son titre fût vicié par suite du défaut d'autorisation, de jouir à titre de propriétaire ; — Que la prescription est faite pour couvrir le vice du titre et conférer la propriété ; — Que Le Moign est également mal fondé à prétendre à la précarité de la détention de la fabrique parce qu'elle savait, dit-il, qu'elle pourrait être tenue de restituer au cas où l'autorisation lui serait refusée ; — Que la situation est la même pour tout détenteur en voie de prescrire : qu'il peut en effet, à chaque moment, se trouver troublé par des entreprises contraires ; — Que ce qui constitue la précarité de la détention, c'est son exercice en vertu d'un titre qui ne donne pas la possibilité d'acquérir pour soi-même ; — Que c'est donc à tort et par une fausse interprétation aussi bien des faits que du droit que les premiers Juges ont pu dire que la possession avait été précaire ; — Qu'enfin l'intimée a cherché à soutenir, mais en vain, que la possession de la fabrique n'avait pas pu lui permettre de prescrire parce qu'elle était contraire à une règle d'ordre public ;

Considérant qu'il est constant que des faits de possession, s'ils étaient contraires à l'ordre public, n'auraient pas le caractère exigé par la loi pour permettre de prescrire ; — Qu'il en serait de même si le droit que la prescription soit libératoire, soit acquisitive, tendrait à acquérir était contraire à l'utilité publique ; — Mais qu'on ne rencontre rien de tel dans le fait par une fabrique de posséder un immeuble qui lui a été donné en dehors de l'autorisation qu'elle aurait dû demander ; — Que l'obligation édictée pour les établissements publics ne concerne que l'acquisition à titre gratuit ; — Que dans ces limites elle comporte une règle d'ordre public mais qu'elle ne peut faire échec aux règles du droit commun en matière de prescription, d'autant moins que l'article 2227 en édictant pour les établissements publics la formalité de la prescription n'a apporté, en ce qui les concerne, aucune dérogation aux règles exposées dans l'article 2229 C. civ. ; — Que dans cet état il y a donc lieu de dire que la fabrique de l'église de Saint-Mayeux avait, avant la prise de possession par l'Administration séquestre, possédé l'immeuble litigieux dans des conditions et durant un temps utile pour prescrire ;

— Que la prescription s'est accomplie ; — Que les biens formant l'objet de la donation du 2 Janvier 1846 font partie de son patrimoine ; — Que l'action est dès lors soumise aux règles des lois de 1905 et de 1908 ; — Qu'aux termes de l'article 9 l'action en reprise peut être seulement exercée par les donateurs ou les héritiers en ligne directe ; — Que Le Moign ne justifiant pas de cette qualité est sans droit pour l'intenter ; — Que son action est donc irrecevable ;

PAR CES MOTIFS :

Dit recevable l'appel formé suivant exploit du 11 Mai 1907 par l'Administration séquestre contre le Jugement rendu le 31 Janvier 1908 entre elle et Georges Le Moign à l'occasion de son action en révocation du legs fait à la fabrique de l'église de Saint-Mayeux ;

Et statuant sur le fond :

Dit qu'il a été bien appelé, mal jugé ;

Réformant et faisant ce que les premiers Juges auraient dû faire :

Dit que la fabrique de Saint-Mayeux est devenue légale et légitime propriétaire de l'immeuble litigieux, objet de la donation de Ange Le Moign, par suite d'une possession de plus de trente ans utile pour prescrire ;

Que dans ces conditions Le Moign n'étant pas héritier en ligne directe du donateur, n'avait pas qualité pour intenter une action en révocation de la donation à l'encontre de l'Administration séquestre ;

Condamne Le Moign en tous les dépens de première instance et d'appel ;

Le déboute de toutes ses demandes, fins et conclusions ;

Ordonne la restitution de l'amende.

MM. MAULION, 1er Prés., — MAHOUDEAU, Av. gén., — CHATEL et DYÈVRE, Av.

COUR D'APPEL DE RENNES (3e Chambre).

21 Juin 1909.

Navire. — Marché de construction. — Nécessité d'un acte écrit (non).

L'article 195 C. co. qui prescrit que « la vente volontaire d'un navire doit être faite par écrit » n'est pas applicable au marché à forfait passé pour la construction d'un navire.

BUSNEL C GAUTIER

Le Tribunal de Commerce de Saint-Malo a rendu le jugement suivant, à la date du 1er Juillet 1908.

LE TRIBUNAL,

Attendu qu'Edmond Gautier, constructeur de navires, a assigné Busnel, armateur, en résiliation d'un marché verbal passé entre parties le 20 mars 1908, à ses torts et griefs, et en paiement de 20.000 francs à titre de dommages-intérêts ;

Attendu que Busnel reconnaît que des pourparlers ont été engagés entre Gautier et lui pour la construction d'un navire sur les chantiers de Gautier, mais prétend que la conclusion du marché de construction était subordonnée à une condition expresse et déterminée, celle pour Gautier de fournir une caution ; que cette condition n'ayant pas été remplie, il n'y a plus marché ;

Attendu que l'aveu de Busnel est indivisible ; — Que Gautier étant demandeur, c'est à lui qu'incombe de faire la preuve de ses allégations ; — Qu'il offre en effet de prouver par témoins que Busnel avait traité ferme avec lui pour la construction d'un navire ;

Mais attendu que Busnel prétend que la preuve testimoniale dans l'espèce est irrecevable en droit ; — Qu'il invoque à cet effet l'art. 195 du C. de Commerce qui prescrit que « la vente volontaire d'un navire doit être faite par écrit » ;

Qu'il soutient que Gautier ne pouvant lui opposer aucun engagement écrit, il n'y a pas eu de vente entre eux ;

Attendu que l'art. 195 n'est qu'une dérogation à l'art. 109, qui admet la preuve testimoniale pour les ventes;

Qu'il y a lieu de remarquer que cet article 195 vise expressément la vente de navires ou bâtiments de mer en état de navigabilité, puisqu'il se termine par cette phrase : « Le navire étant dans le port ou en voyage » ;

Qu'il semble bien ressortir des termes mêmes dudit article que le marché de construction est autre chose que la vente volontaire d'un navire telle qu'il la vise ; — Que cette distinction paraît bien avoir été faite par le législateur dans l'art. 633 du Code de Commerce qui répute actes de commerce « toute entreprise de construction et tous achats, ventes et reventes de bâtiments pour la navigation intérieure et extérieure » ;

Qu'enfin si la vente, c'est-à-dire un acte translatif de propriété, est bien l'objet de l'art. 195, il ne saurait en être autant du marché de construction qui ne transfère pas la propriété, puisque le constructeur reste propriétaire du navire jusqu'à complet achèvement ;

Qu'il s'agit donc d'un contrat portant pour l'un obligation de construire et de vendre, pour l'autre obligation d'acheter, mais qu'il ne s'agit pas d'une vente volontaire de navire ; que l'art. 195 est inapplicable ici ;

Attendu en conséquence que l'offre de preuve présentée par Gautier est recevable ;

PAR CES MOTIFS :

Avant autrement faire droit..... etc...

Appel. — Arrêt (21 Juin 1909).

LA COUR,

Adoptant les motifs qui ont déterminé les premiers Juges et considérant que l'intimé demande à préciser les faits que le jugement dont appel l'a autorisé à prouver ; — Qu'il y a lieu de faire droit à cette requête ;

Que l'appelant de son côté, par conclusions subsidiaires, demande à prouver des faits qui pourraient être établis comme tendant à faire preuve contraire ;

PAR CES MOTIFS :

Confirme le jugement dont appel qui sortira effet et additant, autorise Gautier a prouver en outre par témoins les faits suivants..... etc...

MM. SAIGET, prés., — LAURENT, av. gén., — CHAUVEAU et MAULION, av.

COUR D'APPEL DE RENNES (3e Chambre)

21 Juin 1909.

I. — **Faillite. — Clôture des opérations d'union. — Réouverture par jugement. — Instances nées pendant la période de clôture.**

II. — **Saisie-arrêt. — Effets. — Représentant de commerce. — Commissions. — Caractère alimentaire. — Distraction.**

1° Lorsque, après la clôture des opérations d'union d'une faillite, un nouvel élément d'actif est survenu et que les opérations de la faillite ont été ouvertes à nouveau par un jugement, le syndic a qualité pour intervenir dans les instances intéressant la faillite qui sont nées pendant la période où elle était close.

Il a même seul qualité désormais pour agir au nom et dans l'intérêt des créanciers du failli.

2° Une saisie-arrêt pratiquée aux mains d'un commerçant sur les sommes dont il peut être débiteur envers un représentant travaillant pour lui à la commission ne peut frapper que les commissions déjà dues ; ses effets ne sauraient s'appliquer aux commissions ou remises qui pourraient être dues par la suite et dont le principe de créance n'existe pas encore au moment de la saisie.

Si les commissions ou remises versées à un représentant de commerce travaillant à la commission ne peuvent être assimilées aux salaires ou appointements des employés et par conséquent donner lieu à l'application des règles édictées pour la saisie des salaires, le juge doit cependant rechercher si elles ne revêtent pas un caractère alimentaire, et, s'il en est ainsi, ordonner la distraction, au bénéfice du saisi, de la partie des sommes saisies-arrêtées qui lui est indispensable pour vivre et continuer l'exercice de sa profession.

SOCIÉTÉ DES CIMENTS PORTLAND D'HARDELOT *C* LE DIZET et LE CALLOC'H ès-qualités.

Le Tribunal civil de Châteaulin a, le 23 juin 1908, rendu le **jugement** suivant :

LE TRIBUNAL,

Attendu que par requête dûment signifiée aux avoués des parties principales, M. Le Calloc'h, avoué à Brest, agissant en sa qualité de syndic de la faillite Le Dizet, est intervenu dans la cause d'entre parties et a déclaré que dans le courant de cette année une rentrée de 324 francs ayant été opérée, il a, le 22 janvier 1908, obtenu un jugement déclarant ouvertes à nouveau les opérations de la faillite Le Dizet, dont à défaut de concordat, la clôture des opérations d'union avait été prononcée par jugement du 17 février 1906 ;

Que par exploit de Marseiller, huissier à Carhaix, du 13 janvier 1908, la Société anonyme des Ciments Portland d'Hardelot a donné assignation à Le Dizet à comparaître devant le Tribunal de Châteaulin pour entendre déclarer valables les saisies-arrêts mises par elle entre les mains de MM. Le Camus, Thébault et Jayet, sur les sommes que ceux-ci pourraient devoir au failli, et entendre dire en outre que le syndic a qualité pour intervenir dans l'instance, les opérations de faillite étant réouvertes ; que de plus, il a seul qualité pour agir désormais aux lieu et place de la société demanderesse ;

Attendu que Me Le Calloc'h a qualité pour intervenir, la somme dont Le Dizet peut se trouver créancier étant, à défaut de concordat et par suite de la réouverture de la faillite, un actif de la faillite Le Dizet ;

Au fond ;

Attendu que par exploits de Kerjeau, huissier à Morlaix, Brenner, huissier à Landerneau et Carteau, huissier à La Rochelle, en date des 30 et 31 décembre 1907, la Société des Ciments Portland d'Hardelot a fait saisir arrêter aux mains de MM. Le Camus, Jayet et Thébault frères, toutes sommes qu'ils pouvaient devoir à Le Dizet et ce, en vertu d'un jugement rendu le 16 août 1905 par le Tribunal de commerce de Boulogne-sur-Seine, condamnant conjointement et solidairement la société Le Dizet et Pennesquin et les sieurs Le Dizet, Pennesquin et Berréhar à payer à ladite Société des Ciments Portland d'Hardelot :

1o La somme principale de 2.378 fr. 20 ;

2o Les intérêts au taux légal de ladite somme à concurrence de 1.081 fr. 70, du 16 mars 1905, à concurrence de 1.396 fr. 50, du 1er avril 1905 ;

3o Les frais de protêts et de retour de deux effets ;

4o Le prix de 33.635 sacs non retournés ni payés : 16.817 fr. 50 ;

5o La somme de 3.182 fr. 50, à titre de dommages et intérêts ;

6o La somme principale de 956 francs, montant de fourniture de ciment restant due ;

7o Les intérêts au taux légal de ladite somme de 956 francs, du 1er mai 1905 ;

7o Les frais de protêt et de retour : 9 fr. 25 ;

9o Le prix de 150 sacs : 75 francs ;

Enfin aux intérêts de droit et aux dépens ;

Attendu que les saisies susvisées ont été dénoncées au débiteur le 13 janvier 1908, par exploit de Marseiller, huissier à Carhaix ;

Attendu que la société demanderesse conclut à la validation des saisies-arrêts pratiquées à sa requête, mais demande que le tribunal se déclare incompétent pour statuer sur la demande en distraction d'une partie des sommes saisies formulées par Le Dizet ;

Attendu que Le Dizet, partie saisie, soutient que les commissions aléatoires et variables qui peuvent lui être dues ne sont point un salaire ; qu'en tous cas, les saisies-arrêts ne peuvent frapper que les commissions qui pouvaient lui être dues à leurs dates, déduction faite des frais de voyage ; que, de plus, le tribunal doit, en vertu d'une jurisprudence établie, peser le tantième saisissable, et a compétence pour le faire ;

Attendu que le syndic, partie intervenante, demande que le tribunal déclare que la saisie-arrêt frappe toutes les commissions échues et à échoir, fixe le quantum saisissable, et ordonne que ce quantum sera versé entre ses mains.

En ce qui concerne l'objet de la saisie :

Attendu qu'il est de principe que la saisie-arrêt peut être pratiquée sur toutes les sommes appartenant au débiteur et sur toutes les créances existant en germe au moment de la saisie ;

Qu'il est de jurisprudence que des droits de commission ne sauraient être assimilés à des salaires ou appointements ;

1re Année No 3 Août 1909

RECUEIL DES ARRÊTS
DE LA COUR D'APPEL DE RENNES
et
DES JUGEMENTS RENDUS
par les
Tribunaux de Première Instance, Civils et de Commerce, les Justices de Paix et les Conseils de Prud'hommes du Ressort

REVUE MENSUELLE

publiée par
MM. CHARLIER, CUAULT, DUBOIS, Avocats à la Cour
avec la collaboration des
MEMBRES DU BARREAU ET DE LA COMPAGNIE DES AVOUÉS A LA COUR

ABONNEMENT ANNUEL : 10 FRANCS
PRIX DU NUMÉRO : 1 FR. 50

RENNES
IMPRIMERIE DE L'HERMINE H. RIOU-REUZÉ
Rue de la Monnaie

1909

SOMMAIRE

I. — Faillite. — Clôture des opérations d'union. — Réouverture par jugement. — Instances nées pendant la période de clôture.

II. — Saisie-arrêt. — Effets. — Représentant de commerce. — Commissions. — Caractère alimentaire. — Distraction........ 65

Compétence commerciale. — Marché par correspondance. — Lieu de la promesse. — Article 420 *C. Proc. Civ.* — Clause spéciale de compétence.. 67

I. — Testament. — Pluralité d'écrits testamentaires portant la même date. — Dispositions conciliables. — Application (non) de l'article 1036 *C. civ.*.

II. — Légataire universel. — Exécuteur testamentaire. — Termes du testament. — Clauses incompatibles avec l'institution d'un légataire universel. — Emploi de la fortune entière du testateur à la célébration de messes. — Legs particulier attribué au légataire universel. — Attribution expresse de la saisine. — Clause inutile.

III. — Fondation de messes. — Legs ou charge inexécutable. — Loi du 9 Décembre 1905. — Legs à personnes incertaines. — Charge de la succession. — Rémunération d'un service rendu.

IV. — Héritiers naturels. — Absence de qualité. — Prétendue fraude à la loi. — Invraisemblance.

V. — Personne interposée. — Bénéficiaires indéterminés. — Détermination par le testament lui-même..................... 69

I. — Compétence judiciaire. — Marchés de travaux publics. — Marchés de fournitures. — Fourniture à une commune d'imprimés, registres, etc.

II. — Dépens. — Référence à justice. — Incident utile à l'intérêt de toutes les parties.. 76

(Voir la suite du Sommaire au verso de la couverture).

Que, dès lors, les salaires à percevoir sur des affaires non encore conclues ne sauraient faire l'objet d'une saisie-arrêt ;

Attendu qu'il résulte des pièces fournies, ce qui d'ailleurs n'a pas été discuté, que Le Dizet travaillait à la commission pour le compte de MM. Le Camus, Thébault et Jayet, et que les sommes qui lui sont dues par eux provenaient de remises qui lui étaient concédées sur chaque affaire conclue par lui ;

Que, dans ces conditions, c'est à bon droit que la société demanderesse a fait arrêter, entre les mains des tiers saisis, les sommes dont ils pouvaient se trouver débiteurs, au moment de la saisie, envers Le Dizet ;

Mais que c'est à tort qu'elle prétend, ainsi que le syndic, partie intervenante, faire porter les effets de cette saisie sur des sommes qui pourraient être dues par la suite à Le Dizet par les mêmes personnes, et dont le principe de créance n'aurait pas existé en germe au moment de la saisie, puisqu'il s'agit de salaires qui pourraient être dus sur des affaires non encore conclues ;

En ce qui concerne le quantum à retenir sur les sommes saisies :

Attendu que, si, au point de vue des conséquences de la saisie, on ne saurait assimiler les droits de commission aux salaires et appointements des employés des particuliers, il y a lieu cependant de rechercher, quand il s'agit de distraire, au bénéfice du saisi, partie des sommes arrêtées, si les commissions ne revêtent pas, comme les salaires et appointements, un caractère alimentaire ;

Attendu, en l'espèce, qu'il ne saurait être mis en doute que les sommes dues pour commissions à Le Dizet par les tiers saisis revêtent bien le caractère alimentaire, car ces sommes lui sont indispensables pour vivre et exercer sa profession ;

Que, dans ces conditions, et par application d'une jurisprudence constante, il y a lieu de dire que la saisie ne portera que sur le cinquième des sommes qui peuvent être dues à Le Dizet, déduction faite des frais de route indispensables à l'exercice de sa profession ;

En ce qui concerne la compétence du tribunal pour statuer sur la demande en distraction :

Attendu que, si le tribunal de Châteaulin était seul compétent pour statuer sur la validité de la saisie, il s'ensuit que seul, il a qualité pour indiquer dans quelle proportion les sommes arrêtées seront saisissables ;

Attendu que cette indication est une conséquence de la validation de la saisie ;

Que d'ailleurs, cette compétence n'est pas discutée par le syndic de la faillite Le Dizet qui, par suite de la réouverture de la faillite de ce dernier, a seul qualité pour poursuivre l'affaire introduite par la société demanderesse ;

En ce qui concerne les dépens :

Attendu que, par suite de la réouverture de la faillite Le Dizet, les sommes objet de la saisie-arrêt devant tomber dans l'actif de la faillite, il échet pour le tribunal de décider que les frais engagés l'ont été dans un intérêt commun, et, par conséquent, doivent être considérés comme frais privilégiés de faillite ;

PAR CES MOTIFS :

Reçoit Me Le Calloc'h partie intervenante dans la cause d'entre Le Dizet et la Société des Ciments Portland d'Hardelot ;

Et statuant tant sur l'intervention que sur la cause principale :

Décerne acte à la Société des Ciments Portland d'Hardelot de ce qu'elle se réserve de faire valoir devant le tribunal compétent le droit de préférence qu'elle prétend avoir sur les sommes saisies arrêtées ;

Déclare bonne et valable la saisie-arrêt formée entre les mains de Le Camus, Jayet et Thébault, mais en limite l'effet au cinquième des sommes qui pourront être dues par les tiers saisis, déduction faite des frais de voyage ;

Dit que les sommes dont les tiers saisis se reconnaîtront ou seront jugés débiteurs seront par eux versées dans la proportion ci-dessus indiquée entre les mains de Me Le Calloc'h, avoué à Brest, syndic de la faillite Le Dizet, et en déduction de la créance de ce dernier ;

Autorise les tiers saisis à verser à Le Dizet le surplus des sommes qu'ils pourraient rester lui devoir, déduction faite du précédent versement ;

Dit les frais, privilégiés de faillite.

Appel. — Arrêt (21 Juin 1909).

LA COUR :

Adoptant les motifs qui ont déterminé les premiers juges et considérant que le fait offert en preuve par la Société appelante est sans intérêt au procès ; qu'il n'y a donc pas lieu de prescrire la vérification ;

Considérant que Le Calloch ès-qualité de syndic de la faillite Le Dizet déclare s'en rapporter à justice ;

PAR CES MOTIFS :

Dit bien jugé, mal appelé ;

Confirme le jugement dont appel ;

Dit qu'il sortira son plein et entier effet ;

Condamne l'appelant à l'amende et aux dépens.

MM. SAIGET, Prés., — LAURENT, Av. gén., — BILY et MACHENAUD (du barreau de Quimper), Av.

COUR D'APPEL DE RENNES (3e Chambre).

8 Février 1909

Compétence commerciale. — Marché par correspondance. — Lieu de la promesse. — Article 420 C. Proc. Civ. — Clause spéciale de compétence.

Dans un marché conclu par correspondance, c'est le domicile de l'acheteur, auquel le vendeur a fait parvenir une offre qui a été acceptée, qui doit être considéré comme le lieu de la promesse; et si la livraison doit être également effectuée au même endroit, le tribunal du domicile est compétent aux termes de l'art. 420 C. Proc. Civ., comme réunissant les deux conditions prévues par le paragraphe 2me dudit article, à moins, toutefois, qu'il n'y ait entre les parties convention contraire.

La mention que « en cas de contestation, les tribunaux de Nantes seront seuls compétents », imprimée en marge de la lettre qui apporte à l'acheteur les offres du vendeur, doit être considérée comme constituant une convention spéciale, dérogeant aux règles ordinaires et attribuant compétence exclusive aux tribunaux de l'arrondissement ainsi désigné, alors que l'acheteur a déclaré, en réponse à la lettre portant cette clause marginale, qu'il acceptait le marché proposé, en donnant certaines indications quant à l'époque de la livraison, à la qualité de la marchandise, au paiement et à l'escompte, mais sans protester de quelque façon que ce soit, contre la clause attributive de compétence, qu'il a par suite acceptée, et que de plus, il a reçu également par la suite une autre lettre du vendeur portant aussi en marge la même clause.

En présence d'une semblable convention, il n'y a pas lieu pour le juge d'appliquer à la cause l'art. 420 C. Pr. civ.

PAPETERIES GOURAUD C/ LAJAT.

LA COUR,

Considérant que Lajat, négociant à Morlaix, a fait assigner devant le Tribunal de Commerce de cette ville la Société des Papeteries Gouraud, dont le siège social est à Nantes, pour obtenir la résiliation d'un marché, avec allocation de dommages-intérêts à son profit; — Que la Société défenderesse a décliné la compétence du Tribunal de Commerce de Morlaix; — Que les premiers juges ont affirmé leur compétence en se basant sur le 2me § de l'art. 420 du Code de Procédure civile; — Qu'en effet, pour les motifs donnés par eux, Morlaix est bien le lieu de la promesse et de la livraison, et que, par suite, le Tribunal de cette ville est compétent s'il n'y a convention contraire; — Que ce dernier point reste seul à examiner;

Considérant, à ce point de vue, que le marché dont la résiliation est demandée a été conclu par correspondance; — Que, par lettre du 26 Janvier, la Société des Papeteries Gouraud, repoussant une offre de commande de Lajat, lui fait une offre de livraison de la même marchandise à un prix différent; — Que cette offre est écrite sur une feuille de papier de correspondance portant, imprimées en marge d'une façon très apparente, les conditions générales des marchés passés par la Société, notamment la suivante : « En cas de contestations, les Tribunaux de Nantes seront seuls compétents »; — Que le lendemain, par lettre datée de Morlaix, Lajat déclare accepter le marché proposé, donne certaines indications notamment quant à l'époque des livraisons à effectuer, à la qualité de la marchandise, au paiement et à l'escompte, mais sans protester en quelque façon que ce soit, contre la clause attributive de compétence qu'il a par suite acceptée; — Qu'il n'a pas protesté davantage contre la clause dont s'agit lorsque, le 29 Janvier, la Société l'a avisé de la réception de sa lettre d'acceptation du 27, en l'invitant à transmettre, par retour du courrier, les observations qu'il pourrait avoir à formuler;

Considérant que, dans ces conditions, les premiers juges ont eu tort de faire application à la cause de l'art. 420 du Code de Procédure civile, le Tribunal de Commerce de Nantes étant seul compétent par suite de la convention des parties;

Sur la demande d'évocation :

Considérant que la cause n'est pas disposée à recevoir une décision définitive;

PAR CES MOTIFS :

Dit que le Tribunal de Commerce de Morlaix était incompétent pour statuer sur les fins de l'assignation donnée par Lajat à la Société des Papeteries Gouraud;

Met cette dernière hors de cause, sans dépens;

Déboute Lajat de toutes ses demandes, fins et conclusions

contraires au présent arrêt; — Dit qu'il n'y a pas lieu à évocation; — Renvoie l'intimé à se pourvoir devant juges compétents;

Le condamne en tous les dépens de première instance et d'appel;

Ordonne la restitution de l'amende consignée.

MM. SAIGET, Prés., — MARTIN, av. gén., — BACHELOT-VILLENEUVE, BODET et JENOUVRIER, av.

COUR D'APPEL DE RENNES (1re Chambre)

22 Février 1909.

I. — **Testament. — Pluralité d'écrits testamentaires portant la même date. — Dispositions conciliables. — Application (non) de l'article 1036 C. civ.**

II. — **Légataire universel. — Exécuteur testamentaire. — Termes du testament. — Clauses incompatibles avec l'institution d'un légataire universel. — Emploi de la fortune entière du testateur à la célébration de messes. — Legs particulier attribué au légataire universel. — Attribution expresse de la saisine. — Clause inutile.**

III. — **Fondation de messes. — Legs ou charge inexécutable. — Loi du 9 Décembre 1905. — Legs à personnes incertaines. — Charge de la succession. — Rémunération d'un service rendu.**

IV. — **Héritiers naturels. — Absence de qualité. — Prétendue fraude à la loi. — Invraisemblance.**

V. — **Personne interposée. — Bénéficiaires indéterminés. — Détermination par le testament lui-même.**

1° Lorsque plusieurs écrits testamentaires portant la même date et ne contenant aucunes dispositions inconciliables entre elles ont été trouvés réunis en un même endroit par les soins mêmes du testateur, ils doivent être considérés comme formant par leur réunion l'ensemble des dispositions testamentaires de leur auteur ; et il n'y a pas lieu à l'application de l'article 1036 C. civ.

2° Lorsque dans son œuvre testamentaire le testateur, à plusieurs reprises, exprime et affirme sa volonté de faire d'une personne — en l'espèce, son parent et filleul, auquel il a toujours donné des marques de son affection — son légataire universel, il faudrait, pour battre en brèche une volonté aussi nettement exprimée et réduire l'institué à la qualité de simple exécuteur testamentaire, rencontrer dans l'œuvre testamentaire des clauses absolument incompatibles avec l'institution d'un légataire universel.

Ne sont pas incompatibles avec l'institution d'un légataire universel : — la volonté exprimée par le de cujus *que, après prélèvement des legs particuliers, le surplus des biens composant sa succession soit employé à faire dire des messes ; — l'attribution d'un legs particulier à celui que le testament investit de la qualité de légataire universel, ce legs fût-il fait à titre de récompense pour des peines et soins ; — la clause par laquelle le* de cujus *donne expressément au légataire universel la saisine ; si cette clause est en effet inutile, elle ne peut du moins avoir pour effet d'annuler une clause valable en soi.*

3° La disposition par laquelle le de cujus *consacre à faire dire des messes ce qui restera de sa fortune, les legs particuliers une fois acquittés, n'est pas nulle comme étant d'une réalisation impossible, même après la Loi du 9 Décembre 1905 : si les fondations de messes par l'intermédiaire des fabriques et autres établissements religieux ne sont plus autorisés, chacun reste libre de faire dire des messes de son vivant ou après son décès et de choisir les prêtres qui les célébreront ou de laisser à ses successeurs le soin de faire le choix.*

Cette disposition n'est pas nulle non plus comme renfermant un legs au bénéfice de personnes incertaines ; les sommes ainsi employées constituant en réalité une charge de la succession et non pas des libéralités au profit des prêtres qui disent les messes et qui ne reçoivent que la rémunération d'un service demandé et rendu.

L'importance des sommes ainsi consacrées à la célébration des messes ne modifie en rien le caractère de cette disposition.

4° En présence d'un légataire universel seul habile à profiter des sommes provenant des legs ou charges annulés ou dont l'exécution serait impossible, les héritiers naturels, que d'ailleurs le testament a exhérédés, sont sans intérêt et par conséquent sans qualité pour anticiper et faire annuler les legs ou charges contenus au testament.

On ne saurait considérer comme ayant été imaginée dans le but de faire fraude à la loi et en vue d'assurer — en écartant, pour défaut d'intérêt, l'action des héritiers naturels en nullité ou en réduction du legs — l'exécution intégrale des libéralités interdites au profit de personnes morales incapables, alors que le peu d'importance de ces libéralités par rapport à l'importance de la succession rend cette fraude invraisemblable.

5° Un légataire universel ne saurait être considéré comme étant une personne interposée destinée à assurer la transmission de la fortune du de cujus *à des personnes indéterminées quand le testateur a réglé lui-même, au profit de personnes déterminées, la dévolution de toute la partie de ses biens qui ne seraient pas absorbée par l'exécution de la charge imposée au légataire universel.*

HALGAND *C* consorts JALLAIS

Ces solutions résultent de l'arrêt suivant rendu le 22 Février 1909, par la 1re Chambre, réformant un jugement du Tribunal civil de Saint-Nazaire en date du 3 Avril 1908.

LA COUR,

Considérant que le jugement du Tribunal Civil de Saint-Nazaire du 3 Avril 1908 a été régulièrement frappé d'appel par Emmanuel-Auguste Halgand ; — Que cet appel est recevable et bien fondé ; — Que ledit Halgand est, en fait comme en droit, légataire universel et non exécuteur testamentaire de la demoiselle Jallais ;

Considérant que la demoiselle Jallais est décédée à Donges le 17 janvier 1907, à l'âge de 65 ans, laissant pour héritiers naturels trente-trois collatéraux ; — Que lors de l'inventaire de ses biens par Me Féau, notaire à Montoir, il a été trouvé, dans le tiroir d'un meuble lui appartenant, un portefeuille, et dans le même compartiment de ce portefeuille, les trois actes dont la teneur suit, portant la même date du 1er Octobre 1890 :

1° Sur une feuille de papier timbré de 0 fr. 60 :

« Ceci est mon testament.

« J'institue Emmanuel-Auguste Halgand, époux de dame

« Marie-Reine Audrain, mon légataire universel et je lui donne « saisine. Donges, le 1er Octobre 1890. Céleste-Marie-Anne « Jallais.

2° Sur une feuille double de papier à côtes quadrillé :

« Ceci est mon testament. J'institue Emmanuel-Auguste « Halgand, époux de Marie-Reine Audrain, mon légataire uni- « versel et je lui donne saisine. Donges, le 1er octobre 1890. « Céleste-Marie-Anne Jallais.

« Je donne 3000 francs à l'église de Donges; 500 francs à « l'hospice de Donges; 100 francs au Bureau de bienfaisance; « 100 francs à l'Œuvre de la propagation de la foi; 100 francs à « l'Œuvre de la Sainte-Enfance; 100 francs à l'Œuvre de Saint- « François de Salles; 100 francs à chacun de mes filleuls et « filleules qui sont : Emmanuel-Auguste Halgand, fils de Augus- « te Halgand ; sa fille Anne-Marie Halgand ; Gustave Bersihaud, « fils de Étienne Bersihaud ; Pauline-Marie Nicolas, fille de René « Nicolas ; Anne-Marie Saffré, fille de Julien Saffré ; Marie-Anne « Jallais, fille de Pierre Jallais de la Chapelle-Launay ; Anne- « Marie Rabel ; Emmanuel Poulain, fils de René Poulain. Mes « biens, meubles et immeubles seront vendus aussitôt après « ma mort, la somme résultant de la vente, ce qui restera, « les legs promis une fois acquittés, sera consacrée à faire « dire des messes pour moi, pour ma famille, pour mes « parents et amis et pour les âmes du Purgatoire. — Pour « récompenser mon filleul Emmanuel-Auguste Halgand, mon « légataire universel, je lui donne La Moinerie, le pré de la Noë « de Ravins, le champ de Braudelot. — Fait à Donges, le « 1er octobre 1890. Céleste-Marie-Anne Jallais ».

3° Sur une feuille double de papier à lettre quadrillé, semblable au précédent : même contexte, même legs, même date, même signature ;

Considérant que ces trois documents constituent l'ensemble des dispositions testamentaires de la demoiselle Jallais, ne formant en plusieurs exemplaires qu'un testament et un codicille, dispositions conciliables entre elles et ne donnant pas lieu à l'application de l'article 1036 C. civ. ;

Considérant que ces dispositions révèlent l'intention formelle de la testatrice d'instituer pour son légataire universel Emmanuel-Auguste Halgand, et, par suite, d'écarter de sa succession les nombreux héritiers naturels ; — Que la demoiselle Jallais n'a vraisemblablement pas employé les expressions juridiques dont elle se sert sans s'en être fait expliquer le sens et la portée exacts ; — Qu'elle a bien voulu choisir pour le continuateur de sa personne, son parent et filleul, à qui elle avait toujours donné des marques de son affection ; — Qu'elle affirme sa volonté dans le testament d'abord, puis dans le codicille ; — Que dans le codicille, en faisant un legs particulier à son profit, elle rappelle une troisième fois qu'il est son légataire universel ;

Considérant que pour battre en brèche une volonté aussi fortement exprimée, il faudrait trouver dans le testament des clauses absolument incompatibles avec l'institution d'un légataire universel ;

Considérant que parmi les legs de la demoiselle Jallais, les uns sont valables et réguliers : ceux faits à ses filleuls, — les autres sont pour leur exécution soumis à des formalités administratives : ceux faits à l'hospice de Donges et au bureau de bienfaisance, — les autres enfin sont faits en faveur de personnes morales incapables de les recevoir : l'église de Donges, l'Œuvre de la propagation de la foi, l'Œuvre de Saint-François-de-Sales, l'Œuvre de la Sainte-Enfance ; — Qu'elle a en outre exprimé la volonté que le surplus des biens comprenant sa succession fut employé à faire dire des messes ; — Qu'aucune de ces dispositions n'est incompatible avec l'institution d'un légataire universel ;

Considérant en effet que le légataire universel se caractérise par la vocation éventuelle qu'il tient du testateur à bénéficier de la caducité du legs ou de l'impossibilité d'exécuter les charges de telle sorte qu'il puisse recueillir la succession entière, mais que si les dispositions particulières du défunt absorbent tout l'actif, il n'en restera pas moins légataire universel ; — Que bien plus il ne pourra se soustraire au paiement des dettes *ultra vires* qu'en acceptant sous bénéfice d'inventaire et qu'il est loisible au *de cujus* de lui assurer en toute hypothèse un émolument quelconque, en lui faisant un legs particulier ; — Que ce legs, fût-il fait même à titre de récompense pour le dédommager de ses peines et soins, n'est nullement incompatible avec l'institution d'un légataire universel et ne suffit pas pour transformer celui-ci en un exécuteur testamentaire ;

Considérant que le défunt a donné expressément à son légataire universel la saisine, mais que cette clause inutile ne peut avoir pour effet d'annuler une clause valable ;

Considérant que la demoiselle Jallais a voulu que ce qui resterait de sa fortune, les legs promis une fois acquittés, fut consacré à faire dire des messes ; — Qu'à tort le Tribunal a annulé cette disposition comme étant d'une réalisation impossible ; — Que si la Loi du 9 Décembre 1905 a abrogé le

Concordat, elle a proclamé hautement que la République assure la liberté de conscience et garantit le libre exercice des cultes sous les seules restrictions édictées dans l'intérêt de l'ordre public ; — Que les fondations de messes faites par l'intermédiaire des fabriques ou autres établissements religieux ne sont plus autorisées, mais que chacun n'en reste pas moins libre de faire dire des messes de son vivant ou après son décès, de choisir les prêtres qui les célébreront ou de laisser à ses successeurs le soin de faire ce choix ;

Considérant qu'en vain on soutient que cette disposition est nulle comme renfermant un legs fait à des personnes incertaines ; — Qu'aux termes d'une jurisprudence constante les sommes ainsi employées constituent une charge de la succession et non des libéralités au profit des prêtres qui disent les messes, ceux-ci en effet, ne recevant que la rémunération d'un service demandé et rendu ;

Considérant que l'importance des sommes employées à faire dire des messes ne modifie pas le caractère de cette disposition, nul ne pouvant s'arroger le droit de pénétrer dans la conscience d'un testateur pour rechercher les motifs qui lui ont inspiré le désir de consacrer une partie plus ou moins grande de sa fortune à un usage de cette nature dans une étendue et des limites dont il est seul juge ;

Considérant, dès lors, que la disposition relative aux messes ne peut constituer en aucun cas un legs fait à des personnes incertaines et à plus forte raison ne permet pas de considérer comme légataires universels *de residuo* les prêtres qui seront choisis pour accomplir les intentions de la demoiselle Jallais ;

Considérant au surplus, et par pure hypothèse, que si cette disposition était nulle comme legs fait à personnes incertaines, si même elle constituait une charge de la succession dont l'exécution serait impossible, c'est l'appelant qui seul, et à l'exclusion des héritiers, serait habile à en profiter ;

Considérant, enfin, qu'Emmanuel Halgand démontre bien la qualité de légataire universel, en conformité des intentions de la demoiselle Jallais, par cette circonstance que c'est lui qui, recueillant la totalité de la succession, paie les legs et acquitte les charges qui lui sont imposées ;

Considérant que les intimés ne sont pas mieux fondés à soutenir qu'Halgand ne serait qu'un fidéi-commissaire dont l'institution aurait pour but de faire parvenir tout ou partie de la succession à des personnes incapables ;

Considérant que l'on ne saurait déduire une pareille intention de la testatrice ni du mot « promis » employé dans le codicille, ni du nombre des exemplaires du testament de la Demoiselle Jallais ; — Que le mot « promis » s'applique aux legs énumérés dans le testament, legs que la *de cujus* considère comme simplement promis tant qu'ils n'auraient pas été réalisés par le paiement après son décès ;

Considérant que le testament remonte au 1er Octobre 1890, que la demoiselle Jallais est décédée le 17 Janvier 1907, et que si un des exemplaires avait été destiné à servir de titre à la personne incapable prétenduement avantagée, rien n'aurait empêché la demoiselle Jallais de lui faire de son vivant la remise de ce titre d'ailleurs sans valeur juridique ; — Qu'au surplus cette prétention est contredite, en fait, par le testament lui-même qui contient des legs faits en faveur de personnes incapables ;

Considérant que dans des conclusions additionnelles les consorts Jallais soutiennent que l'institution d'Halgand en qualité de légataire universel n'a été imaginée que pour faire fraude à la loi, pour écarter, par défaut d'intérêt les actes des héritiers à fin de réduction ou de nullité des legs faits à des incapables et procurer à ceux-ci le montant intégral de libéralités qui auraient été réduites ou annulées ; mais considérant que le peu d'importance, par rapport à l'ensemble de la succession, des legs de cette nature ne permet pas de soupçonner une fraude pareille ;

Considérant enfin, que les termes du testament ne permettent pas davantage de considérer Halgand comme légataire interposé destiné à assurer la transmission de la presque totalité de la fortune de Mlle Jallais à des personnes indéterminées ; — Que celle-ci, en effet, a réglé au profit de personnes déterminées la dévolution de toute la partie de sa fortune qui ne serait pas absorbée par la charge qu'elle imposait à son légataire universel ;

Considérant que celui-ci doit en définitive recueillir la totalité de la succession, payer les legs, acquitter les charges, bénéficier du surplus sans que les héritiers naturels aient ni droit, ni qualité pour recueillir une partie de la succession, ni contrôler l'usage qui en sera fait par Halgand ;

PAR CES MOTIFS :

Reçoit Halgand dans son appel et y faisant droit,
Dit qu'il a été bien appelé, mal jugé ;
Réforme et met à néant le jugement, dont appel ;
Et faisant ce que les premiers juges auraient dû faire,

Dit et juge qu'Emmanuel Halgand a été institué légataire universel et que les dispositions testamentaires de Mlle Jallais ne contiennent aucune clause incompatible avec cette qualité;

Dit et juge en conséquence, qu'Halgand n'est ni exécuteur testamentaire, ni personne interposée;

Dit et juge que les intimés sont sans droit comme sans qualité pour faire prononcer la caducité ou la nullité des legs faits par Mlle Jallais;

Déboute les intimés de toutes leurs demandes, fins et conclusions;

Les condamne en tous les dépens de première instance et d'appel;

Ordonne la restitution de l'amende consignée.

MM. DE SAVIGNON-LAROMBIÈRE, Prés., — MAHOUDEAU, Av. gén., — DYÈVRE et MAULION, Av.

TRIBUNAL CIVIL DE RENNES (1re Chambre)

17 Mai 1909.

I. — **Compétence judiciaire. — Marchés de travaux publics. — Marchés de fournitures. — Fourniture à une commune d'imprimés, registres, etc.**

II. — **Dépens. — Référence à justice. — Incident utile à l'intérêt de toutes les parties.**

1° Si les tribunaux administratifs sont seuls compétents pour statuer sur les contestations relatives à un marché concernant des travaux publics, l'autorité judiciaire a de son côté compétence exclusive pour l'examen des difficultés nées à l'occasion de l'exécution d'un marché de fournitures passé entre une commune et un commerçant.

Toute fourniture — à quelques rares exceptions près — comprenant une matière transformée par le travail, il ne suffit pas, pour faire la distinction entre les marchés de fournitures et ceux relatifs aux travaux publics et fixer la compétence, d'apprécier lequel, du travail ou de la fourniture, doit être considéré comme principal et prépondérant.

Doivent être seuls considérés comme présentant le caractère de travaux publics, les travaux de construction, terrassement, entretien d'immeubles pour le compte d'une personne administrative et en vue d'un service public.

En conséquence, il y a incontestablement marché de fournitures quand il s'agit de la livraison d'objets mobiliers, même transformés par le travail, alors que ces objets doivent être employés pour les besoins de la personne administrative et non incorporés à un immeuble par les soins de l'adjudicataire.

Spécialement, un marché ayant pour objet la fourniture à une commune d'imprimés, registres, etc., constitue non un marché de travaux publics, mais un marché de fournitures. Et c'est avec raison que la juridiction civile est saisie de la connaissance des difficultés qui sont nées à l'occasion de ce marché.

2° La référence à justice invoquée par un plaideur dans ses conclusions doit être considérée, quant aux dépens, comme une contestation.

Les dépens d'un incident soulevé en cours de procédure par l'une des parties dans le but d'appeler l'attention du tribunal sur une question touchant à l'ordre public qu'il aurait pu soulever d'office doivent être réservés pour être joints aux dépens de l'instance principale; alors surtout qu'en l'absence de texte précis et par suite de divergences en doctrine et en jurisprudence, il était de l'intérêt de toutes les parties d'obtenir, avant tout débat au fond, une solution pouvant acquérir l'autorité de la chose jugée, fixant la juridiction devant laquelle le débat fût valablement poursuivi.

SIMON *C* VILLE DE RENNES

La Ville de Rennes pensant avoir à se plaindre de divers manquements par M. Simon, — adjudicataire de la fourniture des imprimés, registres, etc., nécessaires pour les besoins de l'administration municipale, — au cahier des charges de son adjudication, l'a fait assigner devant le tribunal civil de Rennes. Par voie d'incident, M. Simon a soulevé la question de compétence et demandé au tribunal de juger s'il était ou non compétent pour apprécier l'action portée devant lui, déclarant d'ailleurs s'en rapporter sur ce point à la sagesse du tribunal.

A la date du 17 mai 1909, le tribunal a rendu le jugement suivant :

LE TRIBUNAL,

Attendu que Simon, imprimeur à Rennes, est devenu adjudicataire pour une durée de dix années, à partir du 1er Août 1907, suivant les clauses et conditions insérées en un cahier des charges, régulièrement approuvé par M. le Préfet d'Ille-et-Vilaine, à la date du 9 Juillet 1907, de la fourniture des impressions nécessaires aux divers services municipaux de la Ville de Rennes ;

Attendu que M. le Maire de Rennes, dûment autorisé à cet effet, a, suivant assignation au rapport de Me Duhil, huissier à Rennes, en date du 24 Décembre 1908, enregistrée, fait citer Simon a comparaître devant le tribunal de céans, pour entendre dire que, sous une contrainte, Simon devra se conformer à certaines clauses du cahier des charges qui auraient été violées par lui ;

Attendu que, par ses dernières conclusions, Simon s'en rapporte à la sagesse du tribunal sur la question de compétence ;

Attendu que la doctrine et la jurisprudence sont d'accord pour reconnaître compétence exclusive à l'autorité judiciaire pour l'examen des difficultés nées à l'occasion de l'exécution d'un marché de fournitures passé entre une commune et un commerçant, alors que les tribunaux administratifs sont seuls compétents pour statuer sur les mêmes contestations relatives à un marché concernant des travaux publics ;

Attendu que cette compétence étant d'ordre public, le tribunal, avant d'examiner le fond, a le devoir de rechercher s'il a été compétemment saisi ; — Qu'on conçoit donc que Simon ait pris à l'instance les conclusions ci-dessus énoncées ;

Attendu que le critérium permettant de distinguer à première vue les marchés portant sur des fournitures de ceux relatifs à des travaux publics est particulièrement délicat à dégager ; — Que c'est par une question de fait que la question a toujours été résolue par la juridiction saisie, suivant que le travail a été considéré ou non comme la partie essentielle et prépondérante ;

Attendu que pour faire la distinction entre les marchés de fournitures et ceux relatifs aux travaux publics, il ne suffit pas seulement pour fixer la compétence d'apprécier lequel, du travail ou de la fourniture, doit être considéré comme principal et prépondérant, mais si le travail prévu au marché a le caractère de travail public tel qu'il est énoncé dans l'art. 4 de la Loi du 28 Pluviôse An VIII ;

Qu'à de très rares exceptions près, en effet, toute fourniture comprend une matière transformée par le travail ;

Attendu qu'il est reconnu par Simon que pour les imprimés, registres, etc., compris en son marché, le papier représente une valeur peu importante par rapport au travail de composition, tirage, satinage, façonnage, etc. ;

Qu'il échet donc de rechercher si ce travail est un travail public, de ceux énoncés en l'art. 4 de la Loi du 28 Pluviôse An VIII ;

Attendu que l'on ne saurait s'arrêter au seul intitulé du cahier des charges dressé « pour la fourniture des impressions », bien que dans l'usage un imprimeur livrant des travaux de sa profession soit plutôt considéré comme un fournisseur que comme un entrepreneur de travail ;

Attendu que la doctrine la plus récente et la jurisprudence du Conseil d'État sont d'accord pour attribuer aux seuls travaux de construction, terrassement, entretien d'immeubles pour le compte d'une personne administrative et en vue d'un service public, le caractère de travaux publics (v. HAURIOU et *Avis du Conseil d'État 1873*);

Que c'est en effet l'interprétation de l'art. 4 de la Loi de Pluviôse An VIII, qui paraît se concilier le plus avec les différents paragraphes de cet article et l'Ordonnance du 14 Novembre 1837, portant règlement sur les travaux et fournitures au nom des communes et des établissements de bienfaisance, ordonnance qui prend soin d'opposer les travaux aux fournitures;

Que c'est d'ailleurs aux tribunaux judiciaires que le Conseil d'État a attribué compétence quand il a eu à statuer sur des espèces similaires à celle soumise au tribunal (v. notamment : *Arrêts du Conseil d'État des 1er Août 1853 et 16 Août 1862*);

Attendu que de toutes ces considérations il résulte pour le tribunal qu'il y a incontestablement fournitures quand il s'agit de la livraison d'objets mobiliers, même transformés par le travail, chaque fois que ces objets seront employés pour les besoins de la personne administrative et non incorporés à un immeuble pour les besoins de l'adjudicataire;

Que tel est le cas des imprimés, registres, etc., compris au marché d'adjudication passé entre Simon et la Ville de Rennes;

Que ce marché est donc un marché de fournitures et que le tribunal civil a compétemment été saisi par l'assignation délivrée à Simon;

Attendu, quant aux dépens, que la référence à justice est une contestation; — Qu'en l'espèce elle a eu surtout pour but d'appeler l'attention du tribunal sur une question touchant à l'ordre public qu'il aurait pu soulever d'office;

Qu'en l'absence de texte précis et par suite de divergences en doctrine et en jurisprudence, il était de l'intérêt de toutes les parties d'obtenir avant tout débat au fond une solution pouvant acquérir l'autorité de la chose jugée, fixant la juridiction devant laquelle le débat sera valablement poursuivi;

Qu'il échet donc de joindre les dépens de l'incident à ceux du fond;

PAR CES MOTIFS :

Se déclare compétent;

Dit qu'il sera plaidé au fond à l'audience du.....

Dit que les dépens suivront le sort de ceux de l'action principale.

MM. LE LEPVRIER, Prés., — CHATRY, Subst., — LEBORGNE et CHATEL, Av.

JUSTICE DE PAIX DE RENNES (canton Sud-Ouest)
27 Mai 1909

Chemin de fer. — Commissionnaire de transport. — Avarie. — Laissé pour compte. — Recours du transporteur. — Absence de lien de droit avec le destinataire. — Expéditeur.

Le contrat de transport passé entre une Compagnie de Chemin de fer et l'expéditeur crée bien un lien de droit entre celui-ci et la Compagnie, mais n'en crée pas entre la Compagnie et le destinataire des colis.

En conséquence, lorsque, après le transport d'un fût de vin, un manquant est constaté à l'arrivée et que le destinataire s'est refusé à prendre livraison, la Compagnie n'a d'autre ressource, après avoir rempli les formalités prescrites par l'art. 106 C. co. pour l'expertise, et si cette expertise démontre que le transporteur n'a commis aucune faute dans le transport et que la cause de l'avarie ne lui est pas imputable, que de se retourner contre l'expéditeur auquel seul elle peut réclamer les frais d'expertise et de magasinage auxquels elle prétend avoir droit.

CHEMIN DE FER DE L'ETAT *C.* MARGOT

NOUS, JUGE DE PAIX,

Vu la citation.........

Parties ouïes en leurs conclusions et moyens.....

Sans nous arrêter à l'exception de litispendance soulevée par le défendeur sans aucune justification ;

Considérant qu'entre l'Administration des chemins de fer de l'Etat et un sieur Chalbert, de Béziers, existe un lien de droit résultant d'un contrat de commission-transport ;

Qu'en vertu de ce contrat l'Administration a pris l'engagement de transporter de Béziers en gare de Rennes, deux fûts de vin à elle confiés par M. Chalbert, lesdits fûts livrables en gare de Rennes à M. Margot, de Rennes, destinataire ;

Considérant, au contraire, qu'aucun lien de droit n'existe entre ladite Administration et M. Margot ;

Que celui-ci, en présence d'un manquant considérable d'un des fûts de vin à son adresse livrable, encore une fois, en gare de Rennes, était fondé à refuser de prendre livraison de ce fût, ce qu'il a fait ;

Considérant, dans ces conditions, qu'après avoir rempli les formalités d'expertise prescrites par l'art. 106 du C. de Commerce, formalités auxquelles le destinataire ne pouvait être tenu d'assister, l'Administration n'avait d'autre ressource que de se retourner contre son commettant, M. Chalbert, pour lui réclamer les frais d'expertise et de magasinage auxquels elle a droit, s'il est vrai que les pertes et avaries des marchandises proviennent de son fait ;

Qu'elle ne l'a pas fait ;

Qu'on ne saurait admettre que M. Margot, auquel aucune faute n'est imputable, fut tenu de ces faits ;

PAR CES MOTIFS :

Ecartons l'exception de litispendance comme non établie, non justifiée ;

Disons que la demande formée par l'Administration des chemins de fer de l'État contre M. Margot est inadmissible, irrecevable ;

L'en déboutons simplement;

La condamnons aux dépens;

Déboutons les parties de toutes autres demandes, fins et conclusions, comme non justifiées.

MM. Cuault, Prés., — Maulion et Rouxel, Av.

COUR D'APPEL DE RENNES (1re Chambre)

16 Juin 1909

I. **Appel. — Taux du dernier ressort. — Créances héréditaires. — Division entre les cohéritiers. — Action par exploit d'ajournement unique.**

II. — **Demande indéterminée. — Demande en restitution d'un titre de rente. — Détermination. — Cours de la Bourse. — Demande accessoire de transfert.**

1° Les créances héréditaires se divisent de plein droit entre les cohéritiers, qui ne peuvent ainsi agir que dans la limite de leurs droits; et il importe peu qu'ils aient agi par un seul et même exploit introductif d'instance.

En conséquence, lorsque l'intérêt de chacun est inférieur à 1500 francs, l'affaire est jugée en dernier ressort par le tribunal, alors même que la réunion de leurs créances donnerait un chiffre supérieur au taux du dernier ressort et qu'ils auraient procédé par une seule et même assignation.

2° La demande en restitution d'un titre de rente sur l'État français dont on fait connaître la valeur en indiquant le montant des arrérages annuels ne constitue pas une demande indéterminée, le demandeur déterminant lui-même le chiffre de sa demande par une référence implicite mais nécessaire au cours de la Bourse, et le juge n'ayant alors qu'à procéder, sans arbitraire possible, à un calcul des plus simples pour déterminer le taux de la demande.

La demande de transfert, au profit du demandeur, du titre de rente qu'il réclame n'est qu'un accessoire qui concerne l'exécution du jugement et ne rend pas celui-ci susceptible d'appel.

ADMINISTRATION DE L'ENREGISTREMENT *C* Consorts DE PLŒUC

LA COUR,

Considérant que M. Alexandre Jean-Sébastien de Plœuc, décédé le 18 Octobre 1858, avait de son vivant créé au profit de l'Eglise paroissiale de Landrévarzec une rente annuelle de 100 francs, que son fils, auteur des intimés, a régulièrement convertie en un titre de rente 3 % sur l'Etat français N° 454,954 série 6 ;

Considérant que les Consorts de Plœuc ont assigné l'Administration des Domaines, ès-qualités de séquestre, en restitution du capital de la rente constituée par leurs auteurs en ligne directe; — Que, par jugement du 12 août 1908, le Tribunal de Quimper a fait droit à leur demande; — Que ce jugement a été frappé d'appel par l'Administration des Domaines ;

Considérant que cet appel est irrecevable : qu'en effet, chacun des consorts de Plœuc ne pouvait agir que dans la limite de ses droits héréditaires, soit pour 1/3 de la somme réclamée;

Qu'il importe peu qu'ils aient agi par un seul et même exploit introductif d'instance; — Que d'ailleurs leur demande était déterminée et inférieure du taux du premier ressort ;

Considérant que si la demande en restitution d'un titre dont la valeur n'est pas appréciable en argent ou est aléatoire, comme sont les valeurs à lot ou les valeurs industrielles non cotées en bourse, constitue une demande indéterminée, il en est autrement de la demande en restitution d'un titre de rente sur l'Etat français dont on fait connaître la valeur en indiquant le montant des arrérages, le demandeur déterminant lui-même le chiffre de sa demande par une référence implicite mais nécessaire au cours de la bourse, le juge n'ayant alors qu'à procéder, sans arbitraire possible, à un calcul des plus simples pour déterminer le taux de la demande ;

Considérant que la disposition relative au transfert du titre ne concerne que l'exécution du jugement entrepris ; — Que les conclusions relatives au mode de paiement des frais ne sont pas plus recevables que l'appel concernant les dispositions principales du jugement attaqué ;

PAR CES MOTIFS :

Dit non recevable l'appel de l'Administration des Domaines ès-qualités contre le jugement du Tribunal de Quimper du 12 Août 1906 ;

La condamne à l'amende et aux dépens d'appel, qui seront prélevés en frais privilégiés de séquestre et conformément à l'art. 3 § 13 de la loi du 13 Avril 1908.

MM. DE SAVIGNON-LAROMBIÈRE, prés., — MAHOUDEAU av. gén., — CHATEL et CHARLIER, av.

COUR D'APPEL DE RENNES (1re Chambre)
15 Juin 1909

Séparation des Églises et de l'État. — Action en révocation pour inexécution des conditions. — Héritiers en ligne collatérale.

Les actions en révocation pour inexécution des conditions d'une donation faite à une fabrique d'église dont les biens ont été, conformément aux dispositions de la Loi du 9 Décembre 1905, placés sous séquestre, sont comprises dans celles énoncées par l'article 9 de cette loi.

En conséquence, les héritiers en ligne directe ont seuls qualité pour produire une semblable demande.

ADMINISTRATION DE L'ENREGISTREMENT *C* VEUVE DE KERGRIST.

LA COUR,

Considérant que par acte de Lansalut, notaire à Morlaix, du 9 Décembre 1868, Mme de Corcouet, veuve Pierre de Kergrist, a, pour réaliser les intentions de son mari, fait donation à la fabrique de l'église de Carantec d'une rente sur l'État Français d'une somme de 150 francs, au taux de 3 %, à charge de faire dire à perpétuité une messe par semaine à l'intention de son mari et de ses parents défunts ;

Considérant que par Décret du 22 Mai 1869, le Trésorier de la fabrique a été autorisé à accepter ladite donation, sous cette condition que le titre de rente serait immatriculé au nom de la fabrique ; — Que l'acceptation de cette décision a été réalisée par acte du 5 Juillet 1869 reçu par le même notaire ;

Considérant que Mme veuve de Kergrist est décédée le

26 Avril 1883, laissant pour unique héritier un fils, Louis de Kergrist, décédé lui-même le 30 Juillet 1905 sans héritier à réserve et ayant institué, par testament olographe du 28 Août 1890, son épouse, Mme Appolina Zoé La Rouge de Guerdavid, comme sa légataire universelle ;

Considérant que, les établissements publics du culte ayant été supprimés par la Loi du 9 Décembre 1905, l'Administration séquestre a pris, à la suite d'un arrêté du Préfet du 17 Décembre 1906, possession des biens de la fabrique de Carantec le 2 Mars 1907 ; que par exploit du 3 Juin 1907 Mme de Kergrist, agissant en sa qualité de légataire de son mari, a assigné l'Administration séquestre en révocation de la donation, par suite de l'inexécution des conditions ;

Considérant qu'à partir du 5 Juillet 1869, le titre de rente est devenu la pleine et entière propriété de la fabrique ; — Que l'action en cours se trouve donc régie par les Lois de 1905 et de 1908 ;

Considérant que l'intimée a soutenu devant les premiers Juges et leur a vu admettre par le Jugement entrepris que, l'action en révocation pour inexécution des conditions n'étant pas comprise dans celles énoncées par l'article 9 de la Loi du 9 Décembre 1905, elle avait toute qualité pour agir suivant les règles du droit commun ;

Considérant que, si un doute avait pu exister à cet égard, la Loi du 13 Avril 1908 l'a fait notoirement disparaître ; — Que son article 3 est conçu en ces termes :

« Le paragraphe 3 de l'article 9 de la Loi du 9 Décembre « 1905 est abrogé et remplacé par les dispositions nouvelles :

« Toute action en reprise, qu'elle soit qualifiée en reven- « dication, en révocation ou en résolution, doit être intro- « duite dans le délai ci-après déterminé.

« Elle ne peut être exercée qu'en raison de donations, de « legs ou de fondations pieuses et seulement par les auteurs « ou leurs héritiers en ligne directe » ;

Que, par rapport aux termes des dispositions qui forment l'aliment du débat, il ne saurait y avoir de doute sur l'intention qui a donné naissance au projet et en a déterminé l'adoption ; — Que, reprenant en effet le terme général « action en reprise » employé par l'article 9 de la Loi du 9 Décembre 1905, la disposition nouvelle se borne à la commenter, à expliquer comment il doit s'entendre, à quelles actions en reprise il s'applique, quelle que soit leur dénomination ; — Qu'enfin, dans le dernier alinéa du paragraphe 3 article 3, il est dit expressément « outre les dispositions interprétatives... »

Que, dans ces conditions, les dispositions de l'article 9 de la Loi du 9 Décembre 1905 doivent être considérées comme ayant toujours eu cette même portée depuis la promulgation de la loi, c'est-à-dire s'appliquer à toutes les actions en revendication ou en résolution ; — Qu'elles sont exclusives du droit des héritiers collatéraux à toute action en résolution des donations pour inexécution des conditions ; — Que l'intimée ne peut donc être admise, ainsi qu'elle le prétend, à invoquer le bénéfice d'un jugement obtenu sous l'empire de la Loi de 1905 puisque, si elle avait été appliquée comme la Loi de 1908 a disposé qu'elle devait l'être, son action, au moment où elle s'est produite, n'aurait pas pu être accueillie, davantage à la date à laquelle elle a été introduite, la Chambre ayant rejeté un amendement spécial à cette situation, de M. Gauthier (de Clagny), tendant à ajouter au second alinéa de l'article 3 « sauf dans le cas où l'action aurait été intentée avant la promulgation de la présente loi ».

PAR CES MOTIFS :

Dit qu'il a été bien appelé, mal jugé ;

Réformant *parte in quâ*, faisant ce que les premiers juges auraient dû faire,

Dit et juge que l'action de Mme de Kergrist a été introduite en violation des articles 7 et 2, 9 et 3 de la Loi du 9 Décembre 1905, interprétés par les articles 2 et 3 de la Loi du 12 Novembre 1908, puisqu'elle n'est ni l'auteur de la libéralité ni son héritière en ligne directe ;

Décharge l'Administration séquestre des condamnations contre elle prononcées ;

Déboute l'intimée de toutes ses demandes, fins et conclusions tant principales qu'additionnelles ;

La condamne à tous les dépens de première instance et d'appel ;

Ordonne la restitution de l'amende ;

Ordonne que le surplus du jugement entrepris sortira son effet.

MM. MAULION, 1er Prés., — MAHOUDEAU, Av. gén.

COUR D'APPEL DE RENNES (1re Chambre).

16 Juin 1909.

I. — Demande indéterminée. — Appel. — Restitution d'un titre de rente. — Astreinte.

II. — Séparation des Eglises et de l'Etat. — Action en reprise. — Héritiers en ligne directe.

1° Une demande de restitution d'un titre de rente dont la valeur est indiquée par le chiffre des arrérages annuels, assortie d'une demande de dommages-intérêts sous la forme d'une astreinte de 20 francs par chaque jour de retard, constitue une demande indéterminée.

En effet, si elle est déterminée quant à son chiffre en ce qui concerne le titre de rente dont la remise est réclamée, elle est au contraire indéterminée en ce qui concerne le chiffre des dommages-intérêts.

2° L'action en reprise accordée par les lois de 1905 et 1908 aux héritiers des donateurs n'appartient qu'aux héritiers en ligne directe seuls.

Ne peuvent être considérés comme habiles à exercer cette action les ayant-cause des héritiers en ligne directe, alors du moins qu'ils ne sont pas eux-mêmes personnellement héritiers en ligne directe des donateurs.

ADMINISTRATION DE L'ENREGISTREMENT *C* consorts RENAUDET

LA COUR,

Considérant que la dame Véronique Renaudet, veuve de Louis Pigré, a, par testament authentique du 22 Décembre 1867, au rapport de Me Durand, notaire à Châteaubriant, légué à la Fabrique de l'église de Saint-Nicolas de Châteaubriant une somme de 3,000 francs pour être employée en prières ; — Que la fabrique régulièrement autorisée a fait un emploi de cette somme en un titre de rente 3 0/0 de 109 francs sur l'Etat Français, inscrit sous le No 0.458-077, série 8 ;

Considérant que les consorts Renaudet, agissant comme héritiers de la dame Pigré, décédée le 17 Décembre 1867, ont assigné l'Administration des Domaines, ès-qualités de séquestre, en restitution dudit titre de rente sous une astreinte de 20 francs par chaque jour de retard ;

Considérant que si cette demande était déterminée quant à son chiffre en ce qui concerne le titre de rente dont la remise était réclamée, elle était, au contraire, indéterminée en ce qui concerne le chiffre des dommages-intérêts;

Considérant dès lors que l'appel est recevable au regard de tous les intimés, quel que soit le montant de leurs droits dans le titre réclamé ;

Au fond :

Considérant que l'appel est justifié, les intimés n'étant pas les héritiers en ligne directe de l'auteur de la libéralité et étant dès lors non recevables en leur action;

Sur les conclusions subsidiaires des intimés :

Considérant que les intimés soutiennent que leur demande est tout au moins recevable pour moitié; — que la dame Pigré est décédée, laissant pour héritiers ses père et mère Pierre-Marie Renaudet et Julienne Frangeule, pour moitié et ses trois frères et sœur : Victor et Hyppolyte Renaudet, et Mme Leray pour l'autre moitié ; — que s'ils sont non recevables pour exercer les droits et actions dont leurs auteurs pouvaient avoir personnellement hérité, il n'en est pas de même pour les droits et actions qu'ils ont trouvés dans la succession de Pierre-Marie Renaudet et Julienne Frangeul, héritiers en ligne directe de la Dame Pigré ;

Mais considérant que le législateur a réservé l'exercice de l'action en révocation exclusivement aux héritiers en ligne directe, et que quelle que soit l'origine de leur droit, les intimés ne peuvent invoquer cette qualité; — Que leur action est donc irrecevable ;

PAR CES MOTIFS :

Reçoit l'Administration des Domaines ès-qualités dans son appel; et y faisant droit,

Dit qu'il a été bien appelé, mal jugé ;

Réformant et faisant ce que les 1ers juges auraient dû faire,

Déboute les consorts Renaudet de toutes leurs demandes, fins et conclusions et les condamne aux dépens de première instance et d'appel ;

Ordonne la restitution de l'amende consignée.

MM. DE SAVIGNON-LAROMBIÈRE, Prés., — MAHOUDEAU, Av. gén., — SALMON, Av.

COUR D'APPEL DE RENNES (3e Chambre)

21 Juin 1909.

I. — Vente. — Acheteur. — Livraison par un tiers. — Action en Justice. — Défaut de lien de droit.

II. — Action en Justice. — Faute. — Dommages-intérêts.

1° Lorsque le vendeur fait livrer la marchandise à l'acheteur par un tiers avec lequel il a seul traité; l'acheteur est irrecevable à actionner le tiers dont il a reçu la livraison, mais avec lequel il n'a aucun lien de droit, si la marchandise livrée ne correspond pas à la qualité promise par le vendeur.

Il en est ainsi alors même que le tiers aurait fait traite directement lui-même sur l'acheteur.

2° L'exercice d'une action en justice ne peut devenir une faute et donner lieu à l'allocation de dommages-intérêts qu'autant qu'elle constitue un acte de malice ou de mauvaise foi, ou tout au moins un acte d'erreur grossière équivalent au dol.

TRACOL, DEPEUX et GÉLAS C DUHAMEL

Le 10 Avril 1908, le Tribunal de Commerce de Quimper a rendu le jugement suivant qui fait suffisamment connaître les circonstances de la cause.

LE TRIBUNAL,

Attendu que par exploit en date du 8 Janvier 1908, au rapport de Me Autret, huissier à Pont-l'Abbé, MM. Tracol, Depeux et Gélas, minotiers, demeurant à Valence, ont donné assignation à M. Duhamel, négociant, demeurant à Pont-l'Abbé, pour :

1° Entendre prononcer aux torts et griefs de M. Duhamel, la résiliation de la vente intervenue entre parties ;

2° Condamner en conséquence Duhamel à reprendre les marchandises défectueuses par lui expédiées, et à rembourser aux requérants la somme de 4.320 francs représentant le prix de 200 quintaux de blé ;

3° Le condamner en outre en 500 francs de dommages-intérêts et aux entiers dépens, dans lesquels entreront les frais de requête, d'expertise et de tierce consignation, comme aussi ceux de port, retirement, camionnage des marchandises litigieuses ;

Attendu que MM. Tracol, Depeux et Gélas prétendent que M. Duhamel, agissant pour le compte de M. Roulin, commissionnaire en grains, demeurant à Châteaubriant, a fait sien le contrat intervenu entre eux et Roulin, et s'est substitué à ce dernier ;

Attendu que les 200 quintaux de blé faisant l'objet du dit marché ont donné lieu à un laissé pour compte suivi d'expertise, la marchandise ayant été déclarée n'être ni saine, ni loyale, ni marchande, résultat qui a eu pour cause l'action intentée aujourd'hui contre M. Duhamel par MM. Tracol, Depeux et Gélas ;

Attendu que la seule question à retenir par le tribunal est de savoir si la présente action est recevable, et si c'est avec raison que les demandeurs ont donné assignation à M. Duhamel ;

Attendu que pour que MM. Tracol, Depeux et Gélas puissent exercer une action quelconque contre Duhamel, il est nécessaire qu'il existe entre eux un lien de droit;

Que ce lien de droit ne peut exister que par suite d'une vente consentie par Duhamel à Tracol, Depeux et Gélas ;

Or, attendu qu'aucune vente de cette nature n'existe ;

Qu'aucune offre n'a été faite à Duhamel par MM. Tracol, Depeux et Gélas ;

Que les vendeurs et les prétendus acheteurs n'ont jamais été en relations ;

Qu'ils n'ont jamais discuté les prix, les conditions de livraison, de paiement....... etc. ;

Qu'en un mot, aucune convention n'a été passée entre les demandeurs et le défendeur ;

Que les demandeurs sont donc sans qualité pour actionner Duhamel ;

Attendu que ce dernier a vendu son blé à M. Roulin, commission naire en grains, demeurant à Châteaubriant ; — Que c'est à ce dernier seul qu'il a eu affaire ;

Attendu que le fait d'avoir livré à Tracol, Depeux et Gélas pour le compte de Roulin, ne constitue pas Duhamel vendeur direct des demandeurs ;

Qu'en effet Duhamel a livré des marchandises en gare de Pont-l'Abbé;

Qu'ayant traité avec Roulin seul, il n'avait pas à s'inquiéter de la direction ultérieure qu'elle devait prendre ;

Attendu que le fait d'avoir fait traite sur les demandeurs ne démontre nullement qu'une vente leur était faite par Duhamel ;

Que si Duhamel a tiré sur Tracol, Depeux et Gélas, c'est sur l'ordre et pour le compte de Roulin :

Attendu que c'est par erreur que les demandeurs soutiennent que Roulin n'a été qu'un commissionnaire :

Qu'il a bien acheté ferme et pour son compte personnel, de même que Tracol, Depeux et Gélas ont traité aussi ferme directement avec Roulin, qui n'avait pas fait et n'avait pas à faire connaître à Duhamel les conditions de son marché ;

Que les divers télégrammes et lettres versés aux débats prouvent suffisamment qu'aucun contrat n'est intervenu entre les demandeurs et Duhamel ;

Que de l'aveu même de Tracol, Depeux et Gélas, leur seul vendeur était Roulin, qui seul aurait pu être responsable de la mauvaise qualité des blés faisant l'objet du marché ;

Attendu qu'aucun accord ou contrat n'étant intervenu entre les demandeurs et Duhamel, la présente action paraît téméraire et Duhamel ne peut assumer une responsabilité vis-à-vis de Tracol, Depeux et Gélas, puisqu'il n'avait pris aucun engagement vis-à-vis d'eux;

Attendu que dans ces conditions le tribunal n'a pas à se prononcer sur le fond même du débat, laissant aux demandeurs le soin d'user de tous moyens de droit, s'il y a lieu, vis-à-vis de leur propre vendeur ;

Attendu que MM. Tracol, Depeux et Gélas demandent qu'il leur soit décerné acte de ce qu'ils sont prêts à faire intervenir dans le présent procès Roulin, ou plutôt son syndic, puisque ce commerçant est en faillite depuis la livraison de la marchandise ;

Attendu que l'assignation témérairement dirigée contre Duhamel lui a porté préjudice en paraissant mettre en doute son honnêteté commerciale, et en le privant de ses sacs vides dont il pouvait avoir besoin, faits qui lui ont certainement fait tort et donnent lieu à des dommages-intérêts ;

PAR CES MOTIFS :

Décerne acte à Tracol, Depeux et Gélas de leur offre de mettre en cause le syndic de la faillite Roulin ;

Dit et juge que cette offre tardive ne peut être opposée à Duhamel, qui n'a jamais eu aucun lien de contrat vis-à-vis des demandeurs et a donc été assigné à tort ;

Déboute Tracol, Depeux et Gélas de toutes leurs autres demandes, fins et conclusions ;

Les condamne en 500 francs de dommages-intérêts et aux entiers dépens.

Appel par M. Duhamel. — **Arrêt** (21 Juin 1909).

LA COUR,

Sur la recevabilité de l'action intentée par Tracol et Cie contre Duhamel :

Adoptant les motifs qui ont déterminé les premiers juges ;

Sur l'allocation des dommages-intérêts :

Considérant que l'exercice d'une action en justice ne peut devenir une faute donnant lieu à des dommages-intérêts qu'autant qu'elle constitue un acte de malice ou de mauvaise foi ou tout au moins un acte d'erreur grossière équivalent au dol ;

Considérant que Duhamel ayant livré à Tracol et Cie le blé que ceux-ci avaient acheté de Roulin et ayant fait traite sur eux pour le paiement de cette marchandise, Tracol et Cie ont pu penser de bonne foi que Duhamel s'était substitué à Roulin, leur vendeur, pour l'exécution et toutes les suites du marché, que cette erreur de leur part était d'autant plus facile qu'une correspondance directe s'est échangée entre eux et Duhamel au sujet des difficultés qui naissaient de l'exécution de la convention, correspondance au cours de laquelle Duhamel prévoyant un procès leur écrivit :

« Dans tous les cas je n'accepterai la compétence d'aucun « tribunal que celui de Quimper, aussi bien de votre part que de « de M. Roulin » (lettre du 19 Décembre 1907) ;

Considérant que dans ces circonstances Tracol et Cie en assignant Duhamel devant le tribunal de Quimper, n'ont pas commis un acte de malice ; — Qu'il n'est pas établi qu'ils aient agi de mauvaise foi et que s'ils ont commis une erreur, cette erreur, loin d'être grossière et équivalente au dol, s'explique facilement par les faits de la cause et la correspondance échangée ;

PAR CES MOTIFS :

Confirme le jugement dont appel dans la disposition par laquelle il dit non recevable l'action de Tracol et Cie contre Duhamel ;

Le réforme pour le surplus : — Dit qu'il n'y a pas lieu d'allouer des dommages-intérêts à Duhamel ; — Décharge Tracol, Depeux et Gélas de la condamnation à 500 francs de dommages-intérêts prononcées contre eux de ce chef ;

Ordonne la restitution de l'amende consignée ;

Condamne Duhamel aux dépens d'appel.

MM. SAIGET, Prés., — LAURENT, Av. gén., — MAULION et LE DIBERDER (ce dernier du barreau de Quimper), Av.

COUR D'APPEL DE RENNES (2e Chambre)

1er Juillet 1909

Appel. — Taux du ressort. — Faux incident civil.

La juridiction compétente pour statuer en dernier ressort sur une demande connait aussi en dernier ressort des incidents soulevés devant elle.

Spécialement, une inscription de faux formée incidemment à une action en payement de fermages portée devant le juge de paix et qui devait être tranchée en dernier ressort par le Tribunal Civil jugeant comme juridiction d'appel est également jugée en dernier ressort par ce Tribunal, et ne saurait ensuite être portée devant la Cour d'Appel.

CARADEC C. PRIGENT

LA COUR,

Considérant que les six héritiers Evenou ont assigné les époux Prigent devant le juge de paix en paiement de 4.225 francs de fermages échus et en résiliation du bail ; — Que les défendeurs ayant opposé une quittance reçue par Me Martin, notaire à Guingamp, le 5 Mai 1906, les demandeurs s'inscrivirent en faux contre le dit acte ; — Que le tribunal de Guingamp a statué sur l'incident par le jugement dont appel, du 19 Février 1908 ;

Considérant que la juridiction compétente pour statuer en dernier ressort sur une demande connaît aussi en dernier ressort des incidents soulevés devant elle ; que l'inscription de faux n'est qu'un moyen de défense et un incident de procédure qui n'ajoute rien à l'intérêt pécuniaire du procès, qui détermine seul le taux du ressort ; — Que dans l'espèce, s'agissant d'une somme qui représente des fermages annuels inférieurs à 600 francs, et au surplus l'intérêt de chacun des demandeurs étant inférieur à 1500 francs, le Tribunal Civil était, à tous les points de vue, juge en dernier ressort et du fond et de l'incident ;

PAR CES MOTIFS :

Déclare les consorts Caradec irrecevables dans leur appel ; Les en déboute ; Les condamne à l'amende et aux dépens.

MM. CANAC, Prés., — LA COUTURE, av. gén., — DOMINGUEZ et CHAUVEAU, av.

COUR D'APPEL DE RENNES (1re Chambre)

12 Juillet 1909

Compétence judiciaire. — Travaux publics. — Entretien ou aménagement d'un terrain dépendant du domaine public. — Eclairage des voies publiques. — Maire : Pouvoirs de police et de surveillance.

Un champ de foire étant considéré comme une dépendance du domaine public, la plantation dans le sol de ce champ de foire, par les soins de la commune qui en est propriétaire, de poteaux qui y sont ainsi incorporés et en deviennent nécessairement l'accessoire, doit être considérée comme un travail public.

En conséquence l'accident qui pourrait survenir du fait de l'établissement de ces poteaux ne saurait donner lieu à une action judiciaire devant les tribunaux civils, ceux-ci étant, aux termes de l'art. 4 de la Loi du 28 Pluviôse An VIII, incompétents pour connaître des dommages qui auraient pu être occasionnés par un travail public soit aux propriétés, soit aux personnes.

L'accident survenu à un passant par suite du défaut ou de l'insuffisance d'éclairage des voies publiques de la commune, ne saurait non plus donner lieu à une action devant la juridiction civile, puisque, dans ce cas, il résulterait d'une faute commise par le maire dans l'exercice de l'autorité qu'il tient de la Loi du 5 avril 1884 (art. 97), et que la commune, fût-elle civilement responsable, les tribunaux civils seraient incompétents pour connaître de la demande de la victime ou de ses ayant-droits.

COMMUNE DE MONTOIR *C* Vve TRUFIL

Ces solutions résultent de l'arrêt suivant rendu par la Cour d'Appel de Rennes, le 12 Juillet 1909, par réformation d'un jugement du Tribunal Civil de Saint-Nazaire.

LA COUR,

Considérant que le jugement du Tribunal de Saint-Nazaire du 4 Décembre 1908 a été régulièrement frappé d'appel par la commune de Montoir, représentée par son Maire; que cet appel est régulier en la forme et juste au fond;

Considérant, en effet, que le Tribunal était incompétent pour connaître de l'action intentée par la veuve Trufil ès-qualités;

Considérant que, le 4 Janvier 1908, Trufil, employé à la Compagnie du chemin de fer d'Orléans, voulut, vers 6 h. 1/2 du soir, traverser le champ de foire de Montoir, pour abréger son chemin; — Qu'il se heurta contre un des pieux en rail, d'une hauteur de 1 mètre environ, servant de limite au dit champ de foire; — Qu'il se blessa grièvement et mourut, le lendemain, des suites de cette blessure;

Considérant que la veuve Trufil, tant en son nom personnel que comme tutrice naturelle et légale de son fils mineur, entend faire déclarer responsable de cet accident la commune de Montoir;

Considérant que cet accident peut provenir d'une double cause : l'établissement des poteaux en rail sur le champ de foire — et le défaut ou l'insuffisance d'éclairage; — Que quel que soit le point de vue auquel on se place, les tribunaux civils sont incompétents pour connaître de cette action;

Considérant, d'une part, que le champ de foire est une dépendance du domaine public de la commune; — Que les poteaux en sont nécessairement un accessoire, et que l'accident survenu à Trufil du fait de ces poteaux est la conséquence de l'établissement de ces poteaux eux-mêmes; — Que les tribunaux civils sont, aux termes de l'art. 4 de la Loi du 28 Pluviôse An VIII, incompétents pour connaître des dommages qui auraient pu être occasionnés par ce travail soit aux propriétés, soit aux personnes;

Considérant, d'autre part, que l'accident survenu à Trufil peut provenir du défaut de vigilance du maire qui n'aurait pas apporté tous les soins nécessaires à la surveillance de l'éclairage des voies publiques de la commune; — Que la lanterne placée à 15 mètres du lieu de l'accident aurait été insuffisante;

Mais considérant que, dans ce cas, le maire aurait commis une faute dans l'exercice de l'autorité qu'il tient de la Loi du 5 Avril 1884 (art. 97) et que la commune, fût-elle civilement responsable, les tribunaux civils seraient incompétents pour en connaître;

Par ces motifs :

Reçoit la commune de Montoir dans son appel et y faisant droit,

Dit qu'il a été bien appelé, mal jugé;

Réforme et met à néant le jugement entrepris;

Et, faisant ce que les premiers juges auraient dû faire,

Dit que le Tribunal civil de Saint-Nazaire était incompétent et renvoie la veuve Trufil, ès-qualités, à se pourvoir comme elle avisera;

La condamne aux dépens de première instance et d'appel;

Ordonne la restitution de l'amende;

MM. de Savignon-Larombière, Prés. — Mahoudeau, av. gén. — Maulion et Vallée, av.

COUR D'APPEL DE RENNES (1re Chambre)
13 Juillet 1909

Louage de choses. — Louage d'ouvrage ou d'industrie. — Mécanicien conduisant une grue. — Accident. — Responsabilité du preneur.

Par le fait de la location, à lui consentie sans aucune réserve, d'une grue avec son mécanicien, le preneur devient libre pendant toute la durée du contrat de s'en servir à son gré, à son heure, de donner des ordres pour prendre et faire cesser le travail.

La machine doit dès lors être considérée comme l'un des éléments indispensables au travail de déchargement auquel elle est affectée, et le mécanicien qui la conduit, comme un préposé du preneur qui se trouve ainsi responsable des accidents qui surviendraient au cours de l'exécution du travail.

La responsabilité du propriétaire de la machine ne saurait être engagée que si l'accident résultait soit d'un vice afférent à la machine, soit de l'incompétence reconnue du mécanicien.

GRANDJOUAN C/ CHAMBRE DE COMMERCE DE NANTES

Le Tribunal civil de Nantes a, le 11 Novembre 1908, rendu le jugement suivant :

LE TRIBUNAL,

Attendu que la Caisse Régionale a fait assigner la Chambre de Commerce de Nantes pour s'entendre condamner à lui rembourser les sommes qu'elle justifierait avoir avancées à raison d'un accident dont elle serait responsable ; — Que la Chambre de Commerce conclut au débouté de la demande ;

Attendu qu'à la suite d'un accident de travail dont le sieur Le Devic, ouvrier au service d'un sieur Grandjouan, a été victime le 4 Juin 1907, la Caisse Régionale, qui s'est substituée à Grandjouan, a été condamnée par procès-verbal de conciliation du 24 Janvier 1908, à lui servir une rente de 393 fr. 75 ; — Que pour en assurer le service elle a consigné un capital de 4.844 francs et que le montant des sommes déboursées par elle au sujet de cet accident se serait élevé, prétend elle, à 5.637 fr. 65 ; — Qu'elle soutient qu'il est constant que cet accident est imputable à la faute des agents de la Chambre de Commerce ; — Qu'il résulte de l'enquête à laquelle il a été procédé à la suite de l'accident que le sieur Le Devic, monté sur un tombereau de charbon, s'occupait à l'arrimer lorsqu'il a été renversé par une benne actionnée par une grue à vapeur que manœuvrait un mécanicien de la Chambre de Commerce ;

Qu'à l'appui de sa demande elle a articulé avec offre de preuve : 1° Que le mécanicien qui manœuvrait la grue de la Chambre de Commerce a seul la responsabilité de cette manœuvre et n'a à avoir d'ordres de personne pour opérer le mouvement de translation et charger les véhicules ; — Que le chef d'équipe du déchargement n'est appelé à donner des ordres que pour la manœuvre à l'intérieur des navires ; — 2° Que, dans la circonstance, il n'a reçu d'ordres de personne pour opérer ce mouvement et qu'il n'y avait, du reste, pas de contre-maître de Grandjouan sur le quai de déchargement à commander la manœuvre ;

Attendu que la Chambre de Commerce demande qu'il lui soit donné acte de ce que les faits articulés sont non pertinents, inadmissibles ;

Attendu qu'il est constant en fait que Le Devic a été blessé par la benne à vapeur que manœuvrait un mécanicien de la Chambre de Commerce ;

Qu'aux termes de l'article 7 de la Loi de 1898 la victime ou ses représentants conservent contre les auteurs de l'accident autres que le patron ou ses ouvriers et préposés le droit de réclamer la réparation du préjudice causé, conformément aux règles du droit commun ;

Qu'il appartient en conséquence à la Caisse Régionale de démontrer qu'il y a faute de l'employé de la Chambre de Commerce ; — Que cette faute n'est pas d'ores et déjà démontrée ; — Que les deux faits articulés par la Caisse Régionale ne précisent aucune faute commise par le mécanicien ; qu'ils sont vagues et non pertinents ; — Que lors même qu'ils seraient établis, ils ne démontreraient pas que le mécanicien a commis une faute ; — Qu'il y a lieu par suite de décider qu'ils ne sont pas admissibles ;

PAR CES MOTIFS :

Dit les faits articulés non pertinents et admissibles ;
En rejette la preuve ;
Déboute la Caisse Régionale de ses demandes, fins et conclusions ;
La condamne aux dépens.

Appel. — Arrêt.

LA COUR :

Considérant que Le Devic, manœuvre à Nantes, a été victime d'un accident le 4 Juin 1907 pendant qu'il travaillait au déchargement d'un bateau pour le compte de Grandjouan ; — Que par ordonnance du 4 Janvier 1908 intervenue sur l'accord des parties, le Président du Tribunal de Nantes a condamné Grandjouan à lui servir une rente annuelle et viagère de 393 fr. 75 et a substitué la Compagnie d'assurances *La Caisse Régionale Accidents* dans les obligations de Grandjouan ;

1re Année — N° 4 — Septembre 1909

RECUEIL DES ARRÊTS
DE LA COUR D'APPEL DE RENNES

et

DES JUGEMENTS RENDUS

par les

Tribunaux de Première Instance, Civils et de Commerce,
les Justices de Paix
et les Conseils de Prud'hommes du Ressort

REVUE MENSUELLE

publiée par

MM. CHARLIER, CUAULT, DUBOIS, Avocats à la Cour,
avec la collaboration des
MEMBRES DU BARREAU ET DE LA COMPAGNIE DES AVOUÉS A LA COUR

ABONNEMENT ANNUEL : 10 FRANCS
PRIX DU NUMÉRO : 1 FR. 50

RENNES
IMPRIMERIE DE L'HERMINE H. RIOU-REUZÉ
Rue de la Monnaie
1909

SOMMAIRE

Louage de choses. — Louage d'ouvrage ou d'industrie. — Mécanicien conduisant une grue. — Accident. — Responsabilité du preneur.. 97

I. — Nu-propriétaire. — Disposition testamentaire de l'usufruit des biens dont il est nu-propriétaire.

II. — Retour conventionnel. — Stipulation par un ascendant. — Restriction des effets du retour légal. — Modification de l'ordre successoral. — Pacte sur succession future. — Validité. 98

Appel. — Non-recevabilité. — Jugement de sursis............ 103

Accident du travail. — Entreprises assujetties. — Patron possédant plusieurs établissements et exerçant plusieurs professions. — Ouvriers protégés........................ 105

Responsabilité civile. — Armateur. — Marins péris en mer. — Faute personnelle.................................. 108

Vente d'animaux. — Animal reconnu tuberculeux à l'abattage. — Action en restitution du prix. — Loi du 23 Février 1905. — Article 173 du Code de Procédure civile.................. 112

I. — Obligations. — Exécution. — Cas de force majeure. — Marché de fournitures. — Décision ministérielle.

II. — Compétence judiciaire. — Commission des ordinaires d'un régiment. — Rapport administratif. — Transmission au Ministre de la Guerre. — Compétence administrative.

III. — Marché de fournitures. — Résiliation. — Mise à la charge du fournisseur des conséquences de la résiliation. — Clauses et conditions du cahier des charges.......................... 114

(Voir la suite du Sommaire à la 3e page de la couverture).

Considérant que, après avoir mis cette décision à exécution en consignant le capital nécessaire au service de la rente, Grandjouan et la Compagnie d'assurances ont, après avoir présenté requête au Président du Tribunal, assigné la Chambre de Commerce pour s'entendre condamner à leur rembourser les sommes par eux déboursées à l'occasion du dit accident, avec offre de rapporter la preuve des faits engageant sa responsabilité :

Considérant qu'il résulte des divers renseignements appris par les enquêtes que, le 4 Janvier 1907, une équipe d'ouvriers était, au service de Grandjouan, occupée au déchargement d'un bateau de charbons : huit dans la cale pour remplir les bennes et un sur le quai pour les vider ;

Considérant que le transport de ces bennes de la cale au quai et inversement était effectué au moyen d'une grue, appartenant à la Chambre de Commerce de Nantes et louée par elle au réceptionnaire Grandjouan et mise en action par un mécanicien ;

Considérant qu'il est appris également par les enquêtes que, sur le pont du bateau, se trouvait un homme, faisant partie de l'équipe de Grandjouan et dont le rôle consistait à faire les signaux que comportait la manœuvre de la grue ;

Considérant que c'est au cours de l'une de ces manœuvres que Le Devic a été atteint à la tête par une benne et lorsqu'il était occupé à arrimer un tombereau sur le quai ;

Considérant qu'il y a lieu de remarquer tout d'abord que par le fait de la location, sans aucune réserve par la Chambre de Commerce, d'une grue avec son mécanicien, Grandjouan est devenu libre, pendant toute la durée du contrat, de s'en servir à son gré, à son heure, de donner des ordres pour prendre ou cesser le travail ;

Que, dès sa mise en œuvre, et pendant tout le temps qu'elle a duré, cette grue est devenue, au même titre que les ouvriers eux-mêmes, l'un des éléments indispensables du travail de déchargement, se trouvant par cela même placée sous la surveillance de Grandjouan ou de son préposé ;

Qu'en vain Grandjouan et la Compagnie d'assurances prétendent-ils que cette surveillance et les ordres qu'ils pouvaient donner au mécanicien se limitaient au temps pendant lequel les bennes étaient dans le panneau et qu'il reprenait, sans indication, sa liberté lorsqu'elles étaient revenues au jour ;

Qu'il n'est pas admissible qu'un ouvrier occupé à concourir à un travail soit, dans la même manœuvre, tantôt sous les ordres d'un patron, tantôt qu'il n'ait plus à les recevoir ;

Que le contrat intervenu entre Grandjouan et la Chambre de Commerce ne comportait pas de distinction ; — Qu'il se bornait à la location d'une grue, avec son mécanicien, pour l'exécution du déchargement d'un bateau ; — Que le contremaître affecté à sa surveillance avait le devoir strict d'en suivre tous les détails et de veiller à éviter tous les accidents qui pourraient se produire par le fait de tous ceux qui concouraient à son exécution ; — Que la responsabilité de la Chambre de Commerce ne pourrait se trouver engagée que si Grandjouan rapportait la preuve que c'est par suite d'un vice afférent à la machine ou à l'incompétence reconnue du mécanicien que l'accident s'est produit, répondant à un défaut de surveillance de son matériel ou des qualités professionnelles de ses employés ;

Mais que la Chambre de Commerce n'est pas incriminée à cet égard ; — Que, sans qu'il soit besoin de recourir à une enquête, il est d'ores et déjà établi que la responsabilité de la Chambre de Commerce n'est pas engagée et que, par suite, l'action dirigée contre elle est sans fondement ;

PAR CES MOTIFS :

Dit qu'il a été bien jugé, mal appelé ;

Dit et juge que la responsabilité de la Chambre de Commerce ne se trouve pas engagée par le fait de l'accident Le Devic ;

Confirme le jugement entrepris ;

Déboute les appelants de toutes leurs demandes, fins et conclusions tant principales qu'additionnelles et d'offres de preuves ;

Les condamne à l'amende et aux dépens.

MM. MAULION, 1er Président, — MAHOUDEAU, Av. gén., — LEBORGNE et DYÈVRE, Av.

COUR D'APPEL DE RENNES (3e Chambre)

25 Février 1907.

I. — Nu-propriétaire. — Disposition testamentaire de l'usufruit des biens dont il est nu-propriétaire.

II. — **Retour conventionnel. — Stipulation par un ascendant. — Restriction des effets du retour légal. — Modification de l'ordre successoral. — Pacte sur succession future. — Validité.**

1° Tout nu-propriétaire a virtuellement, en vertu de son titre même, un droit certain, mais différé, à l'usufruit des biens dont il n'est que nu-propriétaire. Il a donc la faculté de disposer hic et nunc *de la nue-propriété d'une part et d'autre part de l'usufruit éventuel. Le droit à cet usufruit faisant partie de son patrimoine, il en a la libre disposition, à la condition de respecter les droits de l'usufruitier actuel.*

2° Le droit de retour, prévu et organisé par l'article 747 C. Civ., constitue un droit successoral dont le mode d'exercice est exclusivement régi par la loi. Toute convention qui y porterait atteinte est nulle et doit être considérée comme non avenue.

Mais rien n'empêche un ascendant de stipuler, comme condition d'une donation faite par lui à l'un de ses héritiers, le retour, à son profit, des biens qui font l'objet de la donation sous certaines conditions et restrictions, cette clause de retour conventionnel devant produire effet au cas où le retour légal ne pourrait s'accomplir au profit du donateur.

Ainsi, lorsque l'ascendant donateur renonce à la succession du donataire, il se trouve par là même privé du droit d'exercer à son profit le retour légal ; dans ces conditions, rien ne doit empêcher une clause stipulant, au profit du donateur, le retour conventionnel, sous certaines conditions et restrictions, des biens par lui donnés, de produire effet.

On ne saurait annuler une clause d'un acte de donation par un ascendant à l'un de ses héritiers, — par laquelle celui-ci stipule qu'il pourra, dans certaines conditions et sous certaines réserves, disposer de l'usufruit des biens donnés au profit de son conjoint, — sous le prétexte que le retour conventionnel ne peut jamais diminuer les droits éventuels que la loi donne au donateur en sa qualité de successible, et qu'il peut bien étendre, mais non restreindre les effets du retour légal.

En effet, une telle clause ne comporte rien qui modifie l'ordre successoral ou qui constitue un pacte sur une succession non ouverte, l'éventualité des décès qui y sont prévus ne constituant que des clauses conditionnelles relatives à l'objet même de la donation. D'autre part, elle ne constitue pas une renonciation anticipée à un droit successoral ; elle n'est qu'une modalité réglant la manière dont s'opérera le retour des biens, au cas où, par un acte postérieur au décès du donataire, le donateur viendrait à renoncer, comme il en a le droit, au retour légal.

Vve ASTIER *C* ÉPOUX BOISSONNEAU

LA COUR,

Considérant que le jugement du tribunal civil de Nantes du 29 Mars 1906 a été régulièrement frappé d'appel par Mme Vve Adhémar Astier, qui, reprenant ses conclusions de première instance, demande à la Cour de décider qu'elle a droit à l'usufruit de la moitié des immeubles de la rue Souri, à partir du décès de Mme Astier mère ; — Qu'elle invoque, comme titre, le testament fait à son profit par son mari à la date du 11 Mars 1898, conçu en ces termes : « J'institue pour ma légataire universelle, mon épouse, à « laquelle je donne et lègue tous les biens, meubles et « immeubles dont la loi m'accorde la disposition, pour en jouir « à mon décès comme de choses lui appartenant en toute « propriété ; »

Considérant qu'un testament produit son effet au moment du décès du testateur ; — Qu'aux termes de l'article 1003 C. civ., le legs universel comprend l'universalité des biens que le testateur laissera à son décès, et s'applique même aux biens qui, au moment où le *de cujus* a rédigé l'acte de ses dernières volontés, ne faisaient pas encore partie de son patrimoine ; — Que sa volonté persistante jusqu'au jour de son décès règle la dévolution de tous ses biens ;

Considérant que les termes du testament sont formels et énergiques et ne donnent lieu à aucun équivoque ; — Que Mme A. Astier peut donc réclamer en toute propriété tous les droits acquis ou éventuels dépendant de la succession de son mari ; — Qu'il y a donc lieu de rechercher si A. Astier avait dans son patrimoine un droit éventuel à l'usufruit de la moitié de l'immeuble de la rue Souri dont sa mère lui avait donné la nue-propriété par l'acte du 12 Juin 1901 ;

Considérant que tout nu-propriétaire a virtuellement, en vertu de son titre même, un droit certain mais différé, à l'usufruit des biens dont il n'est que nu-propriétaire ; — Qu'il a la faculté de disposer *hic et nunc* de la nue-propriété d'une part et d'autre part de l'usufruit éventuel ; — Que ce dernier droit fait partie de son patrimoine ; — Qu'il en a la libre disposition, à condition de respecter les droits de l'usufruitier actuel ;

Considérant que cette hypothèse était formellement prévue par l'acte du 12 Juin : — Que Mme Astier mère se réservait expressément le droit de retour conventionnel sur les immeubles donnés, en stipulant toutefois que cette réserve du droit de retour ne ferait pas obstacle aux libéralités en usufruit que l'un des donataires pourrait faire à son conjoint, pourvu que ces libéralités soient faites avec charge d'emploi ; — Que Mme A. Astier devra se soumettre à cette condition quand elle obtiendra la délivrance de l'usufruit qu'elle réclame ;

Considérant, il est vrai, que le tribunal a décidé que cette clause était nulle comme portant atteinte aux prescriptions des articles 747, 791 et 1130 C. civ., le droit de retour légal constituant un droit successoral dont le mode d'exercice est exclusivement régi par la loi et que toute convention qui y porte atteinte est nulle et non avenue ;

Mais considérant que ces principes, d'une vérité indiscutable, s'appliquent exclusivement au cas où l'ascendant donateur exerce son droit de retour légal sur les biens, par lui donnés, qui se retrouvent en nature dans la succession de son descendant et avec les charges dont il aurait été grevé du fait du donataire ;

Considérant que le deuxième usufruit ainsi constitué ne devait prendre naissance qu'au décès de Mme Astier mère ; — Que celle-ci, au décès de son fils, ne réunissait sur sa tête que d'une manière temporaire et provisoire la nue-propriété à son usufruit, la consolidation prévue par l'article 617 C. civ. ne pouvant subsister que pendant le cours de sa vie, pour qu'à son décès la nue-propriété retournât à ses héritiers et que l'usufruit fût conservé à la veuve de son fils ou au mari de sa fille, si celle-ci, décédée avant sa mère, l'avait donné à son conjoint survivant ;

Considérant que la thèse admise par les premiers juges aurait pour conséquence de faire échec aux conventions librement et volontairement acceptées par les parties à la donation du 12 Juin 1901 ;

Considérant que l'acte du 12 Juin réserve à la donatrice la faculté d'exercer le droit de retour conventionnel dans les conditions déterminées, sans faire mention du droit de retour légal ; — Que la dame Astier mère avait donc une double action, l'une qu'elle tenait de la loi, le retour légal, — l'autre qu'elle tenait de la convention ;

Considérant que, par acte au greffe du 29 Janvier 1904, elle a renoncé à la succession de son fils, s'interdisant ainsi, par voie de conséquence, d'exercer son droit de retour légal ;

— Que la dame Boissonneau, sa fille et unique héritière, est investie de ses droits et ne peut non plus agir qu'en vertu du droit de retour conventionnel stipulé à l'acte du 12 Juin 1901; — Que d'ailleurs elle demande la nullité d'une charge qu'elle devrait supporter au cas de retour légal;

Considérant que si les conditions du retour légal sont réglementées par la loi, celles du retour conventionnel sont régies par le principe général de l'art. 1134 C. civ.;

Considérant que les parties avaient la faculté, dont elles ont usé, de restreindre à la nue-propriété le droit de retour, en stipulant que les donataires pourraient grever cette nue-propriété d'un droit d'usufruit qui ne porterait pas atteinte au droit de la donatrice; — Qu'elles n'ont édicté aucune restriction en ce qui concernait le mode de l'établissement de cet usufruit, qui pouvait être établi soit par acte entre vifs, soit par dispositions testamentaires;

Considérant que les intimés soutiennent que l'acte du 12 Juin est nul, parce que dans une donation faite par un donateur à un héritier, le retour stipulé ne peut jamais diminuer les droits éventuels que la loi donne au donateur en sa qualité de successible, — que le retour conventionnel peut étendre mais non restreindre les effets du retour légal;

Considérant que l'acte du 12 Juin ne contient aucune clause qui modifie l'ordre successoral ou qui constitue un pacte sur une succession non ouverte, l'éventualité des décès qui y sont prévus ne constituant que des clauses conditionnelles relatives à l'objet même de la donation et n'ayant rien de contraire aux prescriptions de la loi; — Que la stipulation de retour conventionnel, permettant au donataire de disposer de l'usufruit éventuel des biens dont il a la nue-propriété, n'est pas une renonciation à un droit successoral mais n'est qu'une modalité réglant la manière dont s'opérera le retour conventionnel; — Qu'aucun principe de loi n'interdit à un ascendant donateur de recourir à cette modalité, pour le renfermer dans les limites étroites du retour légal auquel il ne pourrait renoncer par l'acte de donation, mais auquel il est libre de renoncer par un acte postérieur au décès du donataire;

PAR CES MOTIFS :

Reçoit Mme Vve A. Astier dans son appel;
Et y faisant droit,
Dit qu'il a été bien appelé, mal jugé;

Réforme et met à néant le jugement du tribunal civil de Nantes du 27 Mars 1906 ;

Et faisant ce que les premiers juges auraient dû faire,

Dit et juge que, la dame Boissonneau ne peut invoquer le retour légal ;

Dit et juge que tant aux termes du testament d'Adhémar Astier qu'en vertu des modalités du retour conventionnel, Mme A. Astier a droit à l'usufruit des biens donnés ;

Dit et juge que rien dans l'acte de donation, et particulièrement dans les clauses spéciales au retour conventionnel ne constitue un pacte sur succession future ;

Dit, en conséquence, que Mme A. Astier a droit, à charge de l'emploi stipulé, à l'usufruit de la moitié des immeubles de la rue Souri à partir du 5 Août 1904, jour du décès de de Mme Astier mère ;

Décharge Mme A. Astier de toutes les condamnations prononcées contre elle ;

Déboute les époux Boissonneau de toutes leurs demandes, fins et conclusions ;

Et, vu la qualité des parties en cause, compense les dépens.

MM. DE SAVIGNON-LAROMBIÈRE, Président, — MAHOUDEAU, Av. gén., — DYÈVRE et MARIE D'AVIGNEAU (du barreau de Nantes), Av.

COUR D'APPEL DE RENNES (2e Chambre)

11 Juin 1908.

Appel. — Non-recevabilité. – Jugement de sursis.

Un jugement qui ne statue sur aucune des questions soumises à l'appréciation du tribunal et qui se borne à ordonner le sursis, dans l'intérêt d'une bonne administration de la justice, n'est pas susceptible d'appel.

Vve DESBOIS C époux BEILLEVERT

Le Tribunal civil de Saint-Nazaire a, le 22 Novembre 1907, rendu, sur une demande introduite par Madame Veuve Desbois, le **jugement** suivant :

LE TRIBUNAL,

Considérant que Madame Veuve Desbois a formé contre les époux Beillevert, ses fille et gendre, une demande tendant à la liquidation et au partage de la communauté ayant existé entre elle et feu son mari et de la succession de ce dernier et aussi à la délivrance du legs fait à son profit par son dit mari, aux termes d'un testament au rapport de Me Bessin, notaire à Savenay, en date du 14 Mai 1907 ;

Considérant que les époux Beillevert ayant introduit une instance en interdiction contre la Veuve Desbois, et le Tribunal de céans ayant, par jugement en date du 26 Octobre dernier, ordonné la réunion du conseil de famille pour donner son avis sur l'état mental de la Veuve Desbois, ils demandent qu'il soit sursis au jugement sur l'action en partage jusqu'à ce qu'il ait été statué sur celle en interdiction ;

Considérant que la dame Desbois s'oppose au sursis, en prétendant que la demande en interdiction n'est pas un incident de la procédure principale et ne peut avoir d'influence sur le fond du débat ;

Considérant que la question de savoir s'il convient de tarder à statuer sur la dite demande principale est subordonnée à la libre appréciation des tribunaux ;

Considérant qu'il est de l'intérêt des parties, en l'état de la cause, de surseoir à statuer sur l'action en partage jusqu'après le jugement sur la demande en interdiction pendante ;

PAR CES MOTIFS :

Statuant en matière ordinaire et en premier ressort,

Dit qu'il sera sursis à statuer sur l'action en liquidation et partage dont s'agit jusqu'à ce que le Tribunal se soit prononcé sur la demande en interdiction de la Veuve Desbois actuellement soumise au Tribunal ;

Réserve les dépens.

Appel par Madame Veuve Desbois. — **Arrêt** (11 Juin 1908)

LA COUR,

Considérant que le jugement du Tribunal de Saint-Nazaire du 22 Novembre 1907, dont la dame Jeanne Moinard, Veuve Desbois, a interjeté appel, ne statue sur aucune des questions de droit soumises à l'appréciation du Tribunal ;

Que la question de savoir si une personne, dont l'interdiction est demandée, conserve la capacité nécessaire pour ester en justice à fin de délivrance de legs et comme demanderesse en partage et liquidation d'une succession n'est tranchée ni *in terminis*, ni d'une manière implicite ;

Que, de plus, les juges du 1er degré n'ont nullement subordonné le résultat de la demande en délivrance de legs et en partage et liquidation au sort de la demande en interdiction ;

Que c'est donc un simple jugement de sursis, rendu dans l'intérêt de la bonne administration de la justice, intérêt que les premiers juges avaient le devoir de prendre en considération ;

Que dès lors l'appel n'est pas recevable aux termes de l'art. 451 C. Pr. civ. ;

PAR CES MOTIFS :

Dit la Veuve Desbois non recevable dans son appel ;

L'en déboute et la condamne à l'amende et aux dépens d'appel, les dépens de première instance demeurant réservés.

MM. DE SAVIGNON-LAROMBIÈRE, Prés., — MAHOUDEAU, Av. gén., — LEBORGNE et MAULION, Av.

COUR D'APPEL DE RENNES (1re Chambre)

21 Décembre 1908.

Accident du travail. — Entreprises assujetties. — Patron possédant plusieurs établissements et exerçant plusieurs professions. — Ouvriers protégés.

1° Il est difficile de considérer comme constituant deux établissements distincts, l'un purement commercial et l'autre industriel, un dépôt ou magasin et une scierie mécanique situés dans la même ville, appartenant au même patron, alors que, si le personnel de chacun de ces établissements est absolument distinct, jouissant même de salaires différents, il apparaît néanmoins de l'examen des faits que les ouvriers au magasin obéissent à la même direction que ceux de la scierie, touchent leurs salaires au même guichet, collaborent dans une large mesure au fonctionnement de la scierie, apportant à pied d'œuvre les bois bruts, reprenant dans la scierie même les bois ouvrés pour les reporter au magasin.

2° Lorsqu'un patron exerce deux professions, dont une seule est assujettie à la Loi du 9 Avril 1898, c'est à la nature même du travail au cours duquel l'accident s'est produit qu'il convient de s'attacher pour savoir si l'ouvrier, victime de l'accident, est fondé à invoquer le bénéfice de la dite loi.

Chez un négociant en bois qui possède deux établissements bien distincts, — un magasin commercial et une scierie mécanique, — l'ouvrier, faisant partie d'une équipe dont la fonction spéciale et presque exclusive consiste à charger au magasin des bois bruts, à accompagner les charretiers qui les transportent à la scierie, à les décharger à pied d'œuvre, à recharger ensuite les bois ouvrés pour les reporter au magasin, doit bénéficier des avantages de la Loi du 9 Avril 1898.

Il s'agit là en effet d'une opération sans laquelle l'établissement assujetti serait dans l'impossibilité de fonctionner ; il existe dès lors un lien étroit et nécessaire entre l'industrie du patron et l'accident dont a été victime l'ouvrier.

PRIGENT *C* RIOU, ABALAN et Cie.

LA COUR,

Considérant que Riou, Abalan et Cie, demeurant rue de Paris, 31, à Lambézellec, possèdent dans la même localité une scierie mécanique, située rue Magenta, et un dépôt ou magasin, sis rue Sébastopol, où se trouvent, avec d'autres marchandises (ciment, chaux, etc.), des bois bruts qu'ils font transporter à leur scierie pour y être travaillés, et des bois façonnés à la scierie qu'ils livrent au commerce ;

Considérant que le 20 Novembre 1907, Prigent fut victime d'un accident au moment où il était occupé, rue Sébastopol, à remuer une bille de bois brut qui devait être transportée à la scierie pour y être mise en œuvre ; — Qu'il eut le cou-de-pied droit écrasé, ce qui, d'après le certificat du docteur Levracque du 22 Août 1907, a occasionné une incapacité permanente partielle ;

Considérant que Prigent travaillait alors avec d'autres ouvriers et que leur fonction spéciale et presque exclusive consistait à charger dans le magasin des bois bruts, à accompagner les charretiers qui les transportaient à la scierie où ils déchargeaient le bois brut à pied d'œuvre et où ils rechargeaient le bois ouvré pour le rapporter au magasin de la rue Sébastopol ;

Considérant qu'il est bien vrai que les ouvriers qui travaillent à la scierie forment un personnel absolument distinct de celui qui travaille au dépôt, qu'ils sont payés 0 fr. 25 de plus ; mais que cependant tous les ouvriers, indistinctement, obéissaient à une direction unique et touchaient leur salaire au même guichet ;

Considérant qu'il est dès lors difficile d'admettre que MM. Riou et Abalan possèdent deux établissements distincts, dont l'un serait un établissement purement commercial situé rue Sébastopol et dont l'autre sis rue Magenta serait un établissement industriel ; — Mais que même en admettant une pareille prétention, le jugement dont appel n'en devrait pas moins être réformé ;

Considérant en effet que lorsqu'un patron exerce deux professions dont une seule est assujettie à la Loi de 1898, c'est à la nature même du travail au cours duquel l'accident s'est produit qu'il convient de s'attacher pour savoir si l'ouvrier, victime de l'accident, est fondé à invoquer le bénéfice de la dite loi ;

Considérant que Prigent a été blessé au moment où il manœuvrait des bois bruts destinés à être transportés à la scierie ; — Que c'est une opération sans laquelle cet établissement serait dans l'impossibilité de fonctionner ; — Que dès lors, il existe un lien étroit et nécessaire entre l'industrie des intimés et l'accident dont l'appelant a été victime ;

Considérant que Prigent a été atteint d'une incapacité permanente partielle ; — Que la date de la consolidation de la blessure doit être fixée au 21 Novembre 1906 — Qu'il y a lieu dès à présent de condamner Riou, Abalan et Cie, à payer à Prigent : 1° la somme de 100 francs à titre de provision ; 2° le demi-salaire depuis l'accident (21 Novembre 1906) jusqu'au 22 Août 1907, jour de la consolidation de la blessure, soit 431 fr. 25 ($275 \times 3{,}50 : 2$) et 3° les frais médicaux et pharmaceutiques occasionnés par l'accident ;

Considérant enfin qu'il y a lieu de commettre des hommes de l'art pour décrire l'état du blessé et donner leur avis sur la diminution de sa capacité professionnelle ;

PAR CES MOTIFS :

Reçoit Prigent dans son appel et y faisant droit, dit qu'il a été bien appelé, mal jugé ;

Réforme et met à néant le jugement du Tribunal Civil de Brest du 6 Mai 1908 ;

Et faisant ce que les premiers Juges auraient dû faire,

Dit et juge que l'accident dont Prigent a été victime constitue un accident du travail prévu par la Loi du 9 Avril 1898 ;

Condamne dès à présent Riou, Abalan et Cie à payer à Prigent :

1° la somme de 100 francs à titre de provision ;

2° la somme de 481 fr. 25 pour demi salaire du jour de l'accident au 27 Août 1907, date de la consolidation de la blessure ;

3° le montant des frais médicaux et pharmaceutiques occasionnés par l'accident ;

Commet MM. Allain, Mahéot et Rousseau, demeurant à Brest, lesquels, serment préalablement prêté, s'ils n'en sont dispensés par les parties, devant le juge de paix du 2e canton de Brest que la Cour commet à cet effet, examineront Prigent, diront s'il est atteint d'une incapacité permanente et quelle est l'importance de la réduction de capacité subie par lui, dresseront, dans les deux mois du prononcé du présent arrêt, un rapport de leurs opérations qui sera par eux transmis, sous pli cacheté et recommandé, au Greffe de la Cour pour être par les parties conclu et par la Cour statué ce que de droit ;

Dit qu'en cas de refus, déport ou empêchement des experts ou de l'un d'eux, il sera pourvu à leur remplacement par ordonnance sur requête du Président de la 1re Chambre de la Cour d'appel ;

Décharge Prigent des condamnations contre lui prononcées ;

Déboute Riou, Abalan et Cie de toutes leurs demandes, fins et conclusions, et les condamne aux dépens de première instance et d'appel exposés jusqu'à ce jour.

MM. de Savignon-Larombière, Président, — Mahoudeau, Av. gén., — Charlier et Bodet, Av.

COUR D'APPEL DE RENNES (1re Chambre).

30 Décembre 1908

Responsabilité civile. — Armateur. — Marins péris en mer. — Faute personnelle.

Aux termes de l'art. 11 de la Loi du 29 Décembre 1905, sur la Caisse de prévoyance des Marins français, qui affranchit l'armateur de la responsabilité civile des fautes du capitaine ou de l'équipage, aucune indemnité n'est due par l'armateur aux marins, victimes d'un accident à son service, si l'on n'établit contre lui une faute personnelle, intentionnelle ou inexcusable.

Spécialement lorsqu'un navire a, pendant le cours d'une traversée, péri corps et biens, les ayants-droit des marins disparus dans le naufrage ne peuvent obtenir de l'armateur une indemnité qu'en établissant la relation certaine existant entre les actes de celui-ci et le sinistre, comme par exemple que le chargement a été, par le fait de l'armateur, opéré avec l'intention d'exposer le navire à un sinistre, ou dans des conditions telles qu'il devait apparaître comme inévitable.

Veuve Portanguen C/ Société F. Le Brise

Le Tribunal civil de Lorient a, le 24 Mars 1908, rendu le **jugement** suivant :

Le Tribunal,

Attendu que la Veuve Portanguen, agissant tant en son nom personnel que comme tutrice naturelle et légale de ses deux enfants, âgés de moins de seize ans, a formé contre la Société Le Brise, de Lorient, une demande en paiement de 20,000 francs à titre de dommages-intérêts, à raison du décès de son mari, chauffeur à bord du *Coat-Coal*, survenu au cours du naufrage de ce navire ;

Attendu que la demanderesse prétend que le naufrage du *Coat-Coal*, ayant pour armateur la Société bois et charbons F. Le Brise, est dû à une faute grave, commise au départ de Lorient, dans le chargement du navire, ainsi qu'à l'état défectueux du dessus du ballast, au mauvais fonctionnement de la soupape de sûreté, et au mauvais état de la machine ;

Attendu que les faits articulés par la Veuve Portanguen, en admettant même qu'ils puissent être prouvés, étant donné que seul le second du bord a survécu au naufrage, ne seraient pas de nature à établir, contre la Société F. Le Brise, une faute suffisante pour entraîner la responsabilité de l'armateur ;

Attendu, en effet, qu'aux termes de l'article 11 de la Loi du 29 Décembre 1905, qui a institué la Caisse de Prévoyance au profit des inscrits maritimes, aucune responsabilité n'est encourue par l'armateur si l'on ne peut établir contre lui une faute personnelle, inexcusable ou intentionnelle ;

Attendu que, dans l'espèce soumise au Tribunal, l'armateur n'a pas procédé lui-même au chargement de ce navire ; — Qu'on ne peut, d'un autre côté, supposer qu'il ait commis, intentionnellement, une faute devant amener le naufrage du *Coat-Coal ;* — Que, dans ces conditions, il est impossible de relever à sa charge une faute personnelle ou intentionnelle ;

Attendu qu'il ne reste plus à invoquer contre lui qu'une seule faute, la faute inexcusable, pouvant donner lieu à une action en indemnité, en dehors de la pension de 360 francs et de celle 50 francs allouée par les articles 6 et 8 de la Loi du 29 Décembre 1905 à la Veuve Portanguen et à ses deux enfants, âgés de moins de 16 ans ;

Attendu que, pour que le risque professionnel visé par les Lois du 21 Avril 1898 et 29 Décembre 1905, ne soit pas exclusivement appliqué, il ne suffit pas qu'une faute lourde ait été commise par l'armateur ; — Qu'il faut encore que la faute soit sans excuse et qu'elle ait été commise par lui, en pleine connaissance de cause ;

Attendu que s'il a pu être décidé que, lorsqu'un patron, pour un calcul misérable d'économie, fournissait à ses ouvriers un matériel usé, dont l'emploi devait nécessairement entraîner une catastrophe, ce patron commettait une faute inexcusable, on ne pourrait dans le procès actuel, même en tenant pour certains et avérés les faits articulés par la demanderesse, retenir à la charge de la Société Le Brise, une faute ayant un tel caractère de gravité exceptionnelle ;

Attendu qu'il résulte, en effet, du rapport de mer dressé par le second du *Coat-Coal* et reçu sous serment, le 29 Septembre 1906, à Gênes, par le gérant du Consulat général de France, que le *Coat-Coal* avait, au contraire, victorieusement supporté l'épreuve d'une grosse mer, dès sa sortie du port de Lorient ; — Qu'il avait franchi sans encombres les parages dangereux de « Pen Marc'h » et du « Raz de Sein » ; — Que, parti de Lorient le 15 Septembre à 1 heure 45 minutes du matin, le *Coat-Coal*, à 10 h. 1/2 du soir, n'avait pas encore d'eau dans les cales, malgré le mauvais temps qui n'avait cessé de l'assaillir ; — Qu'on ne saurait donc soutenir que ce navire était hors d'usage et que sa mise en service devait fatalement entraîner son naufrage ;

Attendu qu'il semble résulter de toutes les circonstances de la cause que le *Coat-Coal* a sombré par suite de la tempête, qui s'est déchaînée lorsqu'il est arrivé à la hauteur de Oue sant et que sa perte est uniquement due à une fortune de mer ou à un cas de force majeure ; — Qu'en tout cas rien ne permettrait d'affirmer qu'il y a eu une relation directe de cause à effet entre le naufrage et le mauvais état du navire, même si ce navire avait présenté les défectuosités alléguées par la demanderesse ; — Qu'il résulte également du rapport de mer que, dès que le capitaine en a donné l'ordre, la baleinière a pu être hissée, de même que le grand canot a été mis à la mer ; — Que c'est seulement par suite des coups de mer que l'équipage n'a pas pu s'en servir ;

Attendu que, dans ces conditions, les faits articulés ne sont pas suffisamment ni pertinents ni concluants ; — Qu'ils sont d'ailleurs déniés par la Société défenderesse ; — Qu'il n'y a pas lieu d'en ordonner la preuve ;

Par ces motifs :

Sans s'arrêter aux faits articulés par la Veuve Portanguen, lesquels ne sont suffisamment ni pertinents ni concluants,

Dit qu'il n'y a pas eu, de la part de la Société Le Brise, une faute pouvant entraîner sa responsabilité aux termes de la Loi du 29 Décembre 1905 ; — Qu'il ne peut être retenu à sa charge aucune faute personnelle, intentionnelle ou inexcusable ;

Déclare, en conséquence, la Veuve Portanguen, agissant tant en son nom, qu'au nom de ses deux enfants mineurs, non recevable en sa demande en paiement de 20.000 francs de dommages-intérêts ;

La déboute de toutes ses demandes fins et conclusions ;

La condamne en tous les dépens ;

Appel par Mme Vve Portanguen. — **Arrêt** (30 Déc. 1908).

LA COUR,

Considérant que, aux termes de l'article 11 de la Loi du 9 Décembre 1905, sur la Caisse des Marins Français, l'armateur est affranchi de la responsabilité civile des fautes du capitaine ou de l'équipage ; — Qu'il ne répond que de ses fautes personnelles, intentionnelles ou inexcusables ;

Considérant que la Société armateur du navire *Coat-Coal* n'a pas personnellement pris part à son chargement ;

Qu'il ne résulte ni des circonstances de la cause, ni des faits allégués et offerts en preuve, que ce chargement ait été, par son fait, opéré avec l'intention d'exposer le navire à un sinistre, ou dans des conditions telles qu'il devait apparaître comme inévitable ;

Que, d'ailleurs, c'est à la demanderesse à établir la relation certaine existant entre les actes de l'armateur et le sinistre ;

Qu'elle ne la rapporte nullement et qu'en tenant pour établis tous les faits dont elle excipe, — les conditions du chargement, même l'état des « water-ballasts », et les conditions dans lesquelles ils avaient été réparés, — il n'en résulterait pas que ce soit à ces circonstances que doive être attribué le sinistre qui a malheureusement fait de nombreuses victimes ;

Que sa perte n'est due qu'au gros temps qui s'est déchaîné à la hauteur d'Ouessant, qui a mis dans l'impossibité d'utiliser les appareils de sauvetage, c'est-à-dire à un cas de force majeure ;

Que les faits offerts en preuve ne sont donc pas pertinents ;

PAR CES MOTIFS, et adoptant, au surplus, ceux des premiers juges, en ce qu'ils n'ont rien de contraire :

Dit qu'il a été bien jugé, mal appelé ;

Met l'appellation à néant ;

Ordonne que le jugement entrepris sortira effet ;

Condamne l'appelante en tous les dépens de première instance et d'appel ;

La déboute de toutes ses demandes, fins et conclusions, tant principales que subsidiaires d'offre de preuve ;

MM. MAULION, 1er Prés., — MAHOUDEAU, Av. gén., — CUAULT et CHAUVEAU, Av.

JUSTICE DE PAIX DE VANNES

13 Janvier 1909.

Vente d'animaux. — Animal reconnu tuberculeux à l'abattage. — Action en restitution du prix. — Loi du 23 Février 1905. — Article 173 du Code de Procédure civile.

Une action ayant pour but la restitution du prix de vente d'un animal abattu, reconnu tuberculeux à l'abat, est une action en rescision et non une action en paiement.

Est seul recevable à intenter cette action l'acheteur qui a fait aux autorités compétentes les déclarations prescrites par la loi.

En cette matière, il ne peut y avoir un circuit d'actions récursoires.

L'exception opposée au premier vendeur pour l'empêcher d'exercer l'action en rescision est moyen tiré du fond du droit ; elle peut être invoquée en tout état de cause et ne tombe pas sous l'application de l'article 173 du Code de Procédure civile.

LE HUR C NICOL

Ces solutions résultent du **jugement** suivant rendu, le 13 Janvier 1909, par le Tribunal de paix de Vannes.

NOUS, JUGE DE PAIX,

Attendu qu'à la date du 22 Août dernier, à la Tour de Saint-Symphorien, à Vannes, Nicol vendit à Le Hur deux bœufs, moyennant le prix de mille dix francs payés comptant ;

Que ces deux bœufs furent revendus à Boury, boucher au Pouliguen ;

Que, d'après ce dernier, l'un des bœufs fut abattu le 31 Août suivant et reconnu aussitôt tuberculeux par M. Pierrot, vétérinaire à Saint-Nazaire, qui, cependant, ne fit son certificat que le 4 Octobre suivant ;

Que, dans l'intervalle, Nicol fut informé par Boury de l'état dans lequel l'un des bœufs avait été trouvé au moment de l'abattage et que, le 15 Septembre 1908, Nicol écrivit à ce dernier pour lui offrir de rembourser le prix de l'animal ;

Que, se basant sur cette lettre, Le Hur réclame aujourd'hui l'exécution de cette promesse, soutenant que son action n'est ainsi qu'une demande en paiement et non une action en rescision ;

Que, dans ces conditions, il convient d'examiner si Nicol s'est reconnu débiteur d'une somme quelconque envers Le Hur, et si ce dernier a, par suite, qualité pour demander à Justice l'exécution de cet engagement;

Attendu que la lettre sur laquelle Le Hur base sa demande a été adressée non à lui, mais à Boury ;

Qu'aujourd'hui Nicol proteste contre l'interprétation donnée à cette lettre ;

Qu'il allègue diverses fautes commises par Boury et se plaint même de manœuvres dolosives employées à son égard ;

Attendu que, dans ces circonstances, la valeur de l'engagement invoqué ne peut faire l'objet d'un débat entre Nicol et Le Hur qui est resté étranger à l'opération de l'abattage de l'animal tuberculeux et aux diverses formalités qui en ont été la suite et que Boury ne saurait esquiver la responsabilité dont il est menacé par une substitution de personne;

Que, par suite, c'est donc à tort que Le Hur qualifie son action de poursuite en paiement d'une dette reconnue et qu'il s'agit bien seulement d'une action en rescision de vente ;

Qu'avant d'examiner le bien fondé de cette demande, il convient de statuer sur la valeur de l'exception opposée à Le Hur, quant à son défaut de qualité pour engager une pareille action ;

Attendu qu'aux termes de la Loi du 23 Février 1905 : « Toutefois, en « ce qui concerne la tuberculose, sera seule recevable l'action formée « par l'acheteur qui aura fait au préalable la déclaration prescrite par « l'article 31, livre III, section II du Code Rural » ;

Que ce texte ne laisse aucun doute sur l'interprétation qu'il convient de lui donner ;

Qu'il en résulte que, seul, peut intenter l'action, l'acheteur qui a fait la déclaration prescrite, ce qui exclut évidemment les acheteurs précédents, et, comme conséquence, met fin au circuit des actions récursoires (Trib. civ. de Ruffec, 9 Janvier 1906, D. P. 1906. 2. 194 ; Trib. comm. de Belfort, 8 nov. 1906, D. P. 1907. 2. 157 ; Trib. paix de Nozay, 17 Juin 1907, D. P. 1908. 5. 17 et Bull. Jug. de Paix, 1907, pag. 185);

Attendu que, dans l'espèce, c'est Boury, acheteur de Le Hur, qui a fait la déclaration prescrite par l'article 31 du Livre III du Code Rural ;

Que, seul, il a qualité pour agir;

Attendu que Le Hur ne saurait invoquer l'article 173 du Code de Procédure civile;

Que cet article ne s'applique qu'aux nullités d'exploits ou d'actes de procédure et non aux moyens du fond du droit, lesquels peuvent être invoqués en tout état de cause (Fuzier-Herman, Cod. pr. civ. ann., art. 173, n° 1 ; Dalloz, C. pr. civ. ann., art. 173, n° 5 ; Trib. civ. Laval, 30 mars 1900, D. P. 1903. 2. 234) ;

PAR CES MOTIFS :

Et sans qu'il soit besoin de satuer sur les autres exceptions soulevées par Nicol,

Disons que Le Hur est sans qualité pour réclamer à Nicol l'exécution de l'engagement pris par celui-ci dans sa lettre du 15 Septembre 1908 ;

Disons enfin que le dit Le Hur est également sans qualité pour exercer l'action en rescission de la vente de l'animal faisant l'objet de la présente instance ;

Déboutons en conséquence Le Hur de sa demande et le condamnons aux dépens de l'instance.

MM. PÉROUTY, Prés., — DE KEYSER et LANCO, Avoués.

TRIBUNAL CIVIL DE RENNES (1re Chambre)

1er Mars 1909.

I. — **Obligations. — Inéxécution. — Cas de force majeure. — Marché de fournitures. — Décision ministérielle.**

II. — **Compétence judiciaire. — Commission des ordinaires d'un régiment. — Rapport administratif. — Transmission au Ministre de la Guerre. — Compétence administrative.**

III. — **Marché de fournitures. — Résiliation. — Mise à la charge du fournisseur des conséquences de la résiliation. — Clauses et conditions du cahier des charges.**

1° Une décision du Ministre de la Guerre, enjoignant à un chef de corps de cesser l'exécution d'un marché de fournitures régulièrement passé avec un boucher et d'assurer l'alimentation de son régiment au moyen d'un nouveau marché par défaut, doit être considérée comme un cas de force majeure, mettant ce chef de corps dans l'impossibilité de remplir les obligations que lui imposait le marché en question et l'exonérant, conformément à l'article 1148 C. civ., de tous dommages-intérêts à raison de l'inéxécution de ses obligations.

2° C'est en vain que le fournisseur, ainsi privé du bénéfice de son marché, prétend que ce cas de force majeure ne saurait lui être opposé, parce que la décision ministérielle aurait été provoquée par des renseignements faux ou erronés communiqués par son débiteur lui-même.

En effet, s'agissant en l'espèce de rapports dressés et transmis hiérarchiquement, en obéissance aux règles de la discipline ainsi qu'aux règlements militaires, et qui constituent ainsi des actes de la fonction de ceux qui les ont rédigés, l'appréciation en échappe à l'autorité judiciaire, à moins que, en dehors de l'acte administratif, une faute personnelle soit alléguée contre ceux-ci.

3° Lorsque le cahier des charges d'un marché de fournitures prévoit que, dans certaines circonstances et après l'accomplissement de certaines formalités, le marché pourra être résilié par le chef de corps soit purement et simplement, soit avec mise à la charge de l'entrepreneur soumissionnaire des conséquences du marché par défaut ou de toutes autres mesures qui pourraient être prises pour assurer l'exécution du service, il est impossible d'étendre hors des cas énoncés au cahier des charges les obligations imposées à l'entrepreneur soumissionnaire en cas de résiliation.

Et si l'exécution du marché est interrompue par obéissance à un ordre de M. le Ministre de la Guerre, — circonstance non prévue au cahier des charges, — et que de plus les formalités, stipulées audit cahier, de notification de mise en demeure et d'enquête administrative et contradictoire préalable n'aient pas été observées, le fournisseur évincé ne saurait être condamné à supporter, par application des clauses du cahier des charges, les conséquences onéreuses du marché par défaut passé par le chef de corps pour assurer l'exécution du service.

Lepeltier *C* Lieutenant-Colonel Masnou, ès-qualités

Le Tribunal civil de Rennes a, le 1er Mars 1909, rendu le **jugement** suivant :

Le Tribunal,

Attendu que, par actes sous seings privés, en date à Rennes du 26 Octobre 1907, passés entre la Commission des ordinaires du 41e Régiment d'Infanterie à Rennes et le sieur Lepeltier, boucher à Saint-Aubin-du-Cormier, dûment approuvés par M. le Lieutenant-Colonel Masnou, commandant ledit régiment, le sieur Lepeltier s'engageait à assurer, aux conditions prévues au cahier des charges, en date du 12 Avril 1904, la fourniture des viandes à livrer au 41e Régiment d'Infanterie, du 1er Janvier au 30 Juin 1908 inclus ;

Attendu qu'à la suite d'incidents survenus à Saint-Aubin-du-Cormier le 13 Avril 1908, la Commission des ordinaires rédigea des rapports qui furent hiérarchiquement transmis avec l'avis des différentes autorités militaires à M. le Ministre de la Guerre, lequel prit, à la date 25 Avril, une décision portée, par dépêche du 30 Avril, à la connaissance de M. le Général commandant le Xe Corps d'armée, décision ainsi conçue : « Le sieur Lepeltier est exclu des marchés et fournitures de

« la Guerre. Un marché par défaut sera passé à ses risques et « périls » ;

Attendu que cette décision ayant été notifiée tant au chef de corps qu'au boucher fournisseur, la Commission des ordinaires, pour en assurer l'exécution, s'empressa de passer avec un autre commerçant un marché par défaut ;

Que M. Lepeltier, prétendant que le contrat passé par lui avec le 41e Régiment a été rompu sans motif et que la rupture de ce contrat lui a causé préjudice, a, en vertu d'une Ordonnance de M. le Président de ce siège, le dispensant des préliminaires de conciliation, fait par exploit de Me Fortier, huissier à Rennes, en date du 17 Juillet 1908, enregistré, donner assignation à M. le Lieutenant-Colonel Masnou, commandant le 41e Régiment d'Infanterie, pris en sa qualité de chef de corps, à comparaître devant ce Tribunal pour s'entendre condamner à lui payer une somme de 30,000 francs à titre de dommages-intérêts ;

Attendu que pour repousser cette demande, M. Masnou, ès-qualités, soutient qu'il s'est borné à assurer l'exécution de l'ordre qu'il recevait du Ministère de la Guerre, — que le contrat a été rompu par force majeure — et que M. Lepeltier doit s'adresser à M. le Ministre de la Guerre s'il croit avoir à se plaindre de la décision prise contre lui ;

Attendu qu'aux termes de l'article 1148 C. civ. il n'y a lieu à aucuns dommages-intérêts lorsque le débiteur s'est trouvé empêché de remplir ses obligations par suite d'un cas de force majeure ; — Qu'il y a force majeure lorsque l'inexécution de l'obligation est le résultat d'un événement qu'on ne saurait prévoir ou auquel on ne saurait résister ; — Que parmi ces événements on doit faire rentrer les empêchements résultant d'un ordre émanant de l'autorité publique s'imposant au débiteur de telle façon que celui-ci ne puisse en aucune façon ni le discuter, ni passer outre ;

Attendu que M. le Lieutenant-Colonel commandant le 41e Régiment d'Infanterie, ayant reçu de M. le Général en chef l'ordre d'assurer l'exécution de la décision sus-relatée de M. le Ministre de la Guerre, ne pouvait, en raison des règles de la discipline militaire, agir autrement qu'il a fait et se trouvait dans l'obligation de notifier à M. Lepeltier la rupture du contrat de fournitures, ainsi que dans celle d'assurer, par un nouveau marché, l'alimentation de son régiment ;

Attendu que M. Lepeltier s'il reconnaît en principe que la décision de M. le Ministre de la Guerre constitue le fait du prince, assimilable au cas de force majeure, soutient que le fait du prince ne peut être invoqué s'il y a faute de ceux-là qui ont, par des renseignements faux ou erronés, amené l'autorité supérieure à prendre la décision derrière laquelle ils se retranchent ;

Attendu que, fût-il établi que la faute du débiteur ayant entraîné la décision ministérielle considérée comme fait du prince aurait pour conséquence de rendre ce fait du prince inopposable au demandeur, le Tribunal aurait, en premier lieu, à rechercher s'il est compétent pour apprécier ladite faute ;

Attendu que si M. le Lieutenant-Colonel Masnou, pour justifier la Commission des ordinaires des griefs allégués contre elle, a versé aux débats de nombreux documents émanant tant de ladite Commission que de lui-même et de ses chefs, il échet pour le Tribunal, avant de les apprécier comme il convient, d'examiner s'il est compétent pour le faire ;

Attendu que la Commission des ordinaires, représentée à l'instance par le chef de corps est seule en cause ; — Que seuls, en conséquence, ses agissements peuvent être incriminés ;

Que la Commission, à la suite d'incidents auxquels a donné lieu le refus par elle de prendre livraison de viande provenant d'une vache dont le foie présentait, sur l'un de ses lobes, une légère bosselure blanchâtre qui, à la coupe, laissa suinter un exudat purulent, a rédigé des rapports qui ont été hiérarchiquement adressés à M. le Ministre de la Guerre ;

Qu'en le faisant, elle a obéi aux règles de la discipline ainsi qu'aux règlements militaires, accomplissant en l'espèce un acte de ses fonctions dont l'appréciation ne pourrait appartenir à l'autorité judiciaire que si, en dehors de l'acte administratif, une faute personnelle était alléguée contre les différents membres de la Commission dont s'agit ;

Que M. Lepeltier se borne à prétendre que ce sont des rapports inexacts envoyés par elle qui ont déterminé le Ministre à prendre la décision du 25 Avril ; — Qu'il n'invoque aucun fait pouvant permettre de relever à la charge personnelle de la Commission une faute distincte de l'acte administratif qu'elle accomplissait en rendant officiellement compte des incidents survenus, — rapport qui s'imposait avec d'autant plus de raison que le détachement de la Lande-d'Ouée avait été dans l'obligation de recourir à l'intermédiaire du chef de corps pour se procurer les viandes nécessaires à l'alimentation ;

Que si elle a commis une faute, elle l'a commise en accomplissant un acte rentrant dans ses attributions administratives ;

Attendu que le Tribunal est incompétent pour rechercher si la Commission des ordinaires a ou non commis une faute ayant entraîné la décision de M. le Ministre de la Guerre ;

Attendu que, cette décision du 25 Avril 1908 constituant un cas de force majeure, il échet de décider que la Commission des ordinaires n'est pas responsable de la résiliation du marché dont se plaint M. Lepeltier;

Attendu que ce dernier demande subsidiairement le remboursement de la somme de 2.700 francs qu'il a versée à titre de cautionnement suivant reçu du 1er Août 1908 ;

Que M. le Lieutenant-Colonel Masnou, sans contester le versement de cette somme, conclut reconventionnellement à la condamnation de Lepeltier à une somme de 942 francs 94 centimes représentant, avec le montant du cautionnement, le préjudice éprouvé par les ordinaires par suite de la passation du marché par défaut, lequel a amené un excédent de dépenses de 3.642 francs 94 centimes ;

Attendu que le cahier des charges accepté par Lepeltier dispose dans son article XIII que « les contestations qui peuvent s'élever sur l'exécution du service ou sur l'interprétation des clauses du cahier des charges sont de la compétence des tribunaux ordinaires » ; — Qu'aux termes de l'article 1134 C. civ., les conventions tiennent lieu de loi à ceux qui les ont faites ;

Attendu qu'aux termes de son article VII, le même cahier des charges prévoit dans quelles conditions la Commission des ordinaires, après avoir obtenu l'autorisation écrite du chef de corps, a le droit de résilier le marché — précise les formalités à la suite desquelles le chef de corps décide si la résiliation doit être pure et simple, si elle doit être accompagnée de la mise à la charge de l'entrepreneur dessaisi des conséquences immédiates soit du marché par défaut, soit des mesures qui pourraient être prises pour assurer l'exécution du service, décide que l'excédent des dépenses pouvant résulter d'un marché ainsi passé par défaut ou des achats qui auraient été faits dans la circonstance prévue par le troisième alinéa de l'article IV reste à la charge de l'entrepreneur ;

Qu'on ne rencontre dans le cahier des charges aucun autre mode de résiliation du marché ;

Attendu que, dans son article XII, ledit cahier des charges stipule que pour sûreté et garantie de l'exécution de ses obligations l'entrepreneur sera tenu de verser un cautionnement, remboursable, sur l'ordre du chef de corps, quinze jours au plus tôt après l'expiration du marché ;

Attendu que si on rapproche les stipulations de l'article XII du cahier des charges de celles de l'article VII, on est amené à conclure logiquement que le cautionnement déposé doit servir à couvrir l'excédent des dépenses résultant des marchés par défaut passés dans les circonstances et conditions limitativement énumérées dans l'article VII ; — Qu'il échet donc préalablement de rechercher si le marché par défaut, passé à la suite de la décision de M. le Ministre de la Guerre et conformément à ses ordres, l'a été en observant les prescriptions de l'article XII précité ;

Attendu qu'il est constant et qu'il résulte de documents versés aux débats que la Commission des ordinaires n'a pas résilié le marché, premier cas prévu audit article ;

Que le chef de corps n'a pas non plus décidé si la résiliation devait être pure et simple ou accompagnée de la mise à la charge de l'entrepreneur des conséquences du marché par défaut ou des mesures prises pour assurer l'exécution du service ;

Qu'il n'a pas non plus été notifié à l'entrepreneur de mise en demeure, ni été procédé à une enquête administrative et contradictoire ; — Que, bien au contraire, la Commission des ordinaires et M. le Lieutenant-Colonel commandant le 41e régiment d'infanterie concluaient même au maintien du marché passé avec Lepeltier (Rapport du 23 Avril 1908) ;

Attendu qu'il résulte des constatations et considérations qui précèdent, que le contrat passé entre Lepeltier et la Commission des ordinaires s'est trouvé rompu et le marché de défaut passé avec un autre fournisseur dans des conditions différentes de celles qui étaient la loi des parties ; — Que la Commission des ordinaires et le chef de corps n'ayant pu, par suite d'un fait qui leur est étranger, en l'espèce l'ordre de M. le Ministre de la Guerre, exécuter le contrat qui les liait vis-à-vis de Lepeltier, M. le Lieutenant-Colonel Masnou est mal fondé à demander à ce dernier l'exécution d'une obligation qui ne pourrait être que corrélative aux garanties stipulées, dans l'article VII, en faveur du soumissionnaire ;

Que le marché de défaut ayant été passé en dehors des conditions prévues au contrat, le cautionnement versé ne saurait en garantir les conséquences dommageables pour les ordinaires du 41e régiment ;

Que, par les mêmes raisons, il convient de débouter M. le Lieutenant-Colonel Masnou de sa demande reconventionnelle en payement de la somme de 942 francs 94 centimes ;

Attendu que les parties succombant respectivement dans leurs prétentions, il y a lieu, par application de l'article 131 C. Proc. civ., de compenser les dépens ;

PAR CES MOTIFS :

Dit que la décision de M. le Ministre de la Guerre constitue un cas de force majeure ;

Se déclare, en tant que de besoin, incompétent pour apprécier si la Commission des ordinaires a commis une faute ayant entraîné la décision de M. le Ministre de la Guerre ;

Déboute Lepeltier de sa demande principale en 30.000 francs de dommages-intérêts ;

Et statuant sur la demande subsidiaire,

Condamne M. le Lieutenant-Colonel Masnou ès-qualités à rembourser à Lepeltier la somme de 2.700 francs, montant du cautionnement par lui versé ;

Déboute M. le Lieutenant-Colonel Masnou de sa demande reconventionnelle ;

Compense les dépens.

MM. Le Lepvrier, Président, — Gouin, Subtitut, — Deschamps et Chauveau, Av.

COUR D'APPEL DE RENNES (3e Chambre)

17 Mai 1909.

Contrats. — Cause immorale et illicite. — Bail d'un immeuble et d'un mobilier destinés à l'exploitation d'une maison de tolérance. — Vente d'une maison de tolérance. — Contrats à titre gratuit. — Inapplicabilité des articles 1131 et 1133 C. civ. — But immoral. — Vente d'un immeuble affecté à l'exploitation d'une maison de tolérance. — Absence d'indication dans l'acte. — Cause licite et suffisante. — Validité.

1° Le bail de locaux et mobilier destinés à l'exploitation d'une maison de tolérance est, aux termes des articles 1131 et 1133 C. civ., radicalement nul comme ayant une cause immorale et illicite.

Le commandement que fait délivrer le bailleur aux fins de payement des termes de loyer est donc nul comme fait sans titre.

2° Est nulle, comme ayant une cause contraire aux bonnes mœurs, toute convention contractée, où, dans la commune intention des parties, l'obligation a pour cause l'acquisition d'une maison de tolérance.

Doivent donc être considérés comme inopérants, pour établir les droits du propriétaire actuel, les actes d'achat et de vente successifs d'une maison de tolérance qui en ont amené la propriété entre ses mains.

3° Dans un contrat à titre gratuit, l'intention d'exercer une libéralité constitue une cause suffisante d'engagement On ne peut donc, dans les contrats de cette sorte, imaginer une hypothèse où la cause soit illicite; il s'ensuit que les articlee 1131 et 1133 C. civ., sont inapplicables aux contrats ds cette nature.

En conséquence, doit être considérée comme formant, au profit du propriétaire actuel, un titre suffisant de propriété, la donation qui lui a été faite, dans un contrat de mariage, par son conjoint, d'un immeuble affecté à l'exploitation d'une maison de tolérance.

4° Le but immoral postérieur à un acte est distinct de l'acte lui-même, et la justice n'a pas à rechercher les motifs pour lesquels un plaideur exige l'exécution d'un acte valable en soi.

5° Constitue une convention valable, la vente pure et simple d'un immeuble dans lequel est exploitée une maison de tolérance, alors qu'elle est faite sans indication de l'usage auquel il est affecté et qu'elle comporte ainsi pour cause d'un côté l'obligation de payer le prix stipulé, de l'autre l'obligation de transmettre la propriété.

En effet, la circonstance que l'immeuble vendu abrite une maison de tolérance a pu être le motif déterminant l'acheteur à en faire l'acquisition ; mais ce motif ne peut entacher de nullité une convention qui a, par ailleurs, une cause licite, la vente d'un immeuble dans lequel existe une maison de tolérance n'étant pas contraire aux bonnes mœurs comme le serait la cession de l'exploitation d'un pareil établissement, et n'étant pas, par suite, interdite par la loi.

Époux GOUTHIÈRE C Veuve SAUMADE

Le Tribunal civil de Rennes a, le 25 Janvier 1909, rendu le **jugement** suivant qui fait suffisamment connaître les circonstances de la cause.

LE TRIBUNAL,

Attendu que, par bail sous signatures privées, en date, à Rennes, du 10 Juillet 1908, enregistré à Saint-Brieuc le 8 Octobre suivant, folio 94, case 14, la veuve Saumade a loué aux époux Gouthière une maison sise à Rennes, rue Duhamel, n° 47, ainsi que tous les objets mobiliers la garnissant, moyennant un prix annuel de 4.500 francs pour l'immeuble et de 7.500 francs pour les objets mobiliers, le dit prix payable à raison de 1.000 francs par mois, le 10 de chaque mois ;

Attendu que, par acte du ministère de Me Denis, huissier à Rennes, en date du 17 Novembre 1908, enregistré, la veuve Saumade a fait commandement aux époux Gouthière d'avoir à lui payer la somme de 600 francs restant dûe sur le terme de loyer exigible le 10 Novembre précédent ; — Que par acte du ministère de Me Fortier, huissier à Rennes, en date du 18 Novembre 1908, enregistré, les époux Gouthière ont déclaré faire opposition à ce commandement ;

Attendu qu'après une sommation infructueuse, notifiée aux époux Gouthière par exploit de Me Denis, huissier à Rennes, en date du 19 Novembre 1908, enregistrée, d'avoir à délaisser immédiatement la jouissance de l'immeuble et des meubles faisant l'objet du bail susénoncé, faute par eux de remplir les conditions qui leur sont imposées par le dit bail, et après une ordonnance d'incompétence rendue en référé par M. le Président de ce Tribunal, la veuve Saumade a, en vertu d'une ordonnance abréviative de délai, fait par exploit de Me Fortier, huissier à Rennes, en date du 25 Novembre 1908, enregistré, donner assignation aux époux Gouthière à comparaître devant le Tribunal de céans, pour entendre dire et juger que dans les 48 heures de la signification du jugement à intervenir, ils devront vider de corps et de biens les lieux qu'ils occupent indûment et sans droit, etc... ;

Attendu que les parties demandent la jonction des deux instances engagées entre elles sous les les nos 429 et 430 et qu'il y a lieu de faire droit à ces conclusions ;

Sur l'opposition à commandement :

Attendu qu'il n'est pas contesté en fait, et qu'il est d'ailleurs établi par les renseignements fournis par M. le Procureur de la République, que la veuve Saumade exploitait à Rennes, dans les locaux loués aux époux Gouthière, une maison de tolérance, et que ceux-ci ont loué les dits immeubles et les meubles pour y continuer le même genre de commerce, qu'ils ont effectivement dirigé depuis le jour où ils ont pris possession des lieux compris au bail sus-visé ;

Attendu que le bail, passé entre les tenanciers d'une maison de tolérance, de locaux et mobiliers destinés à l'exploitation d'une semblable maison, est, aux termes des articles 1131 et 1133 du Code civil, radicalement nul comme ayant une cause immorale et illicite ;

Que le commandement notifié à la requête de la bailleresse apparente est donc nul comme fait sans titre ;

Que la veuve Saumade ne le conteste pas et a immédiatement intenté contre les époux Gouthière une instance en déguerpissement de lieux, demandant même à être autorisée à jeter sur la voie publique leurs meubles et objets mobiliers ;

Sur l'instance en déguerpissement :

Attendu que, pour établir son droit de propriété sur les immeubles de la rue Duhamel, actuellement occupés par les époux Gouthière, la veuve Saumade invoque une série de titres remontant à 1888, prouvant, d'après elle, qu'elle et ses auteurs seraient légitimes propriétaires des immeubles dont s'agit ;

Que les époux Gouthière, tout en reconnaissant occuper ces immeubles sans titre, prétendent que ceux invoqués par la Vve Saumade sont tous entachés de turpitude et qu'elle est sans droit pour agir ;

Attendu qu'il est reconnu par toutes les parties que l'immeuble portant aujourd'hui le n° 47 de la rue Duhamel, autrefois le n° 19 de la rue de Châtillon, était depuis de longues années et particulièrement en 1888, lors de la vente consentie par les héritiers d'une veuve Leroy aux époux Goudet, une maison de tolérance; — Que les époux Goudet ont exercé et exerçaient ce même commerce inavouable, lorsqu'ils ont vendu en 1894, le 16 Janvier, par acte au rapport de Me Bussy, les mêmes immeubles à une fille Saumade qui y a continué le même genre d'industrie;

Attendu que, dans le dernier état de sa jurisprudence, la Cour suprême déclare nulles, comme ayant une cause contraire aux bonnes mœurs, toutes conventions contractées, où, dans la commune intention des parties, l'obligation a pour cause l'acquisition d'une maison de tolérance;

Que les époux Gouthière sont donc fondés, en s'appuyant sur ces principes, à repousser comme leur étant inopposables, les actes sus-énoncés;

Mais attendu que la fille Saumade, mère de Saumade (Gustave), son enfant naturel reconnu, est décédée le laissant pour seul et unique héritier;

Que Saumade a recueilli, par l'effet de la loi, la succession de sa mère naturelle, dans laquelle se trouvaient les immeubles de la rue Duhamel;

Que Gustave Saumade a, par contrat de mariage, en date, à Rennes, du 24 Janvier 1901, au rapport de Me Baudoire, lors notaire, fait, en considération de mariage, donation à la nommée Meur (Mathurine-Jeanne), sa future épouse, pour le cas où elle lui survivrait, de tous les biens, meubles et immeubles, qui composeront sa succession;

Que le mariage projeté a été célébré, et que Saumade étant décédé, laissant la nommée Meur sa veuve, celle-ci s'est trouvée, en vertu de l'acte de donation sus-visé, propriétaire des immeubles de la rue Duhamel, dont il est question à l'instance;

Attendu que les auteurs les plus autorisés, enseignent, après Pothier, que dans le contrat à titre gratuit, l'intention d'exercer un acte de libéralité constitue une cause suffisante d'engagement; — Qu'on ne peut, dans les contrats de cette sorte, imaginer une hypothèse où la cause sera illicite, et que, par suite, les articles 1131 et 1133 du Code civil sont inapplicables aux contrats à titre gratuit;

Attendu qu'il est constant qu'au moment de la rédaction du contrat de mariage, les deux futurs époux étaient l'un et l'autre domiciliés dans l'immeuble où s'exploitait la maison de tolérance;

Que, s'il résulte des renseignements de police qu'ils en aient, soit ensemble, soit, après le décès de Saumade, la veuve seule, continué l'exploitation, ces circonstances ne suffisent pas pour permettre d'attribuer à la donation par contrat de mariage, invoquée par la veuve Saumade, une cause immorale et illicite, sous peine de dénaturer le véritable caractère du dit acte de libéralité;

Que la veuve Saumade justifiant de son droit de propriété, en vertu d'un contrat à titre gratuit ayant une cause licite, il importe peu, comme on l'a affirmé au nom des époux Gouthière, que l'instance soit intentée par la veuve Saumade dans le but de reprendre personnellement, dans les locaux dont s'agit, l'exploitation du commerce inavouable qu'y exercent les défendeurs;

Que le but immoral postérieur à un acte est distinct de l'acte lui-même, et que la justice n'a pas à rechercher les motifs pour lesquels un plaideur exige l'exécution d'un acte valable en soi ;

Attendu que la veuve Saumade a donc le droit de reprendre l'immeuble qui lui appartenait, et que, de leur propre aveu, les époux Gouthière occupent sans titre ;

Attendu que la veuve Saumade demande l'exécution provisoire du jugement, nonobstant opposition ni appel ;

Attendu que l'article 135 du Code de Proc. civ. laisse aux tribunaux le droit d'apprécier si l'exécution provisoire peut être ordonnée, lorsqu'il s'agit d'expulsion des lieux quand il n'y a pas de bail ;

Que les époux Gouthière ayant pris possession des immeubles en vertu de la convention immorale dont la nullité est ci-dessus établie, il n'apparaît pas qu'il y ait lieu de faire droit à ce chef de la demande ;

Attendu que la veuve Saumade demande, en outre, condamnation contre les époux Gouthière en 6.000 francs de dommages-intérêts ; — Qu'allouer semblable demande serait consacrer indirectement des droits qui auraient pu résulter pour la veuve Saumade du bail annulé consenti par elle aux époux Gouthière pour la tenue d'une maison de prostitution ;

PAR CES MOTIFS :

Joint, en raison de leur connexité, les deux instances inscrites au rôle sous les nos 429 et 430 ;

Reçoit l'opposition formée par les époux Gouthière ;

Dit nul et de nul effet, comme fait sans titre, le commandement à eux notifié le 17 Novembre 1908 ;

Dit qu'il ne saurait être suivi sur ce commandement ;

Et condamne la veuve Saumade aux dépens ;

Et statuant sur l'instance en déguerpissement :

Dit que les époux Gouthière occupent sans droit les immeubles 47 et 47 *bis* de la rue Duhamel, propriété de la veuve Saumade ;

Dit que dans les huit jours de la signification du présent, les époux Gouthière seront tenus de vider de corps et de biens les immeubles dont s'agit ;

Et, faute par eux de ce faire dans les dits délais,

Autorise la veuve Saumade à les faire expulser dans les formes prévues par la loi, même avec l'assistance de la force publique ;

Dit n'y avoir lieu d'ordonner l'exécution provisoire du présent ;

Déboute la veuve Saumade de sa demande en dommages-intérêts ;

Déboute au surplus les parties de toutes leurs autres demandes, fins et conclusions ;

Et condamne les époux Gouthière aux dépens.

Appel par les époux Gouthière. — **Arrêt** (17 Mai 1909).

LA COUR,

Considérant que les époux Gouthière occupent à Rennes un immeuble portant le no 47 de la rue Duhamel, et dans lequel ils exploitent une maison de tolérance ; — Qu'ils ont pris possession de cette propriété à la suite d'un bail à eux consenti par la veuve Saumade, le 10 Juillet 1908, bail dont ils proclament et invoquent la nullité, non contestée par la veuve Saumade ; — Qu'il résulte de là qu'ils jouissent, sans aucun droit, d'un bien qui ne leur appartient pas ;

Considérant que la veuve Saumade, se disant propriétaire de cet immeuble, demande leur expulsion ; — Que pour réussir dans son action il faut, mais il suffit qu'elle fasse la preuve du droit de propriété qu'elle prétend avoir ;

Considérant que l'immeuble dont s'agit lui avait été donné par son mari, pour le cas où elle lui survivrait, aux termes d'un contrat de mariage, reçu par Me Baudoire, notaire à Rennes, en date du 24 Janvier 1901, et que le décès du mari étant survenu, elle est devenue propriétaire du bien donné ;

Que la donation par contrat de mariage n'est contraire ni à la loi, ni aux bonnes mœurs, et qu'elle doit être respectée, ayant pour cause suffisante la volonté du donateur de faire une libéralité ;

Considérant que les époux Gouthière soutiennent que la veuve Saumade n'a pu recevoir de son mari, par donation, un immeuble qui n'appartenait pas légitimement à ce dernier, — qu'il l'avait, en effet, trouvé dans la succession de sa mère, mais que celle-ci l'avait acquis des époux Goudet, le 16 Janvier 1894, aux termes d'un acte reçu par Me Bussy, notaire, et que cette acquisition était entachée d'une nullité radicale et absolue, comme ayant une cause contraire aux bonnes mœurs, l'immeuble vendu servant à l'exploitation d'une maison de tolérance ;

Considérant que l'acte authentique du 16 Janvier 1894 est un acte de vente pure et simple d'un immeuble, sans indication de l'usage auquel il est affecté et ayant pour cause d'un côté l'obligation de payer le prix stipulé, de l'autre l'obligation de transmettre la propriété ;

Que ces causes n'ont rien d'illicite, ni de contraire aux mœurs et ne sont pas, par suite, de nature à infirmer le contrat ;

Que la circonstance que l'immeuble vendu abrite une maison de tolérance a pu être le motif déterminant l'acheteur à en faire l'acquisition, mais que ce motif ne peut entacher de nullité une convention qui a, par ailleurs, une cause licite, la vente d'un immeuble dans lequel existe une maison de tolérance n'étant pas contraire aux bonnes mœurs comme le serait la cession de l'exploitation d'un pareil établissement, et n'étant pas, par suite, interdite par la loi ;

Considérant qu'il résulte de ce qui précède que la veuve Saumade fait la preuve qu'elle est propriétaire de l'immeuble portant, à Rennes, le n° 47 de la rue Duhamel, immeuble occupé sans aucun droit par les époux Gouthière; — Qu'elle peut, par suite, obtenir leur expulsion ;

PAR CES MOTIFS et, adoptant en outre ceux des premiers juges, en ce qu'ils n'ont rien de contraire au présent arrêt :

Confirme en son dispositif le jugement dont appel, qui sortira effet;

Autorise en conséquence la veuve Saumade à faire expulser les époux Gouthière, s'ils n'ont déguerpi dans la huitaine de la notification du présent, et ce, par toute voie de droit, même *manu militari* :

Condamne les époux Gouthière à l'amende et aux dépens d'appel.

MM. SAIGET, Président, — LE MARC'HADOUR, Av. gén., — MALAPERT et DESCHAMPS, Av.

COUR D'APPEL DE RENNES (2e Chambre).

2 Juillet 1909.

I. — **Jugements et Arrêts. — Interprétation. — Dispositions claires et précises.**

II. — **Condamnation aux dépens. — Droits d'enregistrement.**

III. — **Jugements et Arrêts. — Difficultés survenant au cours de l'exécution. — Jugement confirmé par arrêt d'une Cour d'appel. — Incompétence de la Cour. — Compétence exclusive des premiers Juges.**

1° Il n'y a pas lieu à interprétation d'un arrêt clair et précis, contre lequel on ne propose ni n'allègue aucune ambiguïté ou obscurité dans ses termes.

2° Demander à la Cour de dire que la condamnation aux dépens, par elle prononcée dans une décision antérieure, comprend les droits d'enregistrement des actes produits au cours du procès, c'est en réalité demander une addition à l'arrêt déjà rendu et non pas une interprétation de cette décision.

En effet, la condamnation aux dépens ne comprend jamais, en principe, les droits d'enregistrement des actes produits au cours du procès; et ces droits ne peuvent être mis à la charge de la partie qui succombe qu'à titre de dommages-intérêts et par une disposition spéciale et motivée.

3° Lorsqu'une Cour d'appel a, dans le dispositif de son arrêt, confirmé purement et simplement le jugement qui avait été soumis à son examen, la connaissance des difficultés qui peuvent surgir au cours et à propos de l'exécution du jugement confirmé échappe à la compétence de la Cour, et appartient exclusivement aux premiers juges.

Calbris C Guy

A la date du 27 Mars 1909, la deuxième Chambre de la Cour d'appel avait rendu entre les époux Calbris et les époux Guy, un arrêt dont le dispositif était ainsi conçu :

« Par ces motifs et ceux non contraires qui ont déterminé « les premiers juges :

« Statuant tant sur l'appel principal que sur l'appel incident,
« Les déclare recevables ;
« Confirme le jugement entrepris ;
« Dit qu'il sortira son plein et entier effet ;
« Condamne les appelants à l'amende et aux dépens d'appel. »

Au cours du procès ainsi terminé par l'arrêt du 27 Mars 1909, différents documents avaient été produits par les parties et notamment un contrat de vente, en date du 3 Octobre 1907, résilié par le jugement confirmé. Pour l'enregistrement de ces documents, l'administration de l'enregistrement se fit payer par les époux Calbris, en principal, décimes et amende, une somme de 1.567 fr. 65 centimes.

Les époux Calbris émirent la prétention, après l'arrêt de la Cour, de se faire rembourser par les époux Guy la somme de 1.567 fr. 65 ainsi avancée par eux pour l'enregistrement du jugement, prétendant qu'elle était comprise dans les dépens mis à leur charge par l'arrêt. Les époux Guy ayant repoussé cette prétention, les époux Calbris les assignèrent en interprétation de l'arrêt du 27 Mars 1909. C'est sur cette assignation qu'est intervenu l'arrêt suivant, d'où résultent les solutions ci-dessus résumées.

La Cour,

Considérant que par exploit du 18 Mai 1908, les époux Calbris ont assigné les époux Guy devant le Tribunal de Commerce de Saint-Malo pour voir dire que ces derniers seraient tenus, dans un délai fixé, de prendre possession d'un fonds de commerce à eux vendu par les demandeurs, suivant convention dites verbales, en date du 3 Octobre 1907, et d'en payer le prix, ou, faute de ce faire, voir prononcer la résiliation du contrat à leurs torts et griefs et s'entendre condamner en 10.000 francs de dommages-intérêts ;

Que par jugement du 9 septembre 1908, le Tribunal de Commerce de Saint-Malo 1° a fait droit à la demande et condamné les époux Guy à payer aux époux Calbris une somme de 2.000 francs de dommages-intérêts au cas, qui s'est d'ailleurs réalisé, où, dans les 3 jours de la notification du jugement, ils n'auraient pas pris possession du fonds de commerce, la vente en étant alors résiliée, — 2° a condamné les époux Guy aux dépens ;

Que les époux Guy ont interjeté appel principal de cette décision et les époux Calbris appel incident ;

Que, par arrêt du 27 Mars 1909, la Cour, tout en modifiant certains motifs de la décision de première instance, a, dans son dispositif, confirmé purement et simplement le jugement entrepris, et condamné les époux Guy aux dépens d'appel ;

Considérant que les époux Calbris appellent à nouveau les époux Guy devant la Cour, et ce directement et par voie de simple avenir, pour voir dire que les époux Guy devront leur payer une somme totale de 1.567 fr. 65, payée ou due par eux à l'administration de l'enregistrement, en principal, décimes et amende, à raison de l'enregistrement du contrat résilié du 3 Octobre 1907 ;

Considérant tout d'abord que la Cour ne saurait être saisie de ce litige à raison d'une interprétation à donner à son précédent arrêt ; — Que cet arrêt paraît clair, précis ; — Qu'il n'est proposé ni allégué aucune ambiguité ou obscurité dans ses termes ;

Que la demande des époux Calbris tend en réalité non à faire interpréter le premier arrêt, mais bien à le faire compléter par l'addition d'une disposition nouvelle, la condamnation aux dépens ne comprenant jamais, en principe, les droits d'enregistrement des actes produits au cours du procès, et ces droits ne pouvant être mis à la charge de la partie qui succombe qu'à titre de dommages-intérêts et par une disposition spéciale et motivée ;

Considérant à un autre point de vue que, si la demande actuelle des époux Calbris doit être considérée comme une difficulté relative à l'exécution des décisions rendues, il importe de retenir, ainsi qu'il a été exposé plus haut, que l'arrêt du 27 Mars 1909 a, dans son dispositif, prononcé la confirmation pure et simple du jugement entrepris ; — Qu'en conséquence la Cour n'est pas compétente pour statuer sur des difficultés relatives à l'exécution d'un jugement confirmé ;

PAR CES MOTIFS :

Déclare les époux Calbris non recevables et mal fondés en leurs demandes et les condamne en tous les dépens.

MM. CANAC, Prés., — LA COUTURE, Av. gén., — CHAUVEAU et VERCHIN (du barreau de Saint-Malo), Av.

COUR D'APPEL DE RENNES (2e Chambre)

29 Juillet 1909.

Compétence commerciale. — Infractions commises par la presse. — Articles politiques. — Concurrence déloyale.

Si les tribunaux de commerce ont compétence pour apprécier les demandes ayant pour objet la réparation d'un préjudice causé par la faute d'un commerçant à l'occasion et dans l'exercice de son commerce, cela n'est vrai qu'en ce qui concerne les infractions qui, constituant des quasi-délits purs et simples, ne sont pas prévues et réprimées par une loi spéciale.

Spécialement les infractions commises par la voie de la presse ne peuvent donner lieu à aucune action devant la juridiction consulaire, alors surtout que ces infractions ont été commises dans un but politique, et ne revêtent à aucun degré le caractère de concurrence déloyale.

CUSENIER *C* LE " NOUVELLISTE DE BRETAGNE "

Le *Nouvelliste de Bretagne* ayant publié un article où se trouvait analysée et commentée la déposition faite par M. Lacotte devant la Commission Sénatoriale d'enquête sur les

1re Année — N° 5 — Octobre 1909

RECUEIL DES ARRÊTS
DE LA COUR D'APPEL DE RENNES
et
DES JUGEMENTS RENDUS
par les
Tribunaux de Première Instance, Civils et de Commerce, les Justices de Paix et les Conseils de Prud'hommes du Ressort

REVUE MENSUELLE

publiée par
MM. CHARLIER, CUAULT, DUBOIS, Avocats à la Cour,
avec la collaboration des
MEMBRES DU BARREAU ET DE LA COMPAGNIE DES AVOUÉS A LA COUR

ABONNEMENT ANNUEL : 10 FRANCS
PRIX DU NUMÉRO : 1 FR. 50

RENNES
IMPRIMERIE DE L'HERMINE H. RIOU-REUZÉ
Rue de la Monnaie

1906

SOMMAIRE

Compétence commerciale. — Infractions commises par la presse. — Articles politiques. — Concurrence déloyale............ 128

I. — Compétence judiciaire. — Convention entre le Maire, gérant et administrateur du domaine privé d'une commune et un industriel. — Préjudice causé à des tiers.

II. — Responsabilité civile. — Maire. — Administration du domaine privé. — Faute lourde.

III. — Autorité municipale. — Droit d'attaquer ses décisions. — Loi du 5 Avril 1884. — Intéressés n'habitant pas à la commune.

IV. — Concurrence illicite. — Utilisation pour une industrie purement privée des subventions et avantages obtenus pour une entreprise d'intérêt général. — Dénonciation et poursuite. — Limite du droit d'action. — Existence et étendue du préjudice............ 131

I. — Accidents du travail. — Applicabilité de la Loi du 9 Août 1898. — Accident survenu pendant une suspension de travail.

II. — Accidents du travail. — Faute inexcusable............ 146

I. — Prescription. — Meubles. — Possession. — Art. 2279 C. civ. Communauté d'habitation. — Vente de titres au porteur ; encaissement des coupons. — Rôle équivoque de détenteur.

II. — Aveu judiciaire. — Indivisibilité. — Faits appris par les circonstances de la cause. — Déclarations contradictoires.... 149

(Voir la suite du Sommaire à la 3e page de la couverture).

liquidations des biens congréganistes (déposition dans laquelle se trouvaient critiqués : le liquidateur de la Congrégation des PP. Chartreux, M. Lecouturier, — M. Cusenier, chargé de l'exploitation provisoire de la célèbre marque, — et les produits fabriqués au cours de cette exploitation provisoire), fut assigné en paiement de dommages-intérêts, par M. Cusenier devant le Tribunal de Commerce de Rennes. Le *Nouvelliste* opposa à la demande dirigée contre lui l'exception d'incompétence. C'est sur cette exception que le Tribunal de Commerce de Rennes a statué, le 24 Août 1908, par le **jugement** suivant :

LE TRIBUNAL,

Attendu que, par exploit du 30 Mai, Cusenier agissant tant en son nom personnel et en sa qualité de Président du Conseil d'Administration des établissements Cusenier que comme ayant été chargé, par le liquidateur Lecouturier, de la fabrication et de la vente de la Chartreuse du 15 Juillet 1904 au 30 Juin 1906, assigne la Société du *Nouvelliste de Bretagne*, en la personne de 1° ses Directeurs et Administrateurs, 2° M. Rougé, gérant du dit journal ;

Qu'il demande qu'en raison d'articles publiés, ayant porté atteinte à son industrie, ils soient condamnés, conjointement et solidairement, à lui payer la somme de dix mille francs à titre de dommages-intérêts avec intérêts de droit et à la publication du jugement à intervenir dans deux journaux français ou étrangers au choix du requérant et aux frais des défendeurs, que ceux-ci supportent tous les dépens, que l'exception d'incompétence proposée par eux au cours de l'instance soit dite mal fondée, qu'ils en soient déboutés, que le Tribunal ordonne qu'il soit passé outre et plaidé au fond, que les défendeurs soient condamnés aux dépens de l'incident ;

Attendu que Rougé, gérant du journal *Le Nouvelliste de Bretagne*, et consorts concluent à ce que le Tribunal se déclare incompétent et renvoie les parties à se pourvoir devant la juridiction de droit, que Cusenier supporte les dépens ;

Attendu que les parties n'ayant pas abordé le fond, il s'agit de statuer seulement sur la question de compétence ;

Attendu que le motif de la demande serait, aux termes de l'assignation, une campagne odieuse de diffamation et de dénigrement, poursuivie à la fois contre les produits de la Grande-Chartreuse et contre les personnes ou sociétés qui coopèrent ou ont coopéré à la fabrication de ces produits ;

Attendu que Cusenier soutient aujourd'hui qu'il ne se plaint pas d'une diffamation mais seulement d'un préjudice qui lui aurait été causé et dont il demande réparation en vertu de l'article 1382 du Code civil ;

Mais attendu qu'il suffit de lire l'assignation pour se rendre compte que Cusenier vise la diffamation ou la prétendue diffamation ; — Qu'il le dit en termes formels ;

Or, attendu que s'il est exact que les tribunaux de commerce aient compétence pour statuer sur les demandes ayant pour objet la réparation d'un préjudice causé par la faute d'un commerçant à l'occasion et dans l'exercice de son commerce, cela n'est vrai qu'en ce qui concerne les infractions qui, constituant des quasi-délits purs et simples dans les termes de l'article 1382 et suivants, ne sont point prévus et réprimés par une loi spéciale (Trib. de comm. de la Seine, 11 Octobre 1899) :

Attendu que Cusenier est connu comme créateur et directeur de la Grande Distillerie Cusenier fils aîné et que sa réputation de distillateur ne saurait souffrir d'une attaque dirigée contre une exploitation dont il n'était chargé que de la partie commerciale, alors que M. Lecouturier était le directeur réel ;

Attendu que l'article reproduit par le *Nouvelliste* a une tendance plutôt politique que commerciale, visant en réalité la gestion de M. Lecouturier et n'atteignant qu'accessoirement Cusenier ; — Qu'on ne peut dès lors soutenir qu'il s'agit de concurrence déloyale ;

Attendu que les infractions commises par la voie de la presse sont réglées par la Loi du 29 Juillet 1881, qui, sans distinguer si ceux-là qui ont souffert des dites infractions sont ou non commerçants, en attribue la connaissance aux tribunaux de 1re instance jugeant civilement ou correctionnellement, ou aux Cours d'Assises ; — Qu'il s'en suit que l'examen du litige qui lui est soumis dans les conditions ci-dessus précisées échappe à la compétence de la juridiction consulaire ;

Attendu aussi que la partie incriminée est le directeur d'un journal, lequel journal a pour but une œuvre de propagande politique ; — Qu'en vain on objecte qu'en insérant, dans les dernières pages de ses éditions, des annonces commerciales ou industrielles moyennant rétribution, le *Nouvelliste de Bretagne* fait ainsi acte de commerce ;

Mais attendu que les annonces en question ne constituent qu'un accessoire très-restreint dans l'ensemble de la publication ; — Que le bénéfice que le journal dont s'agit peut tirer de ses insertions est indépendant de l'œuvre intellectuelle qui forme son principal objectif, et qu'il convient de l'envisager bien moins comme un gain proprement dit que comme un moyen d'action devant lui permettre de mener ses projets à bonne fin (Cour de Rennes : 26 Décembre 1898 ; — Tribunal de Largentière : 4 Avril 1900) ;

Attendu que de tout ce qui précède il ressort que, le Tribunal de Commerce étant incompétent, il échet de renvoyer les parties à se pourvoir devant les juges qui doivent connaître du litige et de condamner Cusenier aux dépens de l'incident ;

Par ces motifs :

Statuant contradictoirement et en premier ressort,

Se déclare incompétent ;

Renvoie les parties à se pourvoir devant la juridiction de droit ;

Condamne Cusenier, tant en son nom personnel qu'ès-qualités, aux dépens de l'incident.

Appel par M. Cusenier. — **Arrêt** (29 Juillet 1909)

La Cour,

Considérant que le jugement du Tribunal de Commerce de

Rennes du 21 Août 1908 a été régulièrement frappé d'appel par Cusenier ; — Que cet appel est recevable ;

Considérant que l'article incriminé, visant divers incidents de la liquidation de la Congrégation des Chartreux, a violemment attaqué la Liquidation et accessoirement certaines personnes parmi lesquelles Cusenier ;

Que les imputations dirigées contre ce dernier sont diffamatoires, l'atteignant, d'après l'assignation, dans son honneur d'homme et dans sa probité professionnelle ;

Que sans doute il peut en rejaillir un certain discrédit sur une partie de ses produits, mais qu'en publiant ces attaques les intimés n'ont poursuivi qu'un but politique et que le fait qui leur est reproché n'a, à aucun degré, le caractère de concurrence déloyale ;

PAR CES MOTIFS, et adoptant en outre ceux des premiers juges :

Déclare Cusenier recevable, mais mal fondé dans son appel ;

L'en déboute ;

Condamne l'appelant à l'amende et aux dépens.

MM. CANAC, Prés., — LA COUTURE, Av. gén., — CHARLIER et ILARI, Av.

COUR D'APPEL DE RENNES (2e Chambre)

23 Juin 1906 et 1er Juillet 1909

I. — **Compétence judiciaire. — Convention entre le Maire, gérant et administrateur du domaine privé d'une commune, et un industriel. — Préjudice causé à des tiers.**

II. — **Responsabilité civile. — Maire. — Administration du domaine privé. — Faute lourde.**

III. — **Autorité municipale. — Droit d'attaquer ses décisions. — Loi du 5 Avril 1884. — Intéressés n'habitant pas la commune.**

IV. — **Concurrence illicite. — Utilisation, pour une industrie purement privée, des subventions et avantages obtenus pour une entreprise d'intérêt général. — Dénonciation et poursuite. — Limites du droit d'action. — Existence et étendue du préjudice.**

1° Les tribunaux judiciaires ont compétence pour connaître d'une demande de dommages-intérêts intentée afin d'obtenir réparation du préjudice résultant de conventions intervenues entre le Maire, comme gérant et administrant le domaine privé d'une commune, et un industriel.

2° Un Maire n'est responsable personnellement que s'il a commis, comme administrateur des biens de sa commune, une faute lourde.

3° Le droit d'attaquer les décisions du Maire ou du Conseil municipal n'est pas restreint aux seuls contribuables. Il est, au contraire, réservé, par la Loi du 5 Avril 1884, à tous ceux qui sont intéressés par les actes d'administration.

A plus forte raison, quand il s'agit d'actes de gestion, l'action en réparation du préjudice causé par une faute ou un quasi-délit du Maire ou de la commune est ouverte à toute personne lésée.

4° Constitue un élément de concurrence illicite, préjudiciable aux industries similaires, le fait, par une société industrielle qui a obtenu, à titre de subvention, de l'autorité municipale, la concession de certains avantages pour l'établissement et l'exploitation d'un frigorifère, — c'est-à-dire de chambres froides destinées à la conservation des denrées comestibles de tout ordre, — d'utiliser, au moins en partie, pour la fabrication et la vente de la glace artificielle — industrie non prévue au traité primitif — les locaux, les appareils et le personnel de l'entreprise subventionnée et de réaliser ainsi une économie appréciable dans l'exercice de cette industrie nouvelle, en la faisant profiter des avantages consentis pour l'établissement du frigorifère dans un but d'intérêt général.

Mais les autres industriels, victimes de cette concurrence illicite, ne sont recevables à dénoncer et à poursuivre ces agissements que s'ils leur ont préjudicié, et dans la limite où ils ont été lésés.

Ainsi, s'il apparaît de l'instruction de la cause qu'en réalité le seul préjudice qu'ait entraîné, pour l'un des demandeurs, cette concurrence illicite, consiste dans l'abaissement du prix de revient de la glace, les juges, pour évaluer les dommages-intérêts à lui allouer, ne doivent tenir compte que de cet élément.

De même, s'il résulte des débats que, pour un autre des demandeurs, les faits dénoncés n'ont pu entraîner aucun préjudice, — puisqu'ils procurent seulement un bénéfice illicite de 1 fr. 50 centimes par tonne, alors que le transport d'une tonne de glace au lieu où s'exerce l'industrie de ce demandeur en majore le prix de revient de plus de 5 francs, — l'action de celui-ci doit être déclarée mal fondée.

COGEZ et LEPELTIER C/ LA VILLE DE NANTES et la SOCIÉTÉ NANTAISE DES GLACIÈRES ET ENTREPOTS FRIGORIFIQUES

Le Tribunal civil de Nantes a, le 22 Mai 1905, rendu le **jugement** suivant qui fait connaître les circonstances de la cause :

LE TRIBUNAL,

Considérant que Cogez et Lepeltier, fabricants de glace artificielle, ont actionné M. Sarradin, Maire de Nantes, et la commune qu'il administre en paiement d'importants dommages-et-intérêts ; — Qu'ils basent leur demande sur le préjudice que leur causent les avantages consentis par le Maire de la ville de Nantes à la Société Nantaise des Glacières et Entrepôts Frigorifiques du Marché de Feltre, dans un contrat de location passé dans la forme administrative le 12 Août 1903, et approuvé par arrêté préfectoral du 13 Octobre suivant ;

Considérant que la commune de Nantes a cru prudent d'appeler en cause la Société bénéficiaire du bail ;

Considérant que le litige, tel qu'il est engagé, soulève un point de fait et plusieurs questions de droit qu'il importe de solutionner ;

Sur la compétence :

Considérant que l'exception d'incompétence ayant été plaidée, bien qu'elle ne soit pas formellement cotée dans les conclusions, il incombe au Tribunal d'examiner d'office s'il a pouvoir d'apprécier l'acte reproché au Maire de Nantes ;

Considérant que la règle qui interdit à la juridiction civile de statuer sur les actes administratifs d'un Maire, en tant qu'il agit comme délégué du pouvoir central, n'est pas applicable aux actes contractuels et de droit commun qu'il passe au nom de sa commune, ni aux actes dommageables aux tiers qu'il a pu commettre dans la gestion des biens et des intérêts communaux ;

Que, par ailleurs, il est de principe certain que le Tribunal civil a compétence pour connaître de toutes actions en dommages-intérêts dirigées contre les communes et fondées sur les articles 1382 et suivants du Code civil ;

Que Cogez et Lepeltier se prétendent lésés par un acte contractuel, un acte de gestion du chef de la municipalité nantaise, lors de la mise à exécution d'une décision du Conseil communal ; — Qu'il appartient donc au tribunal saisi par l'assignation de juger le procès ;

Sur la faute imputée à M. Sarradin et sur sa responsabilité personnelle :

Considérant que le document générateur de la convention qui créa à Cogez et Lepeltier un concurrent est la lettre du 2 Juin 1903, adressée au Maire de Nantes par M. Pichon, promoteur de l'installation d'un frigorifère au Marché de Feltre ;

Considérant qu'après avoir énuméré dans cette lettre les avantages que les commerçants et les consommateurs nantais trouveront dans l'établissement de chambres frigorifères, l'agent de la société en formation propose de louer une partie des sous-sols du Marché de Feltre à certaines conditions de prix et spécifie d'une manière expresse : 1° que l'eau du condenseur serait fournie gratuitement par la Ville, à charge par la Société de la rendre sous pression aux bornes-fontaines du Marché (50 mètres cubes environ par jour) ; 2° que l'eau nécessaire au Frigorifère pour les besoins usuels : nettoyage, *fabrication de la glace*, etc... serait fournie à la Société par la Ville au prix de 0 fr. 20 le mètre cube (60 à 70 mètres cubes par jour environ) ; — Que dès le début des négociations, il fut donc question de fabrication de glace artificielle ;

Que le Maire de Nantes accepta le 9 Juin ces conditions, mais demanda et obtint un prix ferme et progressif de location au lieu des 25 % proposés sur les bénéfices de la Société ;

Que la Commission municipale des travaux publics d'abord, puis celle des finances ensuite, examinèrent les propositions faites au Maire, prirent incontestablement connaissance de la lettre de M. Pichon, des plans et autres pièces du dossier, étudièrent les offres de la Société et discutèrent les conditions de bail à passer ;

Que les conseillers composant ces commissions, de même que les adjoints au Maire qui se sont occupés de l'affaire, n'ont pu douter un instant, en lisant la lettre et en voyant sur les plans les mentions : « salle de congélation », « débit de glace », que la société en formation se proposait non seulement de créer un établissement frigorifique, mais aussi de fabriquer de la glace ; — Qu'un congélateur ne se conçoit du reste dans un frigorifère qu'en vue de la fabrication et de la vente de la glace artificielle ;

Que, d'autre part, le titre de Société Nantaise des Glacières, que prenaient les fondateurs de la nouvelle industrie, suffisait à expliquer à tous leurs intentions ;

Qu'enfin, dès le mois de Mai 1903, la plus grande publicité avait été donnée au profit de la Société par des notices, circulaires, conférences, articles de presse ;

Qu'en adoptant les conclusions du rapport de la municipalité relatif aux conditions du bail, la très grande majorité du Conseil municipal savait donc que la Société Nantaise des Glacières et Entrepôts frigorifiques fabriquerait, pour la vendre, de la glace dans les sous-sols du Marché de Feltre, bien que l'exposé administratif signé par M. Cinqualbre, premier adjoint, et lu en séance publique par M. Merland, autre adjoint au Maire, ne relate que l'installation d'un frigorifère ; d'où il suit qu'en adoptant, lors de la rédaction définitive du bail, la phrase « M. Sarradin, ès-qualité, donne à bail à M. Pichon dans les Marchés de Feltre, les locaux nécessaires à l'installation d'un frigorifère *pour les différentes applications industrielles du froid* », le Maire de Nantes n'a commis aucune faute personnelle ;

Que le membre de phrase incriminé n'est que le commentaire plus précis, moins vague des mots « fabrication de glace » que l'on trouve dans la lettre du 2 Juin 1903 ;

Qu'un Maire n'est responsable personnellement que s'il commet, comme administrateur de sa commune, une faute lourde ;

Qu'en signant le bail du 12 Août 1903 et en acceptant les clauses et conditions qu'il contient, clauses et conditions qui sont la reproduction de la lettre Pichon du 2 Juin, M. Sarradin n'a fait qu'exécuter, avec la plus entière bonne foi et la plus complète loyauté, la décision laconique de son Conseil municipal ; — Que, par suite, il doit être mis hors de cause, en tant qu'il est assigné en privé nom par MM. Cogez et Lepeltier ;

Sur la responsabilité de la commune de Nantes :

Considérant qu'une ville, sans un motif d'intérêt général, ne peut disposer de ses finances ou de ses biens en faveur d'une industrie particulière au détriment d'industries similaires, exploitées soit par des contribuables de la commune, soit même par des personnes étrangères au groupement communal ;

Qu'il résulte de ce principe que si Cogez et Lepeltier établissent que le bail en question constitue pour la Société du frigorifère, *en tant que fabricante de glace artificielle*, des avantages préjudiciables à leur commerce, des dommages-intérêts leur seront dus ;

Qu'ils énumèrent comme avantages accordés par la ville : 1° un loyer sensiblement réduit ; 2° la gratuité complète de l'eau du condenseur ; 3° la fourniture à prix réduit de l'eau destinée aux autres usages ;

Considérant qu'il n'échet pas de retenir, comme élément du débat, le prix de location ; — Que ce prix paraît normal et semble être la représentation réelle de la valeur locative de la partie des sous-sols occupée par la Société des Glacières ; — Qu'en effet depuis plusieurs mois, aucun commerçant ne se présente pour affermer les boutiques du sous-sol, restées vacantes, à un prix égal ou même inférieur à celui payé par la Société ;

Considérant qu'il importe, en ce qui concerne la concession d'eau, d'établir une distinction très nette entre les concessions faites pour le fonctionnement du frigorifère proprement dit et celles dont la Société profite pour la fabrication et la vente de la glace ; — Qu'en effet, l'appareil frigorifique et la création des salles frigorifères, qui ne causent aucune concurrence à Cogez et Lepeltier, sont en réalité un établissement d'utilité publique ;

Que, par suite, les faveurs octroyées à cet établissement tout spécial par la municipalité, se justifient pleinement par des motifs sérieux d'intérêt général ;

Que cette répartition difficile à établir, étant donné que l'eau nécessaire au condenseur contribue à la fois à la production du froid dans les chambres frigorifères et au fonctionnement du congélateur, constitue un problème scientifique complexe qui ne peut être résolu que par des hommes spéciaux :

Qu'il n'est du reste fourni au Tribunal aucun renseignement, aucun document lui permettant d'affirmer que la Ville, en fournissant gratuitement chaque jour 50 mètres cubes d'eau pour le fonctionnement de l'appareil frigorifique, a favorisé la production d'une glace artificielle à prix réduit au détriment des industries similaires ;

Que, d'un autre côté, les demandeurs ne produisent aucune comptabilité, aucun élément permettant de déterminer le montant du préjudice qu'ils ont pu subir du fait de la Villle de Nantes ; — Qu'ils n'apportent que des allégations ;

Qu'il échet par suite de recourir à un apurement par experts ;

Sur la mise en cause de la Société :

Considérant que la Société avisagée au débat paraît exploiter son industrie conformément à son bail ; — Qu'elle use d'un droit qui lui a été concédé, en fabriquant et en vendant de la glace ; — Que pourtant, il y a lieu de la maintenir provisoirement en cause, afin qu'elle fournisse aux experts qui vont être nommés les renseignements, pièces, documents et explications nécessaires ;

Par ces motifs :

Statuant en matière ordinaire et en premier ressort,

Déclare mal fondée la demande formée par Cogez et Lepeltier contre M. Sarradin personnellement ;

Met le Maire de Nantes hors de cause en tant qu'il est avisagé à l'instance en privé nom ;

Ne le retient au procès qu'en sa qualité de représentant légal de la ville qu'il administre ;

Retient personnellement en cause la Société Nantaise des Glacières et Entrepôts frigorifiques du Marché de Feltre ;

Déclare en principe la commune de Nantes responsable du préjudice qu'elle a pu causer aux demandeurs en consentant certains avantages à la Société sus-nommée ;

Et, pour évaluer ce préjudice, s'il existe... et cætera.

Appel par MM. Cogez et Lepeltier. — **Appel incident** par la Ville de Nantes. — Sur ces appels, la 2e Chambre de la Cour de Rennes a rendu, le 23 Juin 1906, l'**arrêt** interlocutoire suivant :

La Cour,

Considérant que le jugement du Tribunal civil de Nantes a été régulièrement frappé d'appel par Cogez et Lepeltier frères ; — Que Sarradin, Maire de Nantes, agissant pour la commune de Nantes, a reporté l'appel à la Société Nantaise des Glacières et Entrepôts frigorifiques du Marché de Feltre, et formé appel contre ladite Société et Cogez et Lepeltier frères ; — Que ces appels sont connexes comme se référant au même jugement ; — Qu'il y a lieu de les joindre et de statuer sur le tout par un seul et même arrêt ;

Considérant que Cogez et Lepeltier frères tendent à l'allocation de dommages-intérêts fondés sur ce que l'autorisation, donnée à la Société locataire du sous-sol du Marché de Feltre, d'y fabriquer et vendre de la glace, cause à leur industrie un préjudice considérable en raison des avantages particuliers accordés à cette Société dans un but d'intérêt public pour l'établissement d'un frigorifère, et sur ce que la concession d'un traitement privilégié à une entreprise privée porte atteinte à la liberté du commerce et de l'industrie et constitue une faute personnelle du Maire, ou, dans tous les cas, de la commune de Nantes ;

Sur la recevabilité de l'action de Lepeltier frères :

Considérant que le droit d'attaquer les décisions du Maire et du Conseil municipal n'est pas restreint aux seuls contribuables de la commune ;

Qu'il est, au contraire, réservé par la Loi du 5 Avril 1884 à tous les intéressés pour les actes d'administration, et qu'à plus forte raison quand il s'agit, comme dans l'espèce, d'actes de gestion, l'action en réparation du préjudice causé par une faute ou un quasi-délit du Maire de la commune, est ouverte à toute personne lésée ;

Considérant que Lepeltier frères, négociants à Saint-Nazaire, justifient qu'ils vendent à Nantes une quantité notable de glace ;

Qu'ils fondent leur action sur le dommage que leur cause, grâce aux avantages spéciaux illégalement accordés à une industrie particulière, la concurrence de la Société Nantaise des Glacières et Entrepôts frigorifiques du Marché de Feltre ;

Que par suite, il y a lieu de déclarer leur action recevable ;

Au fond :

Considérant qu'un sieur Pichon ayant fait connaître son intention de fonder à Nantes une société en vue de l'établissement d'un frigorifère, le Maire de Nantes lui écrivit à la date du 17 Janvier 1903 :

« Mon collègue, M. Lemoine, m'a transmis la lettre que vous lui « avez adressée le 7 Janvier, pour lui faire connaître que vous vous « occupez de constituer une Société en vue de l'installation et de « l'exploitation, dans les sous-sols du marché actuellement en cons- « truction à Nantes, d'appareils frigorifiques destinés à la conserva- « tion des viandes mortes et autres denrées alimentaires. Avant de « vous indiquer les conditions auxquelles la jouissance des sous-sols « pourrait vous être concédée, il est nécessaire que je connaisse aussi « exactement que possible la surface qui vous est nécessaire, ainsi « que la nature des appareils frigorifiques que vous avez l'intention « d'employer, etc... »

Considérant que c'est évidemment à cette communication, à laquelle le Maire avait joint le plan du sous-sol, que répond la lettre de Pichon du 2 Juin 1903, dans laquelle il est dit :

« Après le voyage de M. Lebrun, inventeur du système que je « compte employer, il nous a été possible de dresser un avant-projet « complet et nous sommes fixés aujourd'hui sur les parties du Marché « de Feltre où nous pourrons faire cette installation... »

Que, dans cette lettre, Pichon précise le caractère et le but de l'établissement et le définit :

« ... Un ensemble de chambres aménagées pour y recevoir en dépôt des denrées comestibles de tout ordre, où la température varie de 0 à 4°, suivant la nature des denrées à conserver... »

Qu'il y énumère les avantages qui résulteront pour les commerçants et les consommateurs de l'installation du frigorifère, au double point de vue de leurs intérêts et de l'hygiène publique, mais qu'il n'y est nullement question de la vente de la glace artificielle au public ;

Considérant, il est vrai, qu'on trouve dans la lettre de Pichon la phrase suivante :

« L'eau nécessaire au frigorifère pour ses besoins usuels, net« toyage, fabrique de glace... serait fournie au prix de 0 fr. 20... »

Mais que ces mots ne peuvent évidemment s'appliquer qu'à la fabrication de la glace considérée comme rentrant dans les besoins usuels du frigorifère au même titre que l'eau nécessaire au nettoyage ;

Que vainement on objecte que le frigorifère, devant employer l'eau froide comme réfrigérant, ne pouvait avoir besoin de glace ; — Qu'il est établi au contraire par les documents versés au débat que dans plusieurs installations frigorifères il existe notamment des chambres à glace constituant des réserves de froid pour empêcher, en cas de non-fonctionnement de la machine, une brusque élévation de température ;

Considérant que c'est en cet état des propositions et pourparlers que l'affaire fut soumise au Conseil municipal ;

Que l'exposé administratif fait à la séance du 8 Juin 1903 ne parle que de l'établissement des chambres dans lesquelles la température serait constamment maintenue de 0° à 4° pour y conserver en dépôt diverses denrées comestibles ; — Que la fabrication de la glace n'y fut même pas mentionnée et resta comprise, comme l'eau pour le nettoyage, dans ce que le rapport appelle les besoins usuels du frigorifère ;

Considérant que c'est à tort que les premiers juges ont cru voir la preuve que le Conseil municipal a connu l'intention de Pichon d'établir une fabrique de glace, dans ce fait que la Commission municipale et les adjoints qui se sont occupés de l'affaire ont eu sous les yeux, avec la lettre de Pichon, le plan du sous-sol du Marché portant pour une des salles, « salle du congélateur », et pour une autre, « débit de glace » ;

Considérant que s'il a été versé au débat un plan sur lequel figurent les indications sus-visées, ce plan, qui porte la date du 18 Juin 1903, ne semble pas avoir pu être annexé à la lettre de Pichon du 2 Juin, ni soumis au Conseil le 8 Juin ;

Que si l'on se reporte au contraire à la lettre de Pichon du 2 Juin, il est facile de s'apercevoir que ce n'est pas à ce plan qu'elle se réfère, mais à celui que le Maire lui avait adressé, le 17 Janvier, en lui demandant de le renvoyer ;

Que toutes les références des lettres ou des teintes s'accordent avec ce dernier plan où les locaux à occuper sont teintés en bleu et où ne figurent pas les indications « salle du congélateur » et « débit de glace » ;

Considérant, par suite, que l'intention d'annexer au frigorifère la fabrication et la vente de la glace ne s'était pas nettement révélée, lorsqu'est intervenu, en conformité du vote du Conseil municipal du 8 Juin, le bail du 12 Août 1903 ;

Que s'il est dit dans ce bail que le Maire donne en location à Pichon les locaux nécessaires à l'installation d'un frigorifère *pour les différentes applications industrielles du froid*, ces mots ne peuvent s'entendre que des applications que Pichon avait précisées dans sa lettre du 2 Juin, les seules que l'on ait envisagées jusque-là et en vue desquelles, dans un intérêt public, on concédait au preneur des avantages particuliers ;

Considérant que l'on ne peut davantage admettre que le titre même de la Société Nantaise des Glacières et Entrepôts Frigorifiques du Marché de Feltre révélait qu'il s'agissait d'installer une fabrique de glace ;

Qu'en effet, la Société qui devait prendre ce titre n'était pas constituée à la signature du bail ;

Que, lorsque Pichon a cédé, le 31 Janvier 1904, à un sieur Combes, son droit au bail des sous-sols du Marché de Feltre, la cession ne porte encore que sur les locaux nécessaires à l'installation d'un frigorifère pour les différentes applications industrielles du froid ; — Que ce n'est qu'en Février 1904, que, par une évolution imprévue, l'on voit apparaître dans l'acte constitutif, comme but de la société nouvelle, en premier lieu, l'installation et l'exploitation d'une fabrique de glace artificielle pure, et, en deuxième ligne, d'un frigorifère destiné à recevoir et à conserver tous objets de consommation ;

Sur la responsabilité personnelle du Maire :

Considérant qu'après avoir signé avec Pichon le traité du 12 Août 1903 dont tous les documents et circonstances de la cause précisent le sens et la portée et qui ne fit qu'exécuter la délibération du Conseil municipal du 8 Juin, le Maire a connu et toléré l'adjonction au frigorifère de la fabrique de glace ;

Qu'il y a lieu de rechercher si sa responsabilité personnelle qui ne peut être invoquée en raison du bail du 12 Août, a été engagée par cette tolérance ;

Considérant que, sur les réclamations des fabricants de glace lésés par la concurrence que leur faisait la Société, le Maire, dont ses adversaires au procès reconnaissent la parfaite honorabilité, crut devoir interpréter le bail en ce sens que la vente de la glace n'y étant ni prévue, ni interdite, était par là-même implicitement autorisée ; mais qu'il prit des mesures pour atténuer les effets de la concurrence dénoncée en empêchant autant que possible la Société de faire profiter sa fabrique de glace des avantages concédés au Frigorifère ;

Considérant que si Sarradin s'est trompé sur l'étendue des droits que la Société ou la commune pouvaient tirer du contrat du 12 Août 1903, on ne saurait considérer l'erreur du Maire d'une grande ville sur l'interprétation d'une convention qui n'est évidemment pas son œuvre personnelle, comme constituant une faute lourde de nature à engager sa responsabilité ;

Qu'il y a lieu par suite de le maintenir hors de cause en tant qu'il est assigné personnellement ;

Sur la responsabilité de la commune :

Adoptant les motifs des premiers juges ;

Sur la mission donnée aux experts :

Considérant que, si la commune a commis une faute en tolérant que la Société Nantaise des Glacières et Entrepôts Frigorifiques du Marché de Feltre utilise, pour une fabrique et un commerce de glace artificielle non prévus dans le traité, les avantages consentis dans un intérêt général au

Frigorifère seul, il y a lieu de charger les experts de rechercher dans quelle mesure ces avantages, quels qu'ils soient, ont abaissé pour la dite Société le prix de revient de la glace, de dire en conséquence quelle économie de frais généraux lui procure l'usage pour la fabrication et la vente de la glace de tout ou partie du local, des appareils et de l'eau concédés pour le frigorifère ;

Considérant que l'expertise, dans les termes où elle va être ordonnée, ne comporte pas seulement la solution du problème scientifique défini par les premiers juges, mais la comparaison, au point de vue commercial et industriel, des conditions de fonctionnement de la fabrique de glace annexée au Frigorifère et des maisons Cogez et Lepeltier frères ;

Que, tant en raison du caractère plus technique de l'expertise que pour éviter des frais considérables de déplacement, il y a lieu, conformément à la demande de Cogez et Lepeltier frères, de remplacer les experts précédemment désignés par le Tribunal ;

Sur l'action en garantie de la commune contre la Société Nantaise des Glacières :

Considérant que le jugement, dont appel, n'a retenu en cause la Société que provisoirement et afin qu'elle fournisse aux experts les pièces, documents et explications nécessaires ;

Que Sarradin et la commune de Nantes concluent à ce que la Société soit condamnée à garantir soit au besoin le Maire, soit en tous cas la Ville, des condamnations qui pourraient être prononcées contre eux ;

Considérant que l'acte du 12 Avril 1903 constitue non seulement un bail des sous-sols du Marché de Feltre, mais un traité conférant à la Société des avantages particuliers dans un but d'utilité publique ;

Qu'à ce double point de vue, la Société était tenue, en principe, d'user des locaux livrés suivant la destination et pour l'objet prévus par la convention ;

Qu'il y a lieu par suite, tout en donnant acte à la Société de ce qu'elle est prête à faciliter aux experts la mission qui leur est confiée, d'accueillir les conclusions de garantie prises contre elle, sur lesquelles il ne pourra être statué utilement au fond qu'après l'expertise ;

PAR CES MOTIFS et ceux non contraires des 1ers juges :

Reçoit Cogez et Lepeltier frères, Sarradin et la commune de Nantes dans leurs appels ;

Joint les dits appels ;

Et, statuant par un seul et même arrêt,

Donne acte à la Société Nantaise des Glacières et Entrepôts Frigorifiques du Marché de Feltre de ce qu'elle est prête à faciliter aux experts la mission qui leur sera confiée ;

Mais, faisant droit aux conclusions de la commune de Nantes,

Dit recevable la demande en garantie formée contre la Société ;

Tarde à statuer au fond jusqu'après l'expertise ;

Confirme pour le surplus le jugement dont appel, pour être exécuté selon sa forme et teneur ;

Nomme MM. Corbeaux, Kuentz et Roche, ingénieurs à Rennes, lesquels, serment préalablement prêté... *et cætera.*

A plus avant prétendre, déboute respectivement les parties de toutes autres demandes, fins et conclusions ;

Ordonne la restitution des amendes ;

Réserve les dépens.

Les experts ayant rempli leur mission et déposé leurs rapports, les parties se sont à nouveau présentées devant la 2e Chambre de la Cour, qui a rendu l'**arrêt** suivant (1er Juillet 1909) :

La Cour,

Considérant que l'action de Cogez et Lepeltier frères, fondée sur les dispositions des articles 1382 et 1383 du Code civil, tend à la réparation du préjudice que les appelants prétendent résulter pour eux de conventions intervenues entre le Maire de Nantes et un sieur Pichon pour la location et l'exploitation industrielle des sous-sols du Marché de Feltre ;

Que ces conventions constituent un acte contractuel ayant pour objet la gestion et l'administration du domaine privé de la commune ;

Que les tribunaux judiciaires sont compétents pour connaître de la demande de dommages-intérêts formée par les appelants ;

Au fond :

Considérant que le contrat du 12 Août 1903 a le double caractère d'un bail et d'un traité précisant dans quelles conditions seront exploités les lieux loués ;

Que, d'après le texte de la convention, éclairé par les pourparlers, études et rapports qui l'ont précédé, Pichon devait installer, dans le sous-sol du Marché de Feltre, des chambres froides destinées à la conservation des denrées comestibles de tout ordre, et que c'est en vue de cet objet spécial, en raison des avantages qui devaient en résulter pour les commerçants, les consommateurs et l'hygiène publique, que, dans le bail sus-visé, le Maire, autorisé par la délibération du Conseil municipal du 19 Juin 1903, a consenti à Pichon, dans un but d'utilité publique, la concession gratuite de l'eau nécessaire au condenseur et aux moteurs, à charge de la rendre sous pression aux bornes-fontaines du Marché ;

Que cette concession constitue une subvention importante qui s'est augmentée du fait que la Ville n'a pas, jusqu'à ce jour, exigé que l'eau ainsi fournie soit rendue à la consommation ;

Considérant que Pichon s'est substitué, pour l'exploitation du Frigorifère, la Société intimée ;

Que celle-ci a ajouté à la production du froid nécessaire aux chambres frigorifiques la fabrication et la vente de la glace artificielle ;

Que cette nouvelle industrie, non prévue au traité de 1903, en partie tout au moins utilisant les locaux, les appareils et le personnel de l'entreprise subventionnée pour une production différente et déterminée, a profité ainsi d'une part des avantages consentis au Frigorifère dans un but d'intérêt général ;

Que, d'après les données de l'expertise, on peut évaluer à 1 fr. 50 par tonne l'économie que la Société réalise en fabriquant dans ces conditions, ce qui constitue une concurrence illicite et préjudiciable aux industries similaires ;

Considérant, en ce qui concerne Cogez, que cette concurrence n'a pas eu pour effet de diminuer sa production et ses ventes ;

Que, depuis que la Société fabrique de la glace, la moyenne des ventes de Cogez qui était de 1188 tonnes pour les années 1902, 1903 et 1904, s'est au contraire élevé à 1266 tonnes pour les années 1905, 1906 et 1907 ;

Que la perte qu'il a subie résulte uniquement de l'abaissement du prix de vente, tombé de 53 francs en 1902 à 38 francs en 1907 ;

Mais, que les prix élevés pratiqués par Cogez, devaient faire prévoir et appeler la concurrence, et qu'il suffit de constater que le prix de la tonne vendue a baissé de

15 francs, pour apercevoir que l'économie illicite de 1 fr. 50 sur le prix de revient de la tonne de glace n'a été qu'un facteur très-secondaire de la baisse ;

Considérant que c'est le seul dont Cogez soit fondé à se plaindre, et qu'il n'y a lieu d'examiner les autres qui sont le résultat d'une concurrence normale et licite ;

Mais que les prétentions de Cogez sont manifestement exagérées, puisqu'il suffirait d'un déplacement de 0 fr. 75 par tonne en sa faveur, pour rétablir l'équilibre indûment rompu au profit de la Société ;

Que la Cour trouve, dans le travail des experts et les faits de la cause, des éléments suffisants pour fixer à 1000 francs par an le préjudice éprouvé par Cogez depuis l'année 1905 ;

Considérant, en ce qui concerne Lepeltier frères, qu'ils ne sont pas fabricants, mais marchands de glace à Saint-Nazaire, et que c'est à Saint-Nazaire qu'ils ont souffert de la concurrence de la Société Nantaise ;

Qu'ils ne peuvent prétendre à des dommages-intérêts que si le bénéfice illicite de 1 fr. 50 par tonne a permis à la Société Nantaise de vendre à Saint-Nazaire meilleur marché qu'eux-mêmes ;

Qu'il est constant que le transport à Saint-Nazaire de la glace fabriquée à Nantes majore de plus de 5 francs le prix de revient de la tonne ;

Que cette majoration constitue pour les prix de Saint-Nazaire une protection suffisante et que ce n'est pas l'abaissement de 1 fr. 50 dans le prix de revient, trois fois compensé par le prix de transport, qui a été pour les appelants une cause de préjudice ;

Que la diminution des bénéfices de Lepeltier en 1905 a été le résultat d'une concurrence normale, à laquelle les fabricants devaient être d'autant plus incités que Lepeltier frères vendaient de 50 à 250 francs la tonne une marchandise que l'on produit assez couramment à 25 francs ;

Que d'ailleurs, dès 1906, ils ont vu leurs ventes et leurs bénéfices dépasser de beaucoup les chiffres de 1902, 1903 et 1904 et qu'à part le trouble porté en 1905 à leur quiétude commerciale, ils n'ont pas souffert de la concurrence de la Société, ni surtout de l'élément de concurrence sur lequel ils se fondent ;

Qu'ils ne justifient en conséquence d'aucun préjudice ayant pour cause une faute de la Ville de Nantes ;

Considérant que Cogez conclut à ce que la Ville soit condamnée à faire cesser, sous une astreinte de 100 francs par jour de retard, l'exploitation par la Société Nantaise de sa fabrique de glace ;

Que cette demande était sinon expressément formulée, du moins implicitement contenue dans ses premières conclusions ; — Qu'elle est en conséquence recevable, mais qu'il n'y a pas lieu d'y faire droit ;

Que la fabrication et la vente de la glace ne constituant pas une concurrence illicite en elle-mêmes, mais seulement par les conditions par lesquelles elles s'exercent, en raison de la subvention des 50 mètres cubes d'eau fournis gratuitement, ce sont ces conditions seules qu'il convient de faire disparaître ;

Considérant que la Ville de Nantes a commis une faute en autorisant l'installation, dans les sous-sols du Marché de Feltre, d'une fabrication et d'un commerce non prévus dans le contrat passé avec Pichon en 1903, et en continuant à la Société Nantaise substituée à Pichon, pour une entreprise qui avait perdu son caractère d'intérêt général, les avantages qu'elle avait accordés au frigorifère dans un but d'utilité publique ;

Que Cogez est donc fondé à lui demander la réparation du préjudice qu'il a subi ;

Mais que la Société intimée est en faute de son côté pour avoir introduit la fabrication de la glace dans des conditions qu'elle savait contraires aux conventions intervenues ; — Qu'elle a usé de certaines ambiguïtés d'un bail dont cependant les pourparlers antérieurs fixaient nettement le sens et la portée pour placer, par une véritable surprise, la Ville de Nantes entre les prétentions contraires des fabricants et de la Société, mais en présence du fait accompli ;

Qu'elle a eu l'initiative et doit partager la responsabilité d'une dérogation au traité qu'elle a commise en connaissance de cause et que la Ville a eu le tort de tolérer et de couvrir ;

Par ces motifs :

Dit que l'exploitation, par la Société Nantaise des Glacières et Entrepôts Frigorifiques du Marché de Feltre, de sa fabrique de glace pour la vente de la glace au public, constitue, à raison des avantages particuliers que la Société retire de son traité avec la Ville de Nantes, une concurrence illicite à l'industrie de Cogez ;

Dit que la Ville de Nantes, qui a permis ou toléré cette concurrence illicite, doit en réparer les conséquences pour le passé et en faire disparaître les causes pour l'avenir ;

Condamne le Maire de Nantes, ès-qualités, à payer à Cogez la somme de 4.500 francs de dommages-intérêts pour le préjudice à lui causé jusqu'à ce jour ;

Déclare Lepeltier frères mal fondés dans leurs demandes et conclusions ;

Les en déboute ;

Déclare la Ville de Nantes recevable et fondée dans son recours contre la Société Nantaise des Glacières et Entrepôts frigorifiques ;

Condamne la dite Société à relever et garantir la Ville, à concurrence de moitié, des condamnations prononcées contre cette dernière ;

Dit que la Ville de Nantes devra, dans le délai de six mois à partir de la signification du présent arrêt et, ce, sous une astreinte de 5 francs par jour de retard pendant 6 mois, passé lequel délai il sera fait droit, faire cesser soit la fabrication et la vente de la glace par la Société dans les lieux loués, soit la fourniture gratuite à la dite Société de l'eau du condenseur et des moteurs ;

A plus avant prétendre, déboute respectivement les parties de toutes leurs autres demandes, fins et conclusions ;

Fait masse des dépens de première instance et d'appel ;

Dit qu'ils seront supportés : 1/4 par Lepeltier et 3/4 par la Ville de Nantes, sauf son recours contre la Société dans la proportion ci-dessus fixée.

MM. Canac, Président, — La Couture, Av. gén., — Reneaume, Galibourg, Gautté (tous trois du barreau de Nantes) et Chauveau, Av.

COUR D'APPEL DE RENNES (1re Chambre)

18 Novembre 1908

I. — Accidents du travail. — Applicabilité de la Loi du 9 Avril 1898. — Accident survenu pendant une suspension du travail.

II. — Accidents du travail. — Faute inexcusable.

1° L'accident survenu sur le lieu et aux heures du travail donne lieu à l'application de la Loi du 9 Avril 1898, alors même qu'au moment où il s'est produit, le travail était momentanément suspendu.

2° Le fait par un ouvrier de s'étendre pour dormir sur un terrain en pente près d'une voie où circulent des wagonnets constitue sans doute une imprudence; mais on ne saurait lui attribuer le caractère de faute inexcusable.

LEGUERN *C* BARRÉ

Le Tribunal civil de Nantes a, le 8 Avril 1908, rendu le **Jugement** suivant :

LE TRIBUNAL,

Attendu que Leguern a fait assigner le sieur Barré et la Compagnie d'assurances *Le Syndicat de garantie*, qui l'assure et qui s'est substituée à son assuré, à la suite d'un accident qui lui est survenu le 21 Août 1907 et lui aurait occasionné un écrasement partiel des orteils ;

Attendu que les circonstances de fait sont les suivantes : le 21 Août 1907, Leguern, paveur, était employé à travailler dans la carrière du sieur Barré ; profitant d'un intervalle de repos, il est allé se coucher près de la voie sur laquelle circulaient des wagons ; à un moment, un wagon poussé par un sieur Charpentier est passé et a atteint le sieur Leguern au pied ; — Que le même témoin déclare, pour expliquer l'accident, que Leguern était couché près de la voie et que, pendant qu'il dormait, son pied aura glissé sur le rail ;

Attendu que *Le Syndicat de garantie* conteste l'applicabilité de la Loi de 1898 et soutient que, dans tous les cas, il y a faute inexcusable de la part de Leguern ;

Sur l'applicabilité de la Loi de 1898 :

Attendu qu'il est de jurisprudence que l'autorité et la direction étant les éléments primordiaux de la responsabilité patronale, celle-ci doit subsister tant que les ouvriers, étant aux heures et sur le lieu du travail, restent soumis à la surveillance du patron ; — Que, dans l'espèce, l'accident est arrivé sur le lieu du travail et aux heures du travail ; — Qu'il était environ midi et que Leguern devait reprendre son ouvrage après quelques instants de repos ; — Que dès lors il s'agit bien d'un accident du travail ;

En ce qui concerne la faute inexcusable :

Attendu que, si Leguern a certainement commis une imprudence en s'étendant pour dormir près des rails sur lesquels passaient des wagons, on ne saurait dire qu'il a commis une faute inexcusable ; — Que le patron lui-même, en son préposé Charpentier qui poussait le wagon et qui a blessé Leguern, a été encore plus fautif en ne s'assurant pas que la voie était libre de tout obstacle ;

Mais attendu que le Tribunal ne possède pas les éléments suffisants pour pouvoir évaluer le quantum de la réduction d'aptitude au travail et qu'il est indispensable de procéder à une expertise ;

PAR CES MOTIFS :

Dit et juge que l'accident dont a été victime Leguern à la date du 7 Août 1907, constitue un accident du travail rendant applicable la Loi de 1898 ;

Dit que Leguern n'a pas commis une faute inexcusable ;

Nomme MM. les docteurs Ollive, Malherbe et Monnier, experts, à l'effet d'examiner Leguern, de rechercher, etc...

Appel par M. Barré et la Compagnie d'assurances. — **Arrêt** (18 Novembre 1908).

LA COUR,

Considérant que les faits offerts en preuve sont dès à présent démentis par les renseignements recueillis aux enquêtes ;

Qu'il est appris, d'autre part, que, si l'accident s'est produit pendant une suspension momentanée du travail, Leguern n'en restait pas moins assujetti à la surveillance de son patron, par suite, sous sa responsabilité ; — Que les patrons doivent pendant toute la durée de l'embauchage aller jusqu'à veiller contre la propre imprudence de leurs ouvriers ;

Que Leguern a, sans doute, en agissant ainsi qu'il l'a fait, commis une imprudence, mais qu'on ne saurait lui attribuer le caractère de faute inexcusable ;

PAR CES MOTIFS :

Dit qu'il a été bien jugé mal appelé ;

Met l'appellation à néant ;

Ordonne que le jugement entrepris sortira son plein et entier effet ;

Condamne l'appelant à l'amende et en tous les dépens de première instance et d'appel ;

Le déboute de toutes ses demandes, fins et conclusions.

MM. MAULION, 1er Prés., — MAHOUDEAU, Av. gén., — MALAPERT et VALLÉE, Av.

COUR D'APPEL DE RENNES (2e Chambre)

7 Janvier 1909

I. — **Prescription. — Meubles. — Possession. — Article 2279 C. civ. — Communauté d'habitation. — Vente de titres au porteur ; encaissements de coupons. — Rôle équivoque du détenteur.**

II. — **Aveu judiciaire. — Indivisibilité. — Faits appris par les circonstances de la cause. — Déclarations contradictoires.**

1° La présomption de propriété résultant de la possession dans les termes de l'art. 2279 C. civ. ne peut être utilement opposée, par le tiers détenteur de valeurs et titres ayant appartenu à une personne décédée, aux héritiers de celle-ci, alors qu'il résulte des circonstances de la cause et qu'il est reconnu par le défendeur lui-même, chez qui le de cujus *s'était retiré pendant les derniers temps de sa vie et est ensuite décédé, que celui-ci n'avait aucun domicile ni même aucun meuble personnel, où il pût les renfermer : une telle possession est en effet incertaine et équivoque.*

Doivent être considérés comme constituant une possession équivoque, ne pouvant engendrer la présomption de propriété de l'article 2279 C. civ., la vente d'un titre de rente au porteur et l'encaissement des coupons de divers titres et valeurs, alors que, eu égard aux circonstances de la cause, celui qui a fait ces encaissements et ordonné cette vente peut avoir agi aussi bien comme mandataire verbal du véritable propriétaire, — qui habitait alors chez lui et se trouvait, par suite de maladie, incapable de gérer ses affaires, — que, comme étant devenu lui-même, par l'effet d'un don manuel, le propriétaire des titres.

2° Le défendeur ne peut se prévaloir de l'indivisibilité de son aveu, quand les faits qu'il y a reconnus sont établis, en dehors de son aveu, par les autres circonstances de la cause.

Il en est de même lorsque les déclarations contenues dans l'aveu sont contredites par d'autres déclarations émanées du même défendeur.

LABIA C époux GOARIN-LABIA

Le Tribunal civil de Saint-Brieuc a, le 7 Août 1907, rendu le **Jugement** suivant :

LE TRIBUNAL,

Attendu que François Labia demande à l'encontre d'Elisa Labia, femme Goarin, le partage et la liquidation de la succession de Mlle Labia, leur sœur, décédée à Bréhec, en Plouha, le 20 Février 1906;

Attendu que la femme Goarin invoque, pour s'opposer au partage, une lettre missive en date du 12 Juillet 1905, enregistrée, laquelle constituerait, d'après elle, un testament à son profit, et qui est ainsi conçue :

« Plouha, le 12 Juillet 1905. — Ma chère Palmyre, Je vous donne le « droit de donner toutes mes affaires à ma sœur, Elisa-Jeanne Goarin, « et mes titres je vous donne aussi. — *Signé* : Marie-Françoise « Labia » ;

Attendu que cet écrit n'a rien d'un testament, ni dans la forme, ni dans le fond ; — Que loin de vouloir dire que Mlle Labia disposera de ses valeurs, pour le moment de sa mort, au profit de la femme Goarin, il se borne à inviter Mlle Palmyre Landet à remettre ses affaires à la dite femme Goarin ;

Attendu que, peu après, Mlle Labia s'étant rendue elle-même chercher ses titres, il en résulte encore plus clairement qu'elle a voulu les avoir en sa possession, et que la lettre est alors demeurée sans objet ;

Attendu que, par conclusions additionnelles, les époux Goarin ont déclaré qu'à défaut de cette lettre, il y aurait eu, de la part de Mlle Labia, un don manuel, au profit de la dame Goarin ; — Qu'ils se prétendent, par le fait même de leur possession, sous la protection de l'art. 2279 C. civ. et dispensés de fournir aucune preuve à l'appui de leur droit de propriété ;

Mais attendu que l'art. 2279 C. civ. suppose d'abord une possession utile et notamment non clandestine, ni équivoque, et à titre de propriétaire (art. 2229 C. civ.) ;

Attendu que la possession des époux Goarin n'a pas été clandestine, ceux-ci ayant touché les coupons en Mars 1905 ;

Mais attendu qu'elle a été équivoque, à raison :

1° De la cohabitation ayant existé entre eux et la *de cujus*, — communauté d'habitation qui a imprimé à leur possession un caractère incertain, l'empêchant de valoir titre ;

2° De l'absence de tout écrit en leurs mains, justifiant leur prétention ; — Qu'en effet la lettre du 12 Avril 1905 ne se réfère pas plus à un don manuel, qu'elle ne se référait à un testament ;

3° De l'attitude de Mlle Labia, qui a été seule chercher ses titres ;

4° De celle des époux Goarin ; — Qu'ils ont présenté le prétendu testament au président le 28 Mai 1906, trois mois après le décès de leur sœur, et qu'ils l'ont ensuite déposé en l'étude de Me Dauphin, comme fondement de leur possession ; — Qu'ils ont repoussé la demande en partage par l'unique motif de l'existence d'un testament à leur profit ; — Qu'ils ne se sont prévalu du don manuel que subsidiairement et comme expédient de la dernière heure ; — Que cette attitude de leur part est de nature à jeter le doute le plus sérieux sur le bien fondé de leur défense;

Attendu que, dès l'instant où François Labia soutient que la possession des époux Goarin est une possession indue, il les accuse implicitement de détournement; — Qu'il n'a jamais prétendu que les époux Goarin avaient reçu les valeurs à titre de dépôt; — Qu'il a dit dans les conclusions du 26 Juillet que si les époux Goarin parvenaient à démontrer que la *de cujus* leur avait confié ses titres, il serait permis de soutenir qu'elle leur en avait donné le dépôt, sans vouloir dépouiller les autres héritiers;

Attendu que cette proposition très raisonnable n'oblige pas le demandeur à rapporter la preuve d'un contrat de dépôt; — Que, la possession des époux Goarin étant équivoque et non à titre de propriétaire, le sieur Labia n'a plus rien autre chose à démontrer; — Que c'est désormais aux dits époux Goarin qu'il appartient d'établir l'existence du don manuel, ce qu'ils n'ont ni prouvé ni offert de prouver;

PAR CES MOTIFS :

Ordonne le partage et la liquidation de la succession de Mlle Labia;
Commet Me Robin, notaire à Plouha, pour y procéder;
Dépens employés en frais de liquidation.

Appel par les époux Goarin-Labia. — **Arrêt** (7 Janv. 1909)

LA COUR,

Considérant que le jugement du Tribunal civil de St-Brieuc du 7 Août 1907 a été régulièrement frappé d'appel par les époux Goarin-Labia; — Que cet appel est recevable;

Au fond :

Considérant que Françoise Labia n'avait, ainsi que les appelants l'ont reconnu dans leurs conclusions de première instance, aucun domicile, ni même aucun meuble personnel où elle pût renfermer ses valeurs; — Que, par suite, la possession de ses valeurs par les époux Goarin-Labia, chez qui elle s'était retirée et où elle est décédée, a un caractère incertain et équivoque, et qu'on ne peut en déduire aucune présomption en faveur du don manuel qu'ils allèguent;

Considérant qu'ils ne peuvent davantage invoquer l'indivisibilité de leur aveu; — Qu'en effet l'existence entre leurs mains des valeurs de sa succession est établie, en dehors de leur aveu, par les circonstances qui ont entouré le décès de Françoise Labia; — Que cet aveu lui-même, en ce qui concerne le don manuel, est contredit par leurs premières déclarations, d'après lesquelles ils prétendaient détenir ces valeurs en qualité de légataires et en vertu d'un testament ; Qu'ils ont, il est vrai, vendu un titre de rente et encaissé des coupons dans les derniers mois de la vie de Françoise Labia, mais que, dans l'état de santé de celle-ci, et eu égard aux circonstances apprises, ils ont pu accomplir ces actes, aussi bien en vertu d'un mandat verbal que comme donataires ; — Que sur ce point encore leur possession apparaît équivoque ;

Considérant que la lettre invoquée par les appelants et par eux déposée comme constituant un testament, n'est même pas un commencement de preuve par écrit du don manuel ; — Que Françoise Labia s'y borne à accréditer la femme Goarin auprès de l'amie qui détenait ses meubles, et lui donne pouvoir de les retirer, mais pour elle et en son nom ; — Qu'au surplus, la femme Goarin n'a même pu remplir le mandat que cette lettre lui donnait ; — Que par suite la preuve offerte n'est pas admissible ;

Par ces motifs, et adoptant en outre ceux qui ont déterminé les premiers Juges :

Reçoit les époux Goarin-Labia dans leur appel ;
Au fond, les en déboute ;
Les déclare irrecevables ou mal fondés dans toutes leurs demandes, fins et conclusions tant principales quesubsidiaires.
Confirme le Jugement dont appel ;
Dit qu'il sortira son plein et entier effet ;
Condamne les appelants à l'amende et aux dépens.

MM. Canac, Prés., — La Couture, Av. gén., — Bodet et Charlier, Av.

COUR D'APPEL DE RENNES (1re Chambre)

2 Mars 1909

Accidents du travail. — Loi du 9 Avril 1898. — Invalidité légère. — Réduction de la capacité professionnelle.

Il peut arriver que, dans certaines circonstances, l'accident survenu à l'ouvrier soit réduit à des proportions telles que l'aptitude au travail ne s'en trouve en aucune façon atteinte ou diminuée.

Mais, chaque accident présentant une forme et des conséquences diverses, c'est la connaissance et l'appréciation de ces conséquences qui peuvent seules servir de base à une décision.

Lorsqu'il résulte des détails et circonstances de la cause que l'accident, quelques restreintes que soient ses conséquences, n'a pas laissé la capacité professionnelle intacte et complète, c'est avec raison que les premiers juges allouent à l'ouvrier la rente prévue par la Loi du 9 Avril 1898.

Clémenceau C Société " La Foncière "

Le Tribunal civil de Nantes a, le 25 Juin 1908, rendu le **Jugement** suivant :

Le Tribunal,

Attendu que Clémenceau a fait assigner la Compagnie *La Foncière*, qui a déclaré se substituer à ses assurés, MM. Cardinal et Gouillard, à la suite d'un accident qui lui est survenu le 12 Septembre 1907, et qui aurait entraîné pour lui une incapacité permanente partielle de travail ;

Attendu que le 12 Septembre 1907, alors qu'il travaillait pour le compte de MM. Cardinal et Gouillard, il était occupé avec d'autres ouvriers à transporter une barre de fer ronde de 3 à 400 kilogs, lorsque celle-ci a glissé de dessus la bascule et est tombée sur son pied gauche ;

Qu'un jugement préparatoire du 13 Février 1908 a nommé M. le docteur Ollive expert pour examiner Clémenceau, en lui donnant mission de fixer la réduction d'aptitude au travail de Clémenceau et la date de consolidation ;

Que le Docteur a procédé à la mission qui lui avait été confiée et dressé procès-verbal de ses opérations, qui porte la date du 6 Avril 1908 ;

Que les conclusions de l'expert sont les suivantes :

« Des traumatismes si minimes ne devraient pas constituer vrai- « ment des incapacités professionnelles, mais en tenant compte des « légères lésions contractées, on peut toutefois admettre une incapa- « cité et la fixer à 2 % au maximum ; — La date de consolidation de « la blessure serait fixée à 40 jours après l'accident... »

Attendu que Clémenceau demande l'homologation du rapport de l'expert ; — Que de son côté, la Compagnie d'assurances *La Foncière* conclut au débouté de la demande, se basant sur ce qu'une infirmité aussi réduite n'aurait pu donner lieu à aucune rente, qu'elle est purement théorique, et que ses conséquences au point de vue du travail ne sont pas appréciables ;

Attendu que cette théorie ne saurait être admise ;

Attendu en effet qu'il est de jurisprudence constante que les tribunaux n'ont pas le droit de décider qu'il y a incapacité permanente et absolue lorsque la blessure dont a été atteint un ouvrier lui permet de se livrer à une occupation quelconque, si minime soit-elle, et qu'il ne se trouve pas, par suite, réduit à une complète inaction professionnelle ;

Qu'en vertu de ce principe, alors même que la réduction d'aptitude doive être évaluée à 95 ou 98 % (Nantes : 1900 et 1902; confirmés) l'ouvrier n'a plus droit qu'à la moitié du salaire touché au moment de l'accident, alors cependant qu'il ne lui reste plus qu'une capacité professionnelle pour ainsi dire inappréciable ;

Qu'au lieu de toucher les deux tiers de son salaire, sa rente se trouve sensiblement réduite au bénéfice du patron ou de la Compagnie d'assurances;

Qu'en effet, si l'on prend pour base du salaire 1.500 francs et une réduction de 98 % (soit 2 % comme dans l'espèce), l'accidenté n'a droit qu'à une rente de 750 francs au lieu des 2/3, soit 1.000 francs, qui lui serait due en cas d'incapacité permanente absolue, quoique cependant il lui soit presque impossible de faire un travail utile et rémunérateur ;

Que dès lors le même principe et la même jurisprudence doivent être appliqués lorsqu'il s'agit d'une réduction d'aptitude au travail minime ;

Que la Loi de 1898 ne permet pas plus aux juges de dire dans cette occurence que l'ouvrier n'a pas droit à une rente parce que la réduction d'aptitude au travail est pour ainsi dire inappréciable, qu'elle ne l'autorise à dire qu'il y a infirmité absolue lorsqu'il reste encore à l'accidenté une valeur professionnelle de 2 à 5 % ;

Que s'il y a un avantage des plus grands pour les patrons ou les Compagnies d'assurances dans les accidents graves où la réduction confine à la réduction absolue, à ce que les Tribunaux ne puissent pas, en cédant à des sentiments humanitaires bien naturels cependant, proclamer cette infirmité absolue, ils doivent se résoudre dans le cas contraire à supporter aussi les réductions les plus infimes lorsqu'il est établi, par des expertises médicales et admis par le Tribunal qu'il y a une réduction d'aptitude au travail, ayant une répercussion quelconque, appréciable toutefois, sur la valeur professionnelle ;

Que la Loi de 1898 a fixé une base certaine, et que la réduction peut varier de 0 à 100 % pour l'infirmité permanente partielle ;

Que décider le contraire serait ouvrir la porte à l'arbitraire le plus complet, car il n'existe aucune raison de fixer à 2 % plutôt qu'à 4, 6 ou 8 % la réduction d'aptitude au travail qui ne devrait donner droit à aucune indemnité ;

Attendu que les conclusions du rapport de l'expert établissent que la valeur professionnelle de Clémenceau a été réduite de 2 %, et que la date de consolidation doit être fixée à 40 jours environ après l'accident ;

Qu'il existe donc une diminution de la valeur professionnelle appréciable quoique légère ;

Qu'il appert des déclarations faites à l'enquête par le représentant de la Compagnie d'assurances, muni de pouvoir pour représenter le patron, que le salaire d'un ouvrier de la même catégorie est de 1080 frances 95 centimes ;

PAR CES MOTIFS :

Fixe le salaire de base à 1080 fr. 95, — la réduction d'aptitude au travail de Clémenceau à 2 %, — et la date de consolidation de la blessure au 22 Octobre 1907 ;

Condamne en conséquence Cardinal et Gouillard à payer à Clémenceau une rente annuelle et viagère de 10 fr. 84 payable par trimestre et non d'avance à partir du 23 Octobre 1907 ;

Dit que la Compagnie d'assurances *La Foncière* demeurera substituée pour les suites à Cardinal et Gouillard ;

Condamne Cardinal et Gouillard et la Compagnie *La Foncière* aux dépens.

Appel par la Société *La Foncière*. — **Arrêt** (2 Mars 1909)

LA COUR,

Considérant que la Loi du 9 Avril 1898 a pour objet d'assurer aux ouvriers victimes d'accidents du travail une rente équivalant à la perte que de ce fait a subi leur capacité professionnelle ;

Qu'il peut arriver que dans certaines circonstances l'accident soit réduit à des proportions telles que l'aptitude au travail ne s'en trouve en aucune façon atteinte ou diminuée ; — Qu'en semblable circonstance la Loi de 1898 ne pourrait recevoir d'application ;

Mais que, chaque accident présentant une forme et des conséquences diverses, c'est la connaissance et l'appréciation de ces conséquences qui peuvent seules servir de base à une décision ;

Considérant que, l'accident survenu à Clémenceau le 12 Septembre 1907 a eu pour conséquence l'ablation des deux dernières phalanges du 3e orteil du pied gauche ; — Que, bien que cicatrisé, il garde encore quelque sensibilité ; — Que le second orteil du même pied, également atteint par la chute de la barre de fer, obéit à tous les mouvements qu'on lui imprime ;

Considérant que, si Clémenceau marche aisément, il déclare toutefois que la station debout détermine rapidement de la fatigue ; — Qu'il est donc certain que, à raison de l'accident du 12 Septembre 1907, sa capacité professionnelle n'est pas restée intacte et complète ; — Que c'est donc avec raison que le Docteur chargé de se prononcer sur son état et, après lui, les premiers juges ont apprécié que l'accident du 12 Septembre 1907, qui avait atteint l'un des membres qui supportent le poids du corps, avait laissé des traces dont la capacité professionnelle subissait les conséquences ;

PAR CES MOTIFS, et adoptant, au surplus, ceux des premiers juges, en ce qu'ils n'ont rien de contraire :

Dit qu'il a été bien jugé, mal appelé ;
Met l'appellation à néant ;
Confirme en conséquence le jugement dont appel...

MM. MAULION, Premier Président, — MAHOUDEAU, Avocat général, — RICORDEAU (du barreau de Nantes) et VALLÉE, av.

COUR D'APPEL DE RENNES (1re Chambre).

9 Mars 1909

Accidents du travail. — Loi du 9 Avril 1898. — Invalidité légère. — Absence de réduction de la ca pacité profesionnelle.

Une invalidité très-légère, consistant en une gêne du mouvement de flexion du médius et une réduction minime — d'ailleurs problématique — de la force générale de la main, n'ouvre pas, pour l'ouvrier qui en est atteint à la suite d'un accident, le droit à la rente prévue par la Loi du 9 Avril 1898, alors du moins qu'il est appris que cette invalidité n'apporte aucun obstacle à l'exécution des mouvements utiles à sa profession, et que, par conséquent, la victime ne démontre pas que l'accident a réellement porté atteinte à sa capacité professionnelle.

MOLAY C SOCIÉTÉ DES USINES MÉTALLURGIQUES DE LA BASSE-LOIRE

Le 8 Janvier 1907, au cours de son travail, M. Molay, manœuvre au service de la *Société des Usines Métallurgiques de la Basse-Loire*, fut victime d'un accident intéressant sa main droite. Se prétendant atteint d'une incapacité permanente partielle, il assigna la *Société des Usines métallurgiques de la Basse-Loire* en payement d'une rente annuelle et viagère de 262 fr. 50. Le Tribunal civil de Saint-Nazaire, par jugement préparatoire du 3 Août 1907, commit M. le Docteur L. Cado, comme expert, pour rechercher si l'accident avait réellement entraîné pour M. Molay une réduction de sa capacité professionnelle, et, en ce cas, déterminer le *quantum* de cette réduction.

Après examen, le médecin commis rédigea son rapport, où il émit par les conclusions suivantes :

« Par suite de l'accident du 9 Janvier 1907, Molay reste atteint d'une invalidité très-légère, consistant en une très-faible réduction du mouvement de flexion du médius de la main droite. Il n'en résulte aucun obstacle pour l'exécution de tous les mouvements utiles à sa profession de manœuvre ; mais il est admissible que la force générale de la main en soit un peu diminuée.

J'estime à 3 % la diminution de capacité. »

Sur ce rapport, le Tribunal civil de Saint-Nazaire, par **Jugement** du 14 Novembre 1908, fixa à 3 % la diminution de capacité subie par l'ouvrier Molay, et commit expert pour rechercher et déterminer la consistance du salaire de base, sur laquelle les parties étaient aussi en désaccord. — Ce jugement a été frappé d'**Appel** par la *Société des Usines Métallurgiques de la Basse-Loire*, et c'est sur cet appel que la 1re Chambre de la Cour a, le 9 Mars 1909, après comparution personnelle des parties, rendu l'**Arrêt** suivant :

LA COUR,

Considérant que le docteur Cado, chargé de procéder à l'examen de Molay, déclare que, par suite de l'accident du 8 Janvier 1908, son état ne comporte aucun obstacle pour l'exécution de tous les mouvements utiles à la profession de manœuvre ; — Qu'il est seulement admissible que la force générale de la main soit un peu diminuée ;

Considérant qu'on ne rencontre pas dans ces derniers termes la certitude qui constitue la preuve, incombant à la victime de l'accident, qu'il a eu réellement des conséquences portant atteinte à sa capacité professionnelle ;

PAR CES MOTIFS :

Dit qu'il a été bien appelé, mal jugé ;

Réformant et faisant ce que les premiers juges auraient dû faire,

Déboute Molay de sa demande comme de toutes ses conclusions ;

Décharge par suite la *Société des Usines Métallurgiques de la Basse-Loire* de la condamnation prononcée par le jugement entrepris ;

Condamne Molay en tous les frais de première instance et d'appel ;

Ordonne la restitution de l'amende consignée.

MM. MAULION, Premier Président, — MAHOUDEAU, Avocat général, — LEBORGNE et VALLÉE, Av.

COUR D'APPEL DE RENNES (1re Chambre)

30 Juillet 1909

Accidents du travail. — Loi du 9 Avril 1898. — Invalidité légère. — Absence de réduction de la capacité professionnelle.

Pour savoir si et dans quelle mesure l'ouvrier qui se dit atteint d'une incapacité partielle permanente a droit à la rente déterminée par l'article 3 de la Loi du 9 Avril 1898, le juge doit combiner deux éléments : le salaire effectif touché par l'ouvrier avant l'accident, — et les facultés de travail que l'accident lui laisse, c'est-à-dire le salaire possible après l'accident.

Pour un simple manœuvre, une légère raideur de l'annulaire n'a aucune influence appréciable sur ses facultés de travail et n'entraîne aucune diminution de salaire.

FISCHER *C* PRÉVOST et Cie

Le tribunal civil de Saint-Nazaire a rendu, le 19 Février 1909, le **jugement** suivant :

LE TRIBUNAL,

Attendu que Fischer a assigné Prévost en paiement d'une rente annuelle et viagère de 147 francs, à la suite d'un accident dont il a été victime, à son service, le 18 Août 1908 ;

Attendu qu'il résulte du certificat délivré par le docteur Dufrèche le 20 Octobre 1908 et produit par Fischer que cet accident, qui a entraîné une demi-ankylose de l'articulation de la deuxième avec la troisième phalange du doigt annulaire droit, ne diminue sa valeur ouvrière que de un centième ;

Attendu qu'en admettant même la diminution de capacité de travail indiquée par le médecin, cette diminution est si minime qu'elle peut être considérée comme insignifiante et qu'elle ne peut avoir aucune influence sur le salaire de Fischer;

Par ces motifs :

Déclare Fischer non recevable, en tous cas mal fondé dans sa demande ;

L'en déboute et le condamne aux dépens.

Appel par M. Fischer. — **Arrêt** (30 Juillet 1909).

La Cour,

Considérant que pour savoir si et dans quelle mesure l'ouvrier, qui se dit atteint d'une incapacité partielle permanente, a droit à la rente déterminée par l'art. 3 de la Loi du 9 Avril 1898, le juge doit combiner deux éléments : le salaire effectif touché par l'ouvrier avant l'accident et les facultés de travail que l'accident lui laisse, c'est-à-dire le salaire possible après l'accident ;

Considérant que le docteur Dufrèche constate que l'accident dont Fischer a été victime, le 18 Août 1908, a entraîné une demi-ankylose de l'articulation de la deuxième avec la troisième phalange du doigt annulaire droit ; — Que le certificat médical ajoute que sa valeur ouvrière est diminuée de un centième ;

Considérant qu'il n'est pas douteux que pour Fischer, qui est un simple manœuvre, une légère raideur de l'annulaire n'a aucune influence appréciable sur ses facultés de travail et n'entraîne aucune diminution de salaire ; — Que dès lors il ne peut invoquer le bénéfice de la loi de 1898 ;

Par ces motifs et ceux des premiers juges :

Confirme le jugement entrepris ;

Condamne Fischer en tous les dépens d'appel.

MM. Oudin, fais. fonct. de Prés., — Mahoudeau, Av. gén., — Ilari et Maulion, Av.

COUR D'APPEL DE RENNES (1re Chambre)

13 Juillet 1909.

Dépôt. — Article 1952 C. civ. — Cheval laissé dans une auberge. — Obligations de l'aubergiste. — Blessure de l'animal. — Responsabilité.

Le fait par un voyageur de placer, et par l'aubergiste de recevoir un cheval dans l'écurie d'une auberge entraîne la formation entre eux d'un contrat de dépôt, soumis aux règles de l'article 1952 C. civ.

Qu'elles qu'en soient la durée et la rémunération, il constitue l'aubergiste dans l'obligation de veiller sur la chose déposée et de la remettre dans l'état où elle lui avait été confiée.

En conséquence, si l'animal ainsi déposé présente, au moment où son propriétaire le retire de l'écurie, une blessure qu'il ne portait pas au moment où il y est entré, la responsabilité de l'aubergiste se trouve engagée ; et celui-ci ne peut s'en affranchir qu'en établissant que l'accident survenu au cheval est la conséquence soit d'un cas fortuit, soit d'une faute du propriétaire.

Les dispositions de l'article 1385 C. civ., qui impose au propriétaire la responsabilité des accidents causés par l'animal qui lui appartient, sont sans application dans une semblable espèce.

Veuve Nicol C Pilorge

Ces solutions résultent de l'**arrêt** suivant, rendu par réformation d'un jugement du Tribunal de Commerce de Saint-Malo en date du 23 Décembre 1908.

La Cour,

Considérant que, en se rendant au marché de Saint-Malo pour y opérer la vente de ses denrées, la veuve Nicol, ménagère à Pleurtuit, a mis son cheval, comme elle l'avait toujours fait jusque-là, dans l'écurie du sieur Pilorge, située près de la cale de Dinard, qui fait profession de loger les chevaux des personnes qui prennent passage pour se rendre au marché ;

1re Année No 6 Novembre 1909

RECUEIL DES ARRÊTS
DE LA COUR D'APPEL DE RENNES

et

DES JUGEMENTS RENDUS

par les

Tribunaux de Première Instance, Civils et de Commerce,
les Justices de Paix
et les Conseils de Prud'hommes du Ressort

REVUE MENSUELLE

publiée par
MM. CHARLIER, CUAULT, DUBOIS, Avocats à la Cour,
avec la collaboration des
Membres du Barreau et de la Compagnie des Avoués à la Cour

Abonnement annuel : 10 Francs
Prix du numéro : 1 Fr. 50

RENNES
IMPRIMERIE DE L'HERMINE H. RIOU-REUZÉ
Rue de la Monnaie

1909

SOMMAIRE

Dépôt. — Article 1952 C. civ. — Cheval laissé dans une auberge. — Obligations de l'aubergiste. — Blessure de l'animal. — Responsabilité 160

Aubergistes et hôteliers. — Responsabilité. — Dépôt nécessaire. — Voyageurs. — Personnes occupant dans l'hôtel une chambre ou un logement pendant un temps prolongé 162

Compétence civile des Juges de Paix. — Loi du 12 Juillet 1905. — Diffamations et injures publiques. — Faits complexes. — Compétence des tribunaux d'arrondissement 164

I. — Interdiction. — Nomination d'un administrateur provisoire. — Article 497 C. civ.

II. — Interdiction. — Demande en main-levée des oppositions pratiquées par l'administrateur provisoire. — Compétence des juges saisis de l'instance principale 166

Obligations. — Remboursement. — Notaire. — Mandat tacite. — Commencement de preuve par écrit 169

Tierce-opposition. — Mari. — Jugement interlocutoire. — Femme mariée. — Autorisation maritale. — Assignation. — Fausse qualité. — Nullité. — Equivoque. — Faute. — Responsabilité. — Partage des dépens 172

Obligations. — Remboursement. — Notaire. — Mandat. — Indication par le créancier 174

(Voir la suite du sommaire à la 3e page de la couverture).

Considérant que le contrat intervenu dans ces conditions entre elle et Pilorge est, au premier chef, un contrat de dépôt prévu par l'article 1952 du Code civil ;

Que, quelles qu'en soient la durée et la rémunération, il constitue l'aubergiste dans l'obligation de veiller sur la chose déposée et de la remettre dans l'état où elle lui avait été confiée ;

Que, s'il y a en doctrine quelque divergence, la jurisprudence décide d'une façon constante que les animaux rentrent dans les premiers effets du dit article ;

Considérant que, au moment où la veuve Nicol a remis son cheval chez Pilorge, il était en parfait état ; — Que, lorsqu'elle est allée le reprendre, il était atteint d'une blessure à la jambe ;

Qu'il n'est pas douteux que cette blessure ne se soit produite pendant la durée du contrat, pendant qu'il était soumis à la garde de Pilorge ;

Considérant que sa responsabilité ne pourrait se trouver dégagée que s'il établissait que l'accident survenu au cheval est la conséquence d'un cas fortuit ou d'une faute de la veuve Nicol ; — Qu'il ne rapporte ni l'une ni l'autre de ces preuves ;

Considérant que les dispositions de l'article 1385 C. civ. sont sans application dans la cause entre la veuve Nicol et Pilorge ;

Considérant que la dépréciation causée au cheval par l'accident n'est pas, quant à présent, fixée ; — Qu'il y a donc lieu avant dire droit, de la faire établir par une expertise ;

PAR CES MOTIFS :

Dit qu'il a été bien appelé, mal jugé ;

Réformant et faisant ce que les premiers juges auraient dû faire,

Dit et juge que, dans ses rapports avec la veuve Nicol, Pilorge est responsable de l'accident causé au cheval de cette dernière dans son auberge ;

Commet M. Begné, vétérinaire à Saint-Servan, lequel, serment préalablement prêté devant le Président du Tribunal de Saint-Malo, dira si le cheval est guéri, non guéri, ou même guérissable, — évaluera le préjudice subi jusqu'à guérison complète, notamment les dépenses diverses subies par la veuve Nicol et la moins-value du cheval, — en cas de guérison impossible, la valeur du cheval, — autorise l'expert à s'entourer de tous renseignements utiles, — dit que du tout sera dressé procès-verbal, qui sera transmis au greffe de la Cour pour être ultérieurement conclu et statué ce qu'il appartiendra ; — qu'en cas d'empêchement ou de refus, il sera remplacé sur simple requête présentée au Premier Président ;

Dépens réservés ;

Ordonne la restitution de l'amende ;

Déboute Pilorge de toutes ses demandes, fins et conclusions.

MM. MAULION, 1er Président, — MAHOUDEAU, Av. gén., — MARCILLE et BRAULT (du barreau de Saint-Malo), Av.

COUR D'APPEL DE RENNES (1re Chambre)

28 Février 1907

Aubergistes et hôteliers. — Responsabilité. — Dépôt nécessaire. — Voyageurs. — Personnes occupant dans l'hôtel une chambre ou un logement pendant un temps prolongé.

Les dispositions édictées par les articles 1952 et 1953 C. civ. contre les aubergistes et hôteliers ne peuvent profiter qu'aux voyageurs reçus à titre temporaire et passager. Une personne qui loue une chambre ou un logement pour une habitation prolongée ne peut s'en prévaloir.

VINCENT C MONMIREL

Le Tribunal civil d'Ancenis jugeant commercialement a, le 23 Mars 1906, rendu le **Jugement** suivant :

LE TRIBUNAL,

Attendu que Vincent, se prévalant, en qualité de voyageur, des dispositions des articles 1952 et 1953 du Code civil, réclame à Monmirel, hôtelier à Ancenis :

1o La somme de 1.000 francs, prix d'une jument morte des suites d'un accident dont elle a été victime dans l'une des écuries du défendeur le 25 Mai 1905 ;

2° La somme de 1.500 francs, à titre de dommages-intérêts, pour réparation du préjudice que lui a causé la mort de cet animal ;

Attendu que Vincent ne peut être assimilé à un voyageur ; — Qu'il payait au mois ainsi qu'il l'a déclaré lui-même au sieur Bretandeau, entendu comme témoin dans l'enquête, pour lui et ses chevaux, la location de la chambre et de l'écurie qu'il avait loué chez Monmirel ;

Que dans les actes qu'il a signifié à son adversaire, il déclare être domicilié à Ancenis ;

Que dans les deux certificats produits par lui pour obtenir l'assistance judiciaire et délivrés les 25 et 27 Septembre 1905 par MM. les Maires d'Ancenis et de Béausse (lesquels seront enregistrés avec le présent jugement), il est indiqué comme étant en résidence à Ancenis, Hôtel Desbaies, rue du Baron Geoffroy, depuis trois mois, et précédemment *Hôtel Monmirel, pendant trois mois ;*

Qu'il est admis et qu'il a été jugé que la responsabilité édictée contre les aubergistes et hôteliers ne peut profiter qu'aux voyageurs reçus à titre temporaire et passager ;

Que cette responsabilité ne saurait s'appliquer, comme en l'espèce, au profit d'une personne ayant loué une chambre ou un logement pour une habitation prolongée ; (En ce sens : jugement du Tribunal de Lyon, du 24 Mai 1899, statuant sur appel d'un jugement du juge de paix du huitième canton de la même ville) ;

Que, dans ces conditions, Monmirel ne peut être considéré comme responsable du dommage causé à Vincent et qu'on ne saurait faire état contre lui des articles précités du Code civil ;

Attendu, au surplus, qu'il appert des enquête et contre-enquête auxquelles il a été procédé à l'audience du 9 Février 1906, qu'après l'accident du 25 Mai 1905, Vincent est resté 15 ou 20 jours avant de prévenir le vétérinaire et sans donner de soins médicaux à l'animal blessé (témoin Briou, premier témoin de la contre-enquête) ;

Que le même témoin n'a pas, après examen, dissimulé ses appréhensions à Vincent, sur les suites possibles de la blessure ;

Que, loin de faire état de cet avertissement, Vincent n'a pas prié l'homme de l'art de continuer ses visites ;

Que Vincent a soigné lui-même sa jument, lui faisant des applications de molène et lavant la plaie avec de l'eau de vaisselle provenant de l'hôtel Monmirel troisième, quatrième et sixième témoins de la contre-enquête) ;

Qu'il faut bien admettre que ces lavages réitérés avec de l'eau contaminée, contenant les détritus de l'hôtel, n'ont pu qu'aggraver l'état de l'animal, et que le manque absolu de soins médicaux proprement dits a pu déterminer sa mort ;

Qu'enfin Vincent avait voulu soigner seul son cheval, prétendant que les visites des vétérinaires ne signifiaient rien et coûtaient trop cher ;

Que Vincent ne peut donc attribuer le dommage qui lui est causé qu'à sa propre négligence ;

PAR CES MOTIFS :

Déboute Vincent de sa demande et le condamne aux dépens.

Appel par M. Vincent. — **Arrêt** (28 Février 1907).

La Cour,

Adoptant les motifs qui ont déterminé les premiers juges et considérant, en ce qui concerne le moyen nouveau invoqué devant la Cour par Vincent et tiré de l'article 1382 Code civil, que l'appelant, loin d'établir une faute imputable à Monmirel et de laquelle serait résulté le dommage dont il demande réparation, n'a pu prouver dans quelles circonstances de temps et de lieu sa jument a été blessée, et qu'il n'est pas même certain qu'au moment de l'accident l'animal était sous la surveillance de l'intimé ou de son préposé ;

Par ces motifs :

Confirme purement et simplement le jugement dont appel, qui sortira son plein et entier effet ;

Condamne l'appelant à l'amende et aux dépens de son appel.

MM. Saiget, Président, — Martin, Av. gén., — Bougault et Ogée, Av.

COUR D'APPEL DE RENNES (2e Chambre)

3 juillet 1908

Compétence civile des Juges de Paix. — Loi du 12 Juillet 1905. — Diffamation et injures publiques. — Faits complexes. — Compétence des tribunaux d'arrondissement.

Si l'article 6 paragraphe 4 de la Loi du 12 Juillet 1905 donne aux juges de paix la connaissance des actions civiles pour diffamation ou injures publiques, qu'elles soient verbales ou par écrit, commises autrement que par la voie de la presse, cette connaissance leur échappe lorsqu'il s'agit d'un fait complexe, comportant non seulement des invectives, des propos téméraires ou diffamatoires, mais encore un appel à la force armée, une mise en scène, un véritable scandale permettant aux demandeurs de fonder leur action sur les articles 1382 et 1383 du C. civ.

Esnault et époux Lemarchand C Veuve Blin.

Le Tribunal,

Attendu que le sieur Esnault et les époux Lemarchand ont assigné la dame veuve Blin, chacun en 10.000 francs de dommages-intérêts, à raison des faits suivants :

Le 31 Mars 1908, vers onze heures et demie du matin, les demandeurs s'étant rendus chez la veuve Blin, grand-mère de la dame Lemarchand pour avoir d'elle des explications au sujet d'une scène ayant motivé l'intervention du commissaire de police, une nouvelle scène éclata entre eux et la veuve Blin, laquelle, effrayée par l'attitude de ses visiteurs, cria par la fenêtre : « *A l'assassin ! A la garde ! On vient m'assassiner !* » Un attroupement se forma devant la maison et des soldats du poste voisin firent irruption dans l'appartement ;

Attendu que Esnault et les époux Lemarchand prétendent que ces agissements n'étaient nullement justifiés par leur conduite ni par leur attitude, — qu'ils leur ont causé un préjudice dont il leur est dû réparation ;

Attendu que la veuve Blin a déposé des conclusions tendant à l'irrecevabilité de la demande et à l'incompétence du Tribunal civil ;

Attendu que si l'article 6 paragraphe 4 de la Loi du 12 Juillet 1905 donne aux juges de paix la connaissance des actions civiles pour diffamation ou injures verbales ou par écrit autrement que par la voie de la presse, cette compétence leur échappe lorsqu'il s'agit, comme dans l'espèce, d'un fait complexe lequel, à le supposer établi, comporte non seulement des invectives, des propos téméraires ou diffamatoires, mais encore un appel à la force armée, une mise en scène, un véritable scandale, permettant aux demandeurs de fonder leur prétention sur les articles 1382 et 1383 C. civ. en faisant abstraction du caractère diffamatoire de l'acte dont ils se plaignent pour ne le présenter que comme un simple fait dommageable donnant ouverture à une action en responsabilité civile de la veuve Blin, laquelle non seulement aurait proféré des invectives, mais aurait ameuté les passants, requis l'intervention de la force armée et causé ainsi un véritable scandale générateur du préjudice dont les demandeurs sont fondés à demander réparation en se basant sur les dispositions des articles 1382 et 1383 C. civ. ;

Par ces motifs :

Se déclare compétent et renvoie l'affaire au...
Condamne la veuve Blin aux dépens de l'incident.

MM. Delcour, Président, — Gouin, substitut du Procureur de la République, — Charlier et Deschamps, Av.

COUR D'APPEL DE RENNES (1re Chambre)

21 Décembre 1908

I. — **Interdiction. — Nomination d'un administrateur provisoire. — Article 497 C. civ.**

II. — **Interdiction. — Demande en main-levée des oppositions pratiquées par l'administrateur provisoire. — Compétence des juges saisis de l'instance principale.**

1° Le droit que l'article 497 C. civ. attribue au tribunal saisi d'une demande à fin d'interdiction, de nommer un administrateur provisoire pour prendre soin de la personne et des biens du défendeur est un droit absolu qui n'a d'autres limites que l'intérêt de celui-ci.

L'exercice n'en est pas subordonné à la présentation d'une requête formelle : le tribunal peut ordonner cette nomination aussitôt après l'interrogatoire subi en chambre du conseil, d'office et sans qu'elle ait été sollicitée.

Le droit du tribunal ne peut être restreint par cette circonstance que le Ministère Public, promoteur de l'action, serait déchu de son droit d'action par suite de la révélation de l'existence de parents inconnus au début de l'instance : en effet, le Procureur de la République, qui fait partie du tribunal, a le droit de signaler aux juges une situation qui comporte des mesures spéciales et il importe peu que ce soit sur la proposition de l'un quelconque de ses membres que le tribunal ait pris une mesure que la loi lui permet de prendre d'office.

2° Il n'appartient pas à la Cour, saisie seulement d'un appel dirigé contre le jugement qui a nommé un administrateur provisoire, de faire droit aux conclusions par lesquelles le défendeur demande que l'administrateur provisoire soit obligé à donner main-levée de toutes les oppositions mises par lui entre les mains des banquiers dépositaires des valeurs du défendeur et des Compagnies d'assurances qui servent à celui-ci des rentes viagères.

C'est aux juges saisis de la demande d'interdiction qu'il appartient d'examiner et de définir, — au besoin, avant l'issue de l'instance principale, — dans quelles limites ces oppositions doivent être maintenues.

BELLIER

Le Tribunal civil de Nantes a, le 15 Juillet 1908, rendu le **Jugement** suivant :

LE TRIBUNAL,

Attendu que M. Bellier paraît être l'objet d'une véritable exploitation de la part des personnes qui l'entourent ;

Qu'il convient de le protéger contre sa faiblesse de mémoire et ses générosités excessives ;

PAR CES MOTIFS :

Charge M. Lebeau, greffier de la Justice de Paix du 2e canton de Nantes, de prendre soin, en qualité d'administrateur, des biens de M. Bellier ;

Ordonne qu'il sera, par les soins de l'administrateur provisoire, procédé à l'inventaire des titres, valeurs et objets mobiliers appartenant à M. Bellier.

Appel par M. Bellier. — **Arrêt** (21 Décembre 1908).

LA COUR,

Considérant que M. le Procureur de la République de Nantes agissant en exécution de l'art. 497 du C. civ. a, par requête du 18 Mai 1908, provoqué l'interdiction de M. Bellier, sous-inspecteur des forêts en retraite, âgé de 72 ans, demeurant à Doulon, qui se trouvait dans un état notoire de faiblesse d'esprit et qui n'aurait pas de parents connus ;

Considérant que, par jugement du même jour, le Tribunal civil de Nantes a fait droit à cette requête et ordonné la réunion du conseil de famille et l'interrogatoire de M. Bellier ; — Que le conseil de famille s'est réuni le 3 Juin 1908 et que M. Bellier a été interrogé, les 2 et 11 Juillet 1908, à son domicile ;

Considérant qu'à la date du 15 Juillet 1908, M. le Procureur de la République de Nantes adressa au tribunal une deuxième requête tendant à nomination d'un administrateur provisoire par application de l'article 497 C. civ. ;

Considérant que, le même jour, le tribunal, estimant que M. Bellier paraissait être l'objet d'une véritable exploitation de la part des personnes qui l'entourent et qu'il convenait de le protéger contre sa faiblesse de mémoire et ses générosités excessives, nomma Me Lebeau, greffier de la Justice de Paix du 2e canton de Nantes, en qualité d'administrateur des biens de M. Bellier, et ordonna que par ses soins il serait procédé à un inventaire ;

Considérant que M. Bellier a interjeté appel de ce jugement par actes des 3 et 4 Août 1908 ; — Que cet appel est recevable ; — Que M. Bellier soutient devant la Cour qu'il n'est pas dans un état de démence ou de fureur et qu'il a des parents connus, — que, dès lors, M. le Procureur de la République de Nantes n'avait pas qualité pour agir et qu'en tous cas la poursuite appartiendrait à ses parents ;

Considérant que la Cour n'a pas à apprécier si en fait la poursuite est fondée, si M. Bellier jouit de la plénitude de ses facultés intellectuelles et s'il est en état de s'occuper de sa personne et de ses biens ; — Que la Cour n'a pas davantage à examiner si, en droit, le Ministère Public, recevable à exercer son action dans le principe, est déchu de cette action, des parents de M. Bellier étant actuellement connus ; — Que ces questions sont soumises au Tribunal saisi de l'action principale ; — Que le jugement du 15 Juillet 1908 nommant un administrateur provisoire est seul déféré à l'examen de la Cour ;

Considérant que l'article 497 C. civ. porte que le tribunal peut, après l'interrogatoire, commettre, s'il y a lieu, un administrateur provisoire pour prendre soin de la personne et des biens du défendeur ; — Que c'est là une mesure sage qui sauvegarde les intérêts et permet à l'action principale de se dérouler dans toute son ampleur ;

Considérant que le droit des juges d'ordonner cette mesure de prudence est absolu et n'a d'autre limite que l'intérêt du défendeur ; — Que l'exercice n'en est pas subordonné à la requête qui pourrait leur être adressée ; — Que le tribunal peut l'ordonner aussitôt après l'interrogatatoire subi en chambre du Conseil, d'office et sans qu'elle ait été sollicitée ;

Considérant que le droit du tribunal ne peut être restreint par suite de cette circonstance que le Ministère Public serait déchu de son droit d'action, par suite de la révélation de l'existence de parents inconnus au début de l'instance ; — Qu'en effet M. le Procureur de la République de Nantes, qui fait partie du tribunal, avait le droit de signaler aux juges une situation qui comportait des mesures spéciales et il importe peu que ce soit sur la proposition de l'un quelconque de ses membres que le tribunal ait pris une mesure que la loi lui permet de prendre d'office ;

Considérant d'ailleurs que l'administrateur provisoire faillirait à la mission de confiance dont il est investi si, par des actes intempestifs et maladroits, il imposait à l'honorable M. Bellier des difficultés pécuniaires le mettant hors d'état de continuer un train de vie en rapport avec sa situation sociale, mais que la Cour ne peut, en l'état, faire droit au chef des conclusions tendant à ce que l'administrateur provisoire soit obligé à donner main-levée de toutes les oppositions qu'il a mises entre les mains des banquiers dépositaires des valeurs de M. Bellier et des Compagnies d'assurances qui lui servent des rentes viagères ; — Que ces oppositions doivent au contraire être maintenues dans une limite qu'il appartiendrait aux juges de définir ultérieurement et même avant l'issue de l'action principale ;

PAR CES MOTIFS :

Reçoit M. Bellier dans son appel ;

L'en déboute ;

Confirme en conséquence le jugement entrepris et dit qu'il sortira effet ;

Déboute quant à présent M. Bellier de toutes ses demandes, fins et conclusions et le condamne à l'amende et aux dépens d'appel ;

Décerne acte à Lebeau ès-qualités de ce qu'il s'en rapporte à la sagesse de la Cour.

MM. de SAVIGNON-LAROMBIÈRE, Président, — MAHOUDEAU, Av. gén., — GUÉRIN (du barreau de Nantes), Av.

TRIBUNAL CIVIL DE REDON

20 Janvier 1909

Obligations. — Remboursement. — Notaire. — Mandat tacite. — Commencement de peuves par écrit.

Le débiteur qui a remboursé sa dette aux mains du notaire rédacteur de l'acte d'obligation peut, à défaut de preuve littérale, démontrer par des présomptions graves, précises et concordantes que ce notaire avait mandat de recevoir et que par conséquent le paiement ainsi fait est valable et libératoire, à la condition qu'il existe en ce sens un commencement de preuve par écrit.

Ne peuvent être considérés comme constituant à cet égard un commencement de preuve par écrit : la stipulation contenue à l'acte que le remboursement aura lieu en l'étude du notaire, — ni l'élection de domicile par le créancier en ladite étude.

Au contraire la représentation du créancier dans l'acte par un clerc du notaire rédacteur, en qualité de mandataire verbal, constitue en faveur de ce mandat un commencement de preuve par écrit.

En pareil cas il est certain, en effet, que le clerc ne figure à l'acte que pour masquer la personne de son patron qui ne pouvait y prendre la qualité de mandataire des parties.

Les circonstances que les deux parties étaient toutes deux clientes du notaire, qu'elles habitent des communes différentes et sont étrangères l'une à l'autre, — les énonciations des comptes du notaire indiquant qu'il était le gérant ordinaire des affaires du créancier compléteraient utilement la preuve imposée au débiteur, et établiraient d'une manière décisive l'existence du mandat invoqué.

Epoux DANIEL *C* BARBOTIN

LE TRIBUNAL,

Attendu qu'en vertu d'un acte d'obligation du 5 Août 1898, au rapport de Legeard, notaire à Sixt, Barbotin a fait commandement aux époux Daniel de lui verser la somme principale de 1500 francs, montant de ladite obligation avec les intérêts échus depuis le 5 Août 1907 ; — Que les époux Daniel ont fait opposition à ce commandement ; — Que cette opposition à ce commandement est régulière en la forme ;

Attendu que les opposants prétendent s'être libérés en versant à Legeard, notaire rédacteur de l'acte, le 17 Décembre 1906, le principal et les intérêts de la créance Barbotin ;

Attendu que le fait du versement est constant et n'est l'objet d'aucune discussion, mais que le créancier soutient que ce paiement n'a point libéré les époux Daniel de leur dette à son égard, Legeard n'ayant pas mandat de recevoir la somme prêtée ;

Attendu que les époux Daniel allèguent au contraire que Legeard était le mandataire tacite de Barbotin et que, par suite, ils ont valablement payé entre les mains de ce notaire ;

Attendu qu'il incombe aux époux Daniel de prouver, conformément aux règles du droit civil, le mandat reçu par Legeard qui rendrait le paiement libératoire ; — Attendu qu'ils entendent établir par des présomptions graves, précises et concordantes, l'existence de ce mandat, certaines clauses de l'acte dont il s'agit constituant, disent-ils, un commencement de preuve par écrit, permettant d'admettre ce mode de preuve ;

Attendu que les clauses de l'acte obligatoire dont il est fait état sont :

1° La stipulation du remboursement du capital en l'étude du notaire ;
2° L'élection de domicile au même lieu pour l'exécution du contrat ;
3° La représentation de Barbotin à l'acte par un clerc de l'étude Legeard, son mandataire verbal ;

Attendu que l'élection de domicile pour l'exécution du contrat en l'étude du notaire et l'indication que le paiement sera effectué au même lieu ne sont, la plupart du temps, que des clauses de style auxquelles, dans l'esprit des parties contractantes, ne s'attache aucunement l'idée d'un mandat donné au notaire de recevoir le paiement ; — Que celui-ci ne les fait d'ailleurs souvent figurer à l'acte qu'en vue de l'avantage éventuel qu'elles peuvent lui procurer ;

Attendu qu'on ne saurait par suite admettre qu'isolées de tout autre indice, elles suffisent à rendre vraisemblable le fait allégué, c'est-à-dire le mandat donné au notaire, les décisions (Cour de Paris, 3 Janvier 1900) qui ont admis que ces clauses constituaient un commencement de preuve par écrit, ne les ayant pas séparées d'autres circonstances décisives dans les affaires sur lesquelles il était statué ;

Attendu qu'en l'espèce pour décider qu'il existe un commencement de preuve par écrit rendant vraisemblable le mandat donné à Legeard, il n'est nullement besoin de faire état de ces clauses : — Qu'il suffit de constater dans l'acte obligatoire la représentation du créancier par un clerc de l'étude son mandataire verbal ;

Attendu qu'une telle circonstance fait présumer et rend vraisemblable le mandat donné au notaire, car il est certain qu'en pareil cas le clerc ne figure à l'acte que pour masquer la personne de son patron qui ne pouvait y prendre la qualité de mandataire des parties (Cassation, 26 Mars 1867) ;

Attendu que pour combattre la vraisemblance du mandat donné à Legeard, résultant de la représentation du créancier par son clerc, on ne saurait objecter que la grosse de l'obligation se trouvait, au moment du remboursement, entre les mains du créancier, cette situation ne pouvant avoir d'influence sur la validité du paiement fait à son mandataire, car on ne doit pas confondre la validité d'un paiement et la preuve de ce paiement, questions d'ordre tout différent ;

Attendu que pour compléter la preuve du mandat dont est cas, on doit déjà retenir comme une présomption grave ce fait, qui n'est pas sérieusement contesté, que le prêteur et l'emprunteur étaient tous deux clients de l'étude Legeard, qu'ils habitent des communes différentes et sont en réalité étrangers l'un à l'autre (Cour de Paris, 3 Janvier 1900) ;

Attendu que si les énonciations du compte de Barbotin en l'étude Legeard produit par les époux Daniel étaient exactes, elles constitueraient une décisive présomption de l'existence du mandat invoqué, car il en résulte que Barbotin chargeait Legeard d'une véritable gestion d'affaires ;

Mais attendu que l'on ne saurait *a priori* accorder une confiance absolue à ces énonciations, eu égard aux agissements frauduleux du notaire Legeard, que l'instance actuelle fait suffisamment apparaître :

Attendu qu'il importe donc de recourir sur ce point à une expertise ;

PAR CES MOTIFS :

Dit et juge régulière en la forme l'opposition faite par les époux Daniel au commandement du 13 Mai 1908 ;

Dit qu'en l'absence de tout autre indice, la mention, dans l'acte d'obligation du 5 Août 1898, de l'étude Legeard, comme domicile élu pour l'exécution du contrat et lieu fixé pour le remboursement, ne suffit pas à constituer un commencement de preuve par écrit rendant vraisemblable l'existence du mandat, donné au notaire rédacteur, de recevoir le remboursement aux lieu et place du créancier;

Dit et juge que la représentation dans l'acte en question du créancier par le clerc de l'étude, rend au contraire vraisemblable le fait allégué et constitue le commencement de preuve par écrit exigé par l'article 1347 du Code civil, rendant possible la preuve du mandat par des présomptions graves, précises et concordantes;

Dit que le fait, non sérieusement contesté, que le prêteur et l'emprêteur étaient tous les deux clients de l'étude Legeard, habitant des communes différentes et étrangers l'un à l'autre, doit être retenu comme une présomption grave de l'existence du mandat; — Qu'il en serait de même des énonciations du compte Barbotin en l'étude Legeard, si elles étaient reconnues exactes;

Et pour en vérifier l'exactitude nomme d'office comme experts, faute aux parties d'en choisir d'autres dans les délais, MM. Favry arbitre de commerce à Rennes, Guihaire, notaire à Redon et Breuillot comptable à Redon, lesquels, après serment préalablement prêté devant M. le Président du Tribunal ou le magistrat qui le remplacera, à moins qu'ils n'en soient dispensés par les parties, vérifieront, en s'entourant de tous renseignements et en entendant toutes personnes, si Legeard avait mandat de Barbotin de recevoir le capital Daniel et s'il recevait, en général, les capitaux et les intérêts de Barbotin;

Autorise les experts à prendre communication des minutes et registres de comptabilité Legeard, mais seulement pour les actes et articles concernant Barbotin, tels qu'ils sont énoncés dans l'état fourni par les parties;

Dit que les experts dresseront de leurs constatations un rapport qu'ils déposeront au greffe et sur le vu duquel il sera statué ce qu'il appartiendra.

Dépens réservés.

MM. Plessis, Président, — Job, Procureur de la République, — Salmon (du barreau de Rennes) et Gascon, Av.

COUR D'APPEL DE RENNES (2e Chambre).

29 Janvier 1909

Tierce-opposition. — Mari. — Jugement interlocutoire. — Femme mariée. — Autorisation maritale. — Assignation. — Fausse qualité. — Nullité. — Equivoque. — Faute. — Responsabilité. — Partage des dépens.

Un mari est recevable à faire tierce-opposition à un jugement interlocutoire ordonnant une enquête, rendu contre sa femme à la suite d'une procédure à laquelle il n'a été ni appelé ni représenté.

Doit être déclarée nulle une telle procédure, la femme mariée non autorisée de son mari ne pouvant ester en justice soit en demandant soit en défendant.

Mais la femme mariée ainsi avisagée seule et sous la qualité de veuve, commet, en prolongeant l'équivoque et en s'attribuant de même cette qualité de veuve dans les diverses phases de la procédure, une faute qui engage sa responsabilité.

En conséquence, les dépens tant de la procédure annulée que de celle de la tierce-opposition doivent être partagés entre les parties par proportions égales.

BLIN C. ESNAULT et époux LEMARCHAND

LE TRIBUNAL,

Attendu que le sieur Blin a donné assignation devant le Tribunal civil aux consorts Esnault pour entendre prononcer la nullité du jugement rendu par la seconde chambre du Tribunal de Rennes le 3 Juillet 1908, auquel le sieur Blin a formé tierce-opposition, et rendu entre le sieur Esnault, les époux Lemarchand et la dame Blin ;

Que cette action est basée sur l'assignation donnée par ces derniers à la dame Blin qui est désignée comme veuve, alors que ceux-ci cependant ne pouvaient ignorer la qualité de femme mariée de la dame Blin dont ils sont les petits-enfants ; — Qu'il est donc fondé à arguer de nullité la procédure suivie contre elle ;

Attendu que Esnault et les époux Lemarchand ont, en effet, assigné *la dame veuve Blin, propriétaire à Rennes*, laquelle plaida sous cette désignation ; — Que le tribunal, par jugement du 3 Juillet 1908, se déclara compétent et ordonna une enquête pour établir la preuve des faits articulés ;

Attendu que la femme mariée non autorisée de son mari ne peut ester en justice soit en demandant, soit en défendant ; — Que la procédure suivie dans ces conditions est nulle et que Blin est fondé à en poursuivre la nullité par la voie de la tierce-opposition dans les termes de l'art. 474 C. Proc. civ. puisqu'il n'était pas partie au procès et que le jugement est de nature à lui préjudicier ;

Attendu que, si la procédure a été viciée par l'erreur initiale des demandeurs qui ont qualifié leur grand-mère *veuve*, au lieu de *femme mariée*, la dame Blin a, de son côté, commis une faute en prolongeant l'équivoque, en s'attribuant cette fausse qualité dans les diverses phases de la procédure jusqu'au jugement du 3 Juillet 1908 ; — Que sa responsabilité a donc été engagée dans des conditions analogues et que les parties doivent supporter les dépens par proportions égales ;

PAR CES MOTIFS

Reçoit Blin tiers-opposant à l'exécution du jugement du 3 Juillet 1908 ;

Ordonne que ce jugement sera considéré comme nul et non avenu, non-seulement à l'égard de Blin, mais encore pour les causes ci-dessus à l'égard d'Esnault, des époux Lemarchand et de la dame Blin ;

Fait masse des dépens pour être supportés : un tiers par Esnault, un tiers par les époux Lemarchand, et un tiers par les époux Blin.

MM. Delcour, Président, — Gouin, Substitut du Procureur de la République, — Deschamps et Charlier, Av.

COUR D'APPEL DE RENNES (1re Chambre)

9 Mars 1909

Obligations. — Remboursement. — Notaire. — Mandat. — Indication par le créancier.

Le paiement fait par un débiteur aux mains d'un notaire doit être considéré comme valable et libératoire vis-à-vis du créancier, lorsque ce notaire qui a rédigé l'acte d'obligation, négocié entre les parties le remboursement de la dette, a été indiqué par lettre au débiteur, par le créancier lui-même, pour recevoir un premier acompte.

Il en est surtout ainsi quand il apparaît de l'examen des faits que le notaire a averti le créancier de la date à laquelle il recevrait paiement pour lui, et qu'à tous moments il s'est considéré comme nanti du mandat de recevoir.

Thélohan *C* Demoiselle de Gouyon de Coipel

La 1re Chambre de la Cour a, le 9 Mars 1909, rendu l'**Arrêt** suivant, par réformation d'un jugement du Tribunal civil de Rennes, en date du 30 Novembre 1908 :

La Cour,

Considérant que par acte des 24-27 Décembre 1902, au rapport de Me Legeard, notaire à Sixt, le vicomte de Chantérac a cédé et transporté à Mlle de Gouyon de Coipel une créance de 9.000 francs sur Louis Thélohan, clerc de notaire, et son père, Louis Thélohan, demeurant tous les deux à Rennes ; — Que l'acte annonçait que le paiement serait effectué le 7 Février 1908, en l'étude du notaire rédacteur de l'acte ;

Considérant que, le paiement n'ayant pas été effectué au

jour convenu, Mlle de Gouyon de Coipel a écrit à son débiteur, le 16 Février, qu'ayant besoin de fonds, elle le priait de pourvoir à son remboursement le plus tôt possible ; — Que sa letre se poursuit en ces termes : « *J'écris par le même courrier à Me Legeard, notaire à Sixt, qui a placé ces fonds, pour qu'il fasse ce qui est nécessaire. Je désire être prévenue du jour où l'envoi des fonds sera fait à Me Legeard, afin que j'aille les chercher* » ;

Considérant que, le 23 Février, Thélohan répondait à Mlle de Gouyon que son père était décédé depuis deux ans, — que, les immeubles sur lesquels portait sa garantie étant en partie vendus, Legeard, qui se trouvait détenteur de leur produit, pourrait immédiatement lui faire tenir une partie de sa créance, — que le surplus serait à sa disposition le 10 Mars en l'étude Legeard ; — Que la veille, 22 Février, Thélohan avait télégraphié à Legeard pour l'aviser qu'il lui enverrait, le 10 Mars, l'argent nécessaire au remboursement, — qu'il pourrait le fixer à cette date ; — Que le 9 Mars, il lui adressait 3.000 francs à cet effet ;

Considérant que par lettre du 24 Février, Legeard envoyait à Mlle de Gouyon une somme de 5.000 francs en compte sur la créance Télohan, ajoutant que son débiteur enverrait le solde pour le 15 Mars ;

Considérant que l'indication de cette dernière date, différente de celle qui lui avait été fixée par Thélohan, importe peu pour déterminer la situation respective des parties ; — Qu'il ressort nettement de sa correspondance et de ses actes que Legeard, qui avait reçu le transfert au profit de Mlle de Gouyon, a été l'intermédiaire entre elle et Thélohan pour le remboursement du prix ; — Que, par sa lettre du 16 Février, elle a expressément indiqué à Thélohan qu'il eût à envoyer ses fonds chez Legeard ; qu'elle irait les toucher ; — Qu'elle a donc ainsi donné à Legeard le mandat de recevoir ; — Que celui-ci, agissant au nom de Thélohan, lui a fait un premier envoi de 5.000 francs sur le montant de sa créance ; — Qu'il a averti Mlle de Gouyon de la date convenue pour le paiement du solde ; — Qu'à tous moments il s'est donc considéré comme nanti du mandat de recevoir les fonds et de les faire parvenir à leur destination ; — Qu'en effet, non seulement elle a eu imprudemment une trop grande confiance dans Legeard, mais encore que, si dès le 16 Mars, le lendemain du jour indiqué, elle s'était présentée dans l'étude, non seulement elle aurait touché les 3.000 francs envoyés par Thélohan, mais encore l'intégralité du surplus de la créance, puisqu'au moment où il a pris la fuite on a trouvé dans sa caisse une somme de 11.000 francs environ, dont une partie provenait de la vente des immeubles Thélohan ;

Considérant que Thélohan n'a donc commis aucune faute ; — Qu'il n'a fait que se conformer à la demande formellement exprimée par Mlle de Gouyon ; — Qu'il a envoyé l'argent à Legeard, que celle-ci avait désigné pour recevoir ; — Que c'est donc sans droit que Mlle de Gouyon a fait à Thélohan commandement de lui payer une somme dont il s'est régulièrement libéré envers elle ;

PAR CES MOTIFS :

Dit qu'il a été bien appelé, mal jugé ;

Réformant et faisant ce que les premiers juges auraient dû faire,

Dit nul et de nul effet le commandement pratiqué par Mlle de Gouyon ;

Dit en conséquence Thélohan libéré vis-à-vis d'elle ;

Dit que Mlle de Gouyon devra donner main-levée de son inscription hypothécaire à première requête de Thélohan ;

Condamne Mlle de Gouyon en tous les dépens de première instance et d'appel ;

La déboute de toutes ses demandes, fins et conclusions ;

Restitution de l'amende.

MM. MAULION, 1er Président, — MAHOUDEAU, Av. gén., — CHAUVEAU et OGÉE, Av.

COUR D'APPEL DE RENNES (1re Chambre)

15 Juin 1909

Cultes. — Séparation de l'Eglise et de l'Etat. — Legs à une Fabrique d'Eglise. — Acceptation provisoire. — Délivrance. — Payement des droits de mutation. — Défaut d'autorisation gouvernementale. — Article 910 C. civ. — Héritiers collatéraux. — Droit commun. — Sursis jusqu'à l'attribution à un établissement public.

L'acceptation provisoire par une Fabrique d'église d'un legs fait à son profit, — la demande par elle de délivrance, — la délivrance effective par les héritiers dudit legs, — le paiement des droits de mutation afférents à cette libéralité ne sauraient, même réunis, faire légalement entrer les biens ainsi légués dans le patrimoine de ladite Fabrique.

Il faut, pour que la Fabrique devienne capable de recevoir ces biens, qu'elle ait reçu l'autorisation nécessaire des pouvoirs publics édictée par l'article 910, C. civ. et maintenue par l'article 6 de la Loi du 4 Février 1901.

Les biens ainsi possédés par la Fabrique n'étant pas légalement entrés dans son patrimoine, les lois de 1905 et de 1908 ne leur sont pas applicables.

En conséquence les héritiers collatéraux ont qualité pour les revendiquer et se prévaloir de la caducité du legs fait à la Fabrique.

Il ne saurait être question de surseoir à statuer jusqu'à ce que l'attribution de ces dits biens ait été faite au profit d'un établissement communal d'assistance ou de bienfaisance sous le prétexte que l'autorisation gouvernementale pourrait encore être utilement accordée, aucun établissement ne pouvant être appelé à recueillir l'attribution d'un bien sur lequel la Fabrique n'avait, durant son existence, régulièrement acquis aucun droit.

DURÉCHOU C. ADMINISTRATION DE L'ENREGISTREMENT

Le Tribunal civil de Lannion a, le 21 Janvier 1908, rendu le **Jugement** suivant :

LE TRIBUNAL,

Attendu que, par testament du 19 Mars 1882, au rapport de Me Geffroy, notaire à Pleudihen, Dlle Marie-Louise Even a légué à titre de fondation pieuse à la Fabrique de l'église paroissiale de Trédarzec une pièce de terre dite « Parc Kerstrouil », sise à Plémeur-Gautier, d'une contenance de 18 ares 30 centiares, inscrite au plan cadastral de la dite commune sous le n°418, section D ; — Que ce legs était fait à charge par la Fabrique légataire de faire chanter dans l'église de Trédarzec 12 services par an à perpétuité pour le repos de l'âme de la disposante et de ses parents défunts ;

Attendu que la Dlle Even est décédée à Trédarzec le 20 Mai 1887, sans héritiers réservataires et laissant pour légataire à titre universel, aux termes du testament précité, divers collatéraux, entr'autres le demandeur Guillaume Duréchou, fondé pour 1/24e à titre d'héritier institué dans sa succesion exclusivement testamentaire ;

Attendu que la Fabrique ayant accepté provisoirement le legs susvisé, a, également à titre purement conservatoire, sollicité et obtenu de Louis Lhostellier, unique héritier légitime de la disposante, la délivrance du dit legs, qui lui fut consentie par acte du

15 Mai 1892, au rapport de Me Bouguen, notaire à Pontrieux; — Qu'en conformité de cette délivrance la Fabrique a acquitté les droits de mutation afférents à la libéralité dont s'agit, bien qu'en réalité aucune mutation ne put s'opérer à son profit en l'absence d'une autorisation administrative;

Attendu en effet qu'il n'est pas contesté, d'une part, que cet établissement public du culte n'a pas été autorisé par décret à accepter ce legs conformément à l'article 910 du Code civil et d'autre part qu'à défaut de cette autorisation il s'est strictement abstenu de faire acte de propriétaire ou de jouissance sur le terrain légué et d'acquitter la prestation corrélative à ladite jouissance qu'il devait sous la forme de 12 servicesannuels; — Que, de leur côté, les représentants de la *decujus*, par un sentiment de respect, peut-être exagéré, pour la volonté de cette dernière, qui en somme n'a pas été exécutée, ont également abdiqué toutes prétentions à la propriété ou à la jouissance du dit terrain, dont le fermier qui seul, en fait, a bénéficié de la disposition testamentaire, jouit gratuitement depuis 20 ans;

Attendu que la Fabrique légataire a cessé d'exister légalement le 11 Décembre 1906; — Qu'à défaut d'Association cultuelle, seule entité juridique apte, aux yeux de la Loi du 9 Décembre 1905, à continuer la personne morale des établissements cultuels, ces biens ont été mis sous séquestre et confiés à la gestion provisoire de l'administration défenderesse en la personne de son préposé au Bureau des Domaines à Lézardrieux;

Attendu que, dans cet état des faits et par exploit du 6 Septembre 1907, enregistré, le demandeur a assigné ladite administration ès-qualité à comparaître devant le Tribunal pour ouïr déclarer caduc et par suite nul et de nul effet le legs fait à la Fabrique de l'église de Trédarzec, par la Dlle Marie-Louise Even dans son testament du 29 Mai 1889, en conséquence dire que les héritiers naturels de la *de cujus* sont propriétaires de l'immeuble ayant fait l'objet de ce legs et condamner le défendeur aux dépens;

Attendu que le demandeur s'appuie sur les dispositions : 1o de l'article 910 du Code civil aux termes duquel les dispositions entre vifs ou testamentaires au profit des établissements publics n'ont leur effet qu'autant qu'elles sont autorisées par le gouvernement; 2o de l'article 1043 du même code aux termes duquel la disposition testamentaire est caduque lorsque le légataire se trouve incapable de la recueillir; — Qu'il expose à cet égard que la Fabrique de Trédarzec n'ayant pas été autorisée à accepter le legs en litige et ne pouvant plus l'être désormais, vu son inexistence légale, la disposition testamentaire faite à son égard se trouverait frappée concurremment de nullité et de caducité;

Attendu que les établissements publics du culte quant aux dons et legs restaient soumis, d'après l'article 6 § 2e de la Loi du 4 Février 1901, au régime de l'autorisation préalable, tel que l'ont institué l'article 910 du Code civil et l'Ordonnance du 2 Avril 1817 modifiée par les Décrets des 15 Février 1862 et 1er Février 1896; — Que cette autorisation est d'ordre public et ne peut-être suppléée par le consentement du disposant lui-même ou de ses ayants-cause à l'exécution de la libéralité *(Cass. 24 Juillet 1854. D. P. 54, 1, 28)*; — Que c'est donc à tort que l'administration défenderesse excipe de la délivrance du legs à la Fabrique, cette mesure, de même que l'acceptation provisoire du legs par cet établissement, ayant un caractère purement conservatoire et n'ayant pu sortir aucun effet juridique à défaut de l'autorisation prescrite par la loi;

Attendu que la disposition testamentaire en litige a donc été faite sous condition suspensive ; — Qu'elle n'a cessé d'être subordonnée à l'autorisation pour la Fabrique de l'accepter ; — Qu'à défaut de cette autorisation, l'établissement légataire est resté frappé, aux termes de l'article 910 du Code civil, d'une incapacité absolue de recevoir à titre gratuit ; — Que cette incapacité n'a été couverte à aucun moment, puisque l'autorisation n'est pas intervenue au cours de son existence légale ; — Que si, lors du décès de la Dlle Even, la Fabrique de Trédarzec a bien eu un droit éventuel au legs litigeux, droit transmissible aux continuateurs de sa personne morale, ce droit s'est éteint avec elle par le fait qu'elle a cessé d'exister avant d'être autorisée à accepter ce legs, c'est-à-dire avant l'accomplissement de la condition qui tenait son droit en suspens et qui, seule, aurait permis à la disposition testamentaire d'avoir son effet ; — Que, cette condition ayant irrévocablement défailli, le legs se trouve frappé de caducité comme fait à une personne dont l'incapacité absolue n'a jamais été couverte et ne peut plus l'être désormais ;

Attendu en effet que vainement l'administration défenderesse excipe de ce que l'autorisation gouvernementale pourrait être utilement accordée à l'établissement communal d'assistance ou de bienfaisance qui, aux termes de l'article 2 de la Loi du 2 Janvier 1907, se verra attribuer définitivement les biens à la Fabrique paroissiale de Trédarzec et demande en conséquence qu'il soit sursis à statuer au fond jusqu'à cette attribution ; — Que la disposition litigieuse ayant été manifestement inspirée par le caractère ecclésiastique de l'établissement gratifié, ce moyen, pouvait être recevable si on l'avait appliqué à une association cultuelle continuant la personnalité civile de la Fabrique, comme l'héritier légitime et le légataire universel, ayant tous deux la saisine, continuant la personne du *de cujus* ; — Mais que là n'est pas le cas des établissements destinés à obtenir l'attribution éventuelle des biens cultuels ; — Que ces établissements, en effet, seuls successeurs aux biens corporels, sauraient d'autant moins continuer la personne morale d'une Fabrique qu'ils ne sont eux-mêmes investis de la personnalité civile qu'en vue et dans les limites restreintes de la mission spéciale qui leur est confiée et ne peuvent être autorisées, par suite, à accepter que les seules libéralités dont les charges rentrent dans leurs attributions (*Avis du Conseil d'Etat, 24 Mars - 13 Avril 1881*, D. P. 82, 3, 21) ; — Qu'il est donc constant désormais que l'établissement attributaire, dont la mission est totalement étrangère à l'exercice du culte, ne peut dans l'état actuel de la législation être autorisé à accepter le legs litigieux dont la caducité est définitive (*Trib. Civ. Besançon*, Gaz. Palais 1897, 1, 454) ; — Que dans ces conditions il échet d'accueillir la demande tant en la forme qu'au fond et de rejeter les conclusions de l'administration défenderesse tendant à ce qu'il soit sursis à statuer au fond ;

Par ces motifs :

Reçoit la demande en la forme et la déclare bien fondée ;

Dit et juge en conséquence que le legs particulier fait par la demoiselle Even à la Fabrique de Trédarzec le 19 Mai 1882, est frappé de caducité et ne peut sortir aucun effet juridique ;

Dit que le champ dénommé « Parc Kerstrouil » qui en faisait l'objet fera retour à la succession de la disposante, libre de toutes charges, pour être partagé entre ses héritiers conformément à leurs droits ;

Déboute au surplus les parties de toutes fins et conclusions contraires et condamne l'administration défenderesse ès-qualité aux dépens qui seront employés en frais de gestion exclusivement recouvrables sur les biens séquestrés.

Appel par l'administration de l'Enregistrement. — **Arrêt** (15 Juin 1909).

LA COUR,

Considérant que, par testament du 19 Mai 1882, reçu Geffroy, notaire à Pleudihen, Marie-Louise Even a légué à la Fabrique de l'église paroissiale de Trédarzec une pièce de terre dite Parc Kerstrouil, d'une contenance de 18 ares 30 centiares, à la charge de faire chanter dans l'église de Trédarzec douze services par an à perpétuité pour le repos de son âme et de celles de ses parents défunts ;

Considérant que, au décès de la testatrice, survenu à Trédarzec le 20 Mai 1887, la Fabrique a, suivant le droit que lui conférait l'article 8 de la Loi du 4 Février 1901, accepté provisoirement le legs fait à son profit ; — Qu'elle a sollicité et obtenu du seul héritier de Mademoiselle Even la délivrance du legs, qui a été réalisée par acte du 15 Mai 1892 au rapport de Bouguen, notaire à Pontrieux ; — Qu'elle a même été jusqu'à payer les droits de mutation afférents à la libéralité ; — Mais qu'à aucun moment, elle n'a complété sa capacité pour l'acceptation du legs et n'a reçu l'autorisation nécessaire des pouvoirs publics édictée par l'article 910 du Code civil et maintenue par l'article 6 de la Loi du 4 Février 1901 ; — Que, dans ces conditions, la disposition faite à son profit est restée sans effet légal ; — Que la propriété des pièces de terre, qui en formaient l'objet, n'est jamais entrée dans le patrimoine de la Fabrique ; — Que, dès lors, les Lois de 1905 et de 1908 étant sans application dans la cause, Duréchou avait, bien qu'héritier collatéral, toute qualité pour intenter son action contre l'Administration séquestre suivant les règles du droit commun ; — Que, dans cette situation, c'est donc à tort que l'Administration séquestre a conclu devant les premiers juges comme elle le fait encore devant la Cour « *à ce qu'il soit sursis à statuer* « *sur le fond du débat jusqu'après l'attribution à un établissement public des biens ayant appartenu à l'ancienne Fabrique* « *paroissiale de Trédarzec ;*

Que par suite de l'inexécution des dispositions précitées, l'objet du legs n'étant pas entré dans le patrimoine de la Fabrique et ne lui ayant jamais appartenu, aucun établissement ne pouvait être appelé à recueillir l'attribution d'un bien sur lequel la Fabrique n'avait, durant son existence, régulièrement acquis aucun droit ; — Que la demande de sursis est donc purement illusoire ;

PAR CES MOTIFS et adoptant au surplus ceux des premiers juges en ce qu'ils n'ont rien de contraire :

Dit qu'il a été bien jugé, mal appelé :

Met l'appellation à néant ;

Rejette la demande de sursis de l'administration séquestre ;

Dit que le jugement entrepris sortira son plein et entier effet ;

Condamne l'administration séquestre ès-qualités à l'amende et en tous les dépens de première instance et d'appel ;

La déboute de toutes ses demandes, fins et conclusions.

MM. MAULION, 1er Président, — MAHOUDEAU. Av. général, — DYÈVRE, Av.

COUR D'APPEL DE RENNES (1re Chambre)

9 Novembre 1909

Assurances terrestres. — Modification de l'étendue du risque. — Indemnité stipulée en faveur de l'assureur. — Taux de la prime. — Tarif courant du Syndicat des Compagnies d'Assurances Françaises. — Modification et amélioration du risque.

Tout assuré a incontestablement le droit de modifier l'étendue du risque soumis par lui à l'assurance au moyen d'avenants dont la conséquence est d'élever ou de réduire le montant de la prime.

*Mais — les conventions librement consenties formant la loi des parties — si la police porte la clause qu'*en cas de cessation partielle ou totale de l'assurance pour quelque cause que ce soit, il sera dû à la Compagnie, outre les primes échues, une indemnité égale à deux annuités, *l'assuré se trouve soumis, par la loi de son contrat, à payer, pour les réductions qu'il prétend faire, l'indemnité ainsi stipulée en faveur de l'assureur.*

L'assuré ne saurait, pendant le cours de l'exécution de son contrat, imposer à l'assureur une réduction du taux de la prime convenu entre les parties au moment de la rédaction de la police sous le prétexte que, depuis lors, le Syndicat des Compagnies Françaises d'Assurances aurait dans son tarif courant adopté un taux moins élevé, — alors que la police ne contient aucune référence à ce tarif courant du Syndicat.

De même l'assuré ne peut se prévaloir utilement de prétendues améliorations survenues dans son risque pour imposer à l'assureur une réduction du taux de la prime, si ce taux a été déterminé forfaitairement lors de la signature de la police.

Une proposition émanant de l'assuré et comportant — outre une réduction des capitaux assurés, une réduction du taux de la prime pour les capitaux maintenus à l'assurance — ne peut être considérée comme un avenant pur et simple, que l'assureur ne saurait refuser d'accueillir ; c'est en réalité une transformation complète et arbitraire du contrat primitif équivalant à une cessation de l'assurance et, par là-même, donnant droit pour l'assureur aux indemnités prévues en sa faveur au cas de cessation de l'assurance de la part de l'assuré.

Compagnie d'assurances LE NORD C. SOCIÉTÉ DES ACIÉRIES NANTAISES

Ces solutions résultent de l'**arrêt** suivant, rendu le 9 Novembre 1909 par la 1re Chambre de la Cour d'Appel de Rennes, par réformation d'un jugement du Tribunal de Commerce de Nantes, du 31 Octobre 1908.

LA COUR,

Considérant que Messieurs Gustave Robert et Cie, demeurant à Paris, rue Oberkampf, se sont, par police du 22 Avril 1895, assurés à la Compagnie *Le Nord* pour une période de 19 années et 310 jours commençant le 24 Août 1895, finissant par suite le 1er Mars 1915, moyennant une prime annuelle de 509 fr. 70 ;

Considérant que la Société des Aciéries Nantaises, devenue cessionnaire de la Société Robert et Cie, s'est par un avenant du 16 Janvier 1903 substituée à cette Société dans sa police d'assurances avec *Le Nord*; — Qu'elle en est devenue la titulaire, par suite tenue aux mêmes obligations pendant toute la durée du contrat, c'est-à-dire jusqu'au 1er Mars 1915 ;

Considérant, d'autre part, que, par un avenant régulièrement intervenu entre les parties à la date du 13 Janvier 1906, la prime originaire, qui avait été déjà augmentée par des avenants successifs, a été élevée, à raison de l'augmentation des capitaux assurés, à la somme de 1046 fr. 30 ;

Considérant que la Société des Aciéries Nantaises après avoir vendu l'usine qu'elle possédait rue Bias et transporté son industrie dans un nouvel établissement prairies de Bresse, a fait à la Compagnie *Le Nord* une déclaration régulière de ce changement et lui a demandé de pourvoir à son assurance par un nouvel avenant, réclamant pour la fixation de la prime l'application du tarif courant du Syndicat des Compagnies d'Assurances Françaises et réduisant le montant de sa prime antérieure de 1046 fr. 30 à 628 fr. 89 ;

Considérant que tout assuré a incontestablement le droit de modifier l'étendue du risque par un avenant ayant pour conséquence d'élever ou de réduire le montant de la prime ;

Mais, considérant qu'aux termes de l'article 1134 du Code Civil les conventions librement consenties forment la loi des parties ;

Que dans la police consentie par Robert et Cie et à laquelle se sont substituées les Aciéries Nantaises se trouve cette clause : « En cas de cessation partielle ou totale de l'assurance pour « quelque cause que ce soit, il est dû à la Compagnie outre les « primes échues, une indemnité égale à deux annuités » ;

Considérant que l'avenant proposé par les Aciéries Nantaises avait pour but de faire modifier le taux du tarif; — Qu'elles émettaient cette prétention non seulement pour leur usine en chômage, mais encore pour celle qui était en pleine activité ;

Qu'elles alléguaient, à l'appui de leur proposition, de prétendues améliorations survenues dans leur risque ;

Que, dès lors, il ne s'agissait pas d'un simple avenant d'augmentation ou de diminution, mais d'une transformation complète et arbitraire, de leur part, du contrat primitif équivalant à une cessation de l'assurance et rentrant par cela même dans les dispositions de l'article 4 ;

Que dans ces conditions la Société des Aciéries se trouve soumise à la loi de son contrat, c'est-à-dire au paiement de l'indemnité prévue par l'article 4 que la Compagnie avait fixée elle-même à 368 francs pour la réduction de l'assurance contre l'explosion des appareils à vapeur, l'assurance contre le chômage et l'assurance des vêtements et outils des ouvriers ;

Considérant que la Société des Aciéries reste soumise aux règles de son contrat primitif pendant toute sa durée ; —

Qu'il n'y est nullement dit que les primes ont été fixées d'après le tarif courant du Syndicat des Compagnies d'Assurances Françaises ; — Que le tarif de 1 fr. 50 a été déterminé à forfait ; — Que quelles que soient les circonstances que peut alléguer la Société des Aciéries pour justifier cette réduction du tarif par application de celui du Syndicat des Compagnies d'Assurances, elle ne saurait être admise dans sa prétention ;

Considérant que la Société des Aciéries Nantaises reste débitrice, vis-à-vis de la Compagnie *Le Nord*, d'un reliquat de prime de 363 fr. 55 sur le montant de la prime du 1er Mars 1907 au 1er Mars 1908 ; — Que la prime du 1er Mars 1908 au 1er Mars 1909 devra être fixée par ce nouvel avenant qui sera passé entre les parties dans les conditions précitées ;

Par ces motifs :

Dit qu'il a été bien appelé, mal jugé ;

Réformant et faisant ce que les premiers Juges auraient dû faire,

Condamne la Société des Aciéries Nantaises à payer à la Compagnie *Le Nord* la somme de 363 fr. 55, reliquat de la prime échue le 1er Mars 1908, la somme de 368 francs à titre d'indemnité pour cessation partielle de l'assurance ;

Condamne la Société des Aciéries Nantaises en tous les dépens de première instance et d'appel ;

Déboute les parties de toutes leurs autres demandes, fins et conclusions contraires ;

Ordonne la restitution de l'amende ;

Décerne acte à la Compagnie *Le Nord* de ce qu'elle se déclare prête à annuler, dans la mesure où cette annulation est demandée par les Aciéries, l'assurance contre le risque d'explosion des appareils à vapeur, l'assurance contre le chômage et l'assurance des vêtements des ouvriers.

MM. Maulion, Premier Président, — La Couture, Av. gén., — Charlier et Marie d'Avigneau (ce dernier du barreau de Nantes), Av.

COUR D'APPEL DE RENNES (1re Chambre)
9 Novembre 1909

Obligations. — Remboursement. — Notaire. — Mandat tacite. — Commencement de preuve par écrit.

Le débiteur qui a remboursé sa dette aux mains du notaire rédacteur de l'acte d'obligation peut, à défaut de preuve littérale, démontrer par les présomptions résultant des circonstances de la cause que ce notaire avait mandat du créancier pour recevoir et que, par conséquent, le paiement ainsi fait est valable et libératoire, à la condition qu'il y ait en ce sens un commencement de preuve par écrit.

Ne peuvent être considérées comme constituant, à cet égard, un commencement de preuve par écrit: l'élection de domicile faite, dans l'acte d'obligation, par le créancier en l'étude du notaire rédacteur, — ou la stipulation que le remboursement devait avoir lieu en cette étude.

De même est inopérante la comparution à l'acte d'un clerc du notaire rédacteur comme mandataire du prêteur, cette intervention ayant uniquement pour but d'éviter à la partie qu'il représente un déplacement inutile, puisque, les termes de la convention étant arrêtés par avance, il ne s'agit plus que de les consigner dans l'acte et d'autre part le mandat de représenter le prêteur pour la constitution de l'obligation devant être strictement renfermé dans ses limites et ne pouvant être étendu aux circonstances ultérieures qu'il n'avait pas mission d'envisager.

Il doit surtout être ainsi jugé quand il apparaît des circonstances de la cause que le prêteur avait recours pour la gestion de ses capitaux aux offices de plusieurs notaires, qu'il surveillait lui-même de très-près tous ses placements, et n'abandonnait à personne le soin de recouvrer ses capitaux, restant toujours, dans ce but, détenteur des grosses; — et quand, d'autre part, il ressort clairement de la quittance remise en échange du paiement en ses mains par le notaire qu'elle n'est qu'un reçu provisoire, n'ayant pas pour effet de libérer le débiteur vis-à-vis du créancier.

En semblable circonstance, il appartient au débiteur de poursuivre sans retard ses diligences pour se faire remettre la quittance du créancier. Et, à défaut de l'avoir fait, il doit être considéré comme toujours tenu à l'égard de celui-ci.

BARBOTIN C/ époux DANIEL

Ces solutions résultent de l'**Arrêt** suivant rendu par la 1re Chambre de la Cour, le 9 Novembre 1909, par réformation d'un jugement du Tribunal Civil de Redon du 27 Janvier 1909, rapporté au *Recueil*, année 1909, page 169.

LA COUR,

Considérant que, suivant acte du 5 Août 1898, au rapport de Legeard, notaire à Sixt, Barbotin, demeurant à la Gacilly, a consenti aux époux Daniel, négociants à Rennes, le prêt d'une somme de 1500 francs, avec intérêts à 4 %, remboursable au bout de cinq années ;

Considérant que, le remboursement n'ayant pas été fait à l'expiration du terme, Legeard laissa les choses en l'état jusqu'au mois de Décembre 1906, époque à laquelle il le réclama aux époux Daniel ;

Que ceux-ci s'empressèrent de lui donner satisfaction, puisque, dès le 12 Décembre, ils adressaient à Legeard une somme de 1525 francs pour pourvoir au remboursement, principal et intérêts, de l'obligation du 5 Août 1898 ;

Considérant qu'il n'est pas douteux qu'en faisant au notaire cet envoi d'argent dans un but nettement déterminé par eux et qui résulte bien du reçu qui leur a été servi par cet officier public, les époux Daniel l'avaient constitué pour leur mandataire en vue de ce remboursement ; — Mais que, Legeard étant resté sans l'effectuer, il s'agit de rechercher s'ils se trouvent personnellement libérés vis-à-vis de Barbotin, leur créancier, par l'envoi d'argent qu'ils ont fait au notaire, ou au contraire si celui-ci est fondé dans le commandement de payer qu'il leur a fait à la date du 15 Mars 1908 ;

Considérant que c'est aux époux Daniel d'établir que Legeard avait qualité pour recevoir au nom de Barbotin ; — Que s'ils ne justifient pas d'un mandat exprès qui lui ait été donné de toucher et de donner quittance, ils prétendent que les termes de l'obligation constituent un commencement de preuve par écrit du mandat, corroboré et définitivement établi par l'ensemble des circonstances de la cause ;

Considérant qu'on ne saurait attribuer aucune portée de cette sorte à la clause relative à l'élection de domicile en l'étude, insérée dans l'acte ; — Que c'est une clause de style courante dans les actes, qui ne comporte aucune signification de l'intention des parties ; — Que, dans la circonstance et en dehors de toute intention spéciale, elle était indispensable, aux termes de l'article 2148 du Code civil, le créancier étant domicilié dans un lieu en dehors de l'arrondissement du Bureau ;

Qu'au point de vue du mandat on ne peut attacher d'importance à l'indication que le paiement serait effectué en l'étude ; — Que ce n'est qu'une simple indication qui ne comporte pas nécessairement pour le notaire pouvoir de recevoir, de même encore que la comparution du clerc à l'acte comme mandataire du prêteur ; — Que cette intervention n'a le plus souvent pour but que d'éviter un déplacement à la partie qu'il représente, déplacement inutile, puisque les termes de la convention sont arrêtés par avance, qu'il ne s'agit plus que de les consigner dans l'acte : — Qu'au surplus le mandat de représenter le prêteur pour la constitution de l'obligation doit être strictement renfermé dans ses limites ; — Que ce serait le dénaturer complètement et l'en faire sortir que de le faire porter sur des circonstances ultérieures qu'il n'avait pas mission d'envisager :

Qu'on est plus encore amené à se convaincre que ces indications de l'acte ne peuvent comporter le moindre indice d'un mandat en vue du remboursement donné à Legeard par Barbotin, si on se reporte aux habitudes de ce dernier et à certaines des circonstances de la cause tout particulièrement péremptoires ; — Qu'ainsi il est avéré que Barbotin, qui était en possession d'une fortune mobilière assez importante qu'il utilisait en de nombreux placements, avait recours pour ses différents prêts à l'intervention de plusieurs notaires ; — Qu'il surveillait de très-près tous ses placements, s'occupant de s'assurer des garanties et n'abandonnant à personne le soin de recouvrer ses capitaux ; — Que dans ce but, il restait détenteur des grosses, ce qui impliquait que, possesseur de son titre, il entendait ne s'en dessaisir qu'après avoir lui-même perçu le montant de ce qui lui revenait et qu'il se réservait de fournir la quittance de libération : — Que d'ailleurs dans l'espèce, Legeard n'a jamais compris autrement l'intention des parties et son droit, puisque le reçu de la somme de 1525 francs, délivré par son étude le 12 Décembre 1906 aux époux Daniel, comporte cette indication très significative qu'il n'était donné que *pour ordre seulement* et qu'il ne ferait qu'une seule et même chose avec la quittance de la partie intéressée : — Qu'il ressort clairement de ces termes que le reçu donné n'était qu'un reçu provisoire : — Qu'il n'avait pas pour effet de libérer le débiteur au regard du créancier ; — Que c'était la quittance de ce dernier qui, seule, aurait ce caractère, reconnaissant par cela même qu'elle était nécessaire, qu'il n'avait nul mandat à cet effet ; — Que, nantis de cette pièce, les époux Daniel auraient dû sans retard poursuivre leurs diligences et réclamer de Barbotin la quittance constatant le versement fait par Legeard en leur nom et qui devait les mettre à l'abri de toute réclamation possible ; — Que c'est donc principalement à eux, à leur négligence, qu'ils doivent s'en prendre s'ils se trouvent l'objet du commandement du 15 Mai 1906 ;

PAR CES MOTIFS :

Dit qu'il a été bien appelé, mal jugé ;

Réformant et faisant ce que les premiers Juges auraient dû faire,

Dit et juge que les époux Daniel sont toujours tenus envers Barbotin des causes de l'obligation du 5 Août 1898 ;

Les déboute de toutes leurs demandes, fins et conclusions tant principales que d'appel incident ;

Les condamne en tous les frais de première instance et d'appel ;

Et ordonne la restitution de l'amende.

MM. MAULION, 1er Prés., — LA COUTURE, Av. gén., — LEBORGNE et SALMON, Av.

TRIBUNAL DE PAIX DE NANTES (VIme Arrondissement)

11 Novembre 1909

Cultes. — Séparation des Eglises et de l'Etat. — Gestion et administration des biens du culte. — Pouvoirs des curés. — Monopole de la fourniture des cierges. — Mise à l'index d'un commerçant.

Les Lois des 9 Décembre 1905 et 2 Janvier 1907 sur la Séparation des Eglises et de l'Etat ont mis, au point de vue juridique, les fidèles sur le même pied d'égalité que leurs pasteurs ; les édifices et meubles destinés au culte sont aussi bien à la disposition de ceux-là que de ceux-ci qui ne peuvent prétendre sur l'édifice ni son mobilier aucun droit d'usage, de jouissance ou de simple possession privatif.

Les Associations cultuelles auxquelles le législateur avait attribué l'organisation des services, l'administration et la gestion des biens du culte, n'ayant pas été constituées, les curés se trouvent avoir, à l'égard de ces biens, la qualité de simples occupants leur donnant seulement le droit de célébrer les offices comme par le passé, c'est-à-dire sans être troublés dans l'exercice de leur ministère, la faculté de recueillir des offrandes, et enfin l'obligation de ne pas préjudicier et de ne pas laisser les tiers préjudicier à l'Eglise et aux objets la garnissant.

Les Conseils paroissiaux, établis en violation de la loi, n'ont aucune qualité pour prendre ou imposer le respect des décisions concernant un acte d'administration et de gestion temporelle relatif au culte.

En conséquence, en affichant dans l'enceinte d'une église que conformément à la décision du Conseil paroissial, seuls certains cierges portant une marque spéciale seraient autorisés à brûler dans ladite église, et en accaparant, pour l'exécution du monopole par lui ainsi créé, un meuble sur lequel il n'a qu'un droit de jouissance relative, un curé commet une violation du principe inscrit dans l'article 1er de la Loi du 2 Janvier 1907.

Un curé commet également une faute en affichant dans l'intérieur de l'enceinte de l'église une recommandation aux fidèles pour leur enjoindre de n'acheter que des cierges d'une marque déterminée, et en accompagnant cette recommandation d'appréciations désobligeantes pour un commerçant vendant d'autres cierges, et ce dans le but, d'ailleurs atteint, de mettre à l'index ce commerçant.

Dame Rezeau C. Abbé Ollivier

Nous, Juge de Paix,

Attendu qu'il est constant en fait :

Que la dame Rezeau a acquis, en Février 1907, d'une dame Delamarre, dans le voisinage de l'église Sainte-Anne de Nantes, une maison d'articles et objets de piété ;

Qu'à la suite de la promulgation de la Loi du 28 Décembre 1904, sur l'abrogation des lois conférant aux Fabriques des églises et consistoires le monopole des inhumations, le Conseil de Fabrique de la paroisse Sainte-Anne de Nantes prit, en Juillet 1906, une décision aux termes de laquelle : « *Le monopole de la vente des cierges destinés à être placés dans l'église Sainte-Anne est réservé à la Fabrique de cette paroisse, et qu'en conséquence, les marchands devront s'approvisionner chez M. Maisonneuve, cirier* » ;

Qu'après s'être conformée à cette décision pendant quelques mois et s'être rendu compte que c'était sans droit et abusivement que la Fabrique avait créé à son profit un véritable monopole, la dame Rezeau refusa de continuer à suivre les errements de son prédécesseur, la dame Delamarre ;

Qu'à la date du 28 Mai 1907, elle reçut une lettre de l'abbé Ollivier, curé de Sainte-Anne, aux termes de laquelle celui-ci la menaçait « *de faire refuser par ses employés tout cierge qui ne porterait pas la marque de la Fabrique, et, au besoin d'indiquer aux fidèles, par voie d'affiches, l'endroit où ils pourraient s'en procurer sans s'exposer à les voir refuser* » ;

Que, la dame Rezeau n'ayant tenu aucun compte de cette lettre, l'abbé Ollivier, pour assurer l'exécution de la décision prise antérieurement par le Conseil de fabrique, après avoir consulté son Conseil paroissal, prescrivit à M. Maisonneuve, cirier, d'apposer sur les cierges qu'il fabriquait la marque « Sainte-Anne », ce dont les fidèles furent avertis par un placard apposé en termes suivants sous la décision de 1906 : « *Pour assurer l'exécution de cette décision, il ne sera admis à brûler devant les autels que les cierges portant la marque* » *Sainte-Anne* » ;

Que le Dimanche 21 Mars, Mademoiselle Rezeau s'étant présentée à la chapelle Sainte-Anne, pour placer sur le chandelier destiné au public un cierge provenant de la maison de commerce de sa mère, une altercation surgit entre cette demoiselll et la sacristaine ; — Que, si on accepte la version de la dame Rezeau, sa fille aurait été souffletée par la sacristaine, qui aurait en outre rejeté le cierge sur le parquet ; qu'au contraire, ce serait la sacristaine, d'après l'abbé Ollivier, qui aurait été souffletée par Mlle Rezeau, après s'être contentée de souffler sur le cierge non conforme aux décisions ci-dessus :

Que le journal le « Populaire », ayant fait paraître, le 23 Mars, sous le titre « *Le boycottage continue* », un filet qui relatait plus ou moins exactement les faits ci-dessus, le même journal inséra le lendemain, sous le titre de « *La liberté du commerce* », la réponse de l'abbé Ollivier à ce filet ; — Que la dame Rezeau, déclinant la responsabilité de l'information parue le 23 Mars précédent, usa, elle aussi, de son droit de réponse, le 27 du même mois « *dans le but de réfuter certaines allégations de l'abbé Ollivier* » ;

Que l'abbé Ollivier porta alors les faits à la connaissance des fidèles en affichant les lettres échangées dans la presse les 23 et 27 Mars à la porte intérieure de l'église, avec un avis mettant le public en garde contre la falsification de la marque adoptée : « *J'avertis que la marque « Sainte-Anne », imprimée en bleu au pied de chaque cierge, a été falsifiée* » ;

Attendu que la dame Rezeau soutient qu'en agissant ainsi, l'abbé Ollivier a eu en vue de compromettre et a compromis ses intérêts commerciaux, — qu'il a gravement abusé de l'autorité morale qu'il possédait sur l'esprit des fidèles, — que depuis l'affichage de ces lettres et notamment pendant le pèlerinage des 26 Juillet et 4 Août, son exploitation, en 1909, a subi, comparativement à l'année 1908, une baisse considérable, non seulement en ce qui touche les cierges, mais aussi en ce qui concerne tous les objets de piété qu'elle débitait antérieurement, — qu'elle conclut à ce que l'abbé Ollivier soit condamné :

1° A lui payer une somme de cinq cent cinquante francs à titre de dommages-intérêts ;

2° A être contraint d'enlever, dans un délai de quarante-huit heures, à dater de la signification du présent jugement, les placards par lui affichés dans l'église, et ce, sous une seule et définitive astreinte de cinquante francs ;

Attendu qu'en réponse à cette action, l'abbé Ollivier oppose qu'il n'a fait qu'user de son droit en mettant à exécution les décisions ci-dessus rappelées, — qu'en effet, c'est au curé, personnellement, qu'incombe la responsabilité de trouver les ressources nécessaires pour l'exercice du culte, — qu'aux termes de ses Arrêts des 6 Mars et 30 Juin 1909, la Cour de Pau a très-expressément décidé que « l'exercice du culte a » pour conséquence l'attribution aux curés et desservants de la police » intérieure des temples; qu'il appartient à ces derniers de déterminer » les heures des offices et des cérémonies, d'organiser les services » religieux, d'en régler la tenue et de prendre par suite les mesures » et les dispositions propres à garantir le bon ordre dans les églises ; » que l'usage de l'église, attribué aux curés et fidèles par la Loi du » 2 Février 1907, n'est pas un simple fait, mais, tant qu'il subsiste, un » droit reconnu par le législateur; que cette jouissance se continue » dans les conditions où elle s'exerçait antérieurement ; qu'elle com» porte pour les fidèles le droit de pénétrer dans l'église, d'assister aux » offices, mais qu'aux ministres du culte seuls appartient de régler » les cérémonies et de se servir des objets affectés au culte, de nom» mer et de diriger le personnel nécessaire à l'exercice du culte... », — qu'enfin les trois conditions exigées pour l'application de l'article 1382 du Code civil : existence d'un préjudice, existence d'une faute, le rapport de cause à effet n'existant pas dans la cause, il y a lieu de débouter purement et simplement la dame Rezeau de sa demande ;

En droit :

Attendu que le moyen de défense opposé par l'abbé Ollivier reposant principalement sur la prétention d'exercer dans l'église Sainte-Anne un droit de police et d'administration, il importe, d'abord et avant tout, de rechercher quelle est la véritable situation de cet ecclésiastique au regard des Lois des 9 Décembre 1905 et 2 Janvier 1907;

Attendu qu'en inscrivant au frontispice de la Loi de la Séparation des Eglises et de l'Etat, que la République « ne connaît, ne salarie, ni ne subventionne aucun culte » et qu'en enlevant à leurs ministres tous droits et prérogatives dont ils jouissaient, en tant qu'assimilés à des fonctionnaires, le législateur a adopté en matière religieuse le principe de la neutralité absolue et mis, au point de vue juridique, les fidèles sur le même pied d'égalité que leurs pasteurs ;

Attendu que cette détermination de ne plus reconnaître la hiérarchie ecclésiastique se manifeste non seulement dans les principes qui ont réglementé la création des Associations cultuelles, mais aussi dans les dispositions inscrites dans la Loi du 2 Janvier 1907, aux termes de laquelle sans distinction ni droit de préférence les édifices et les meubles destinés au culte, sont laissés aussi bien à la disposition des fidèles qu'à la disposition des ministres du culte (V. Trib. civ. Nérac 9 Décembre 1907, Gaz. Pal. 1907, II 551. — Château-Chinon, 23 Juillet 1908, Gaz. Pal. 1909, I 176. — Orléans, 22 Décembre 1908, Gaz. Pal. 1909, I 177. — M. le Garde des sceaux Briand, Chambre des députés, séance du 21 Décembre 1906, Journ. off. 22, p. 3.397) ;

Attendu que c'est à tort que l'abbé Ollivier, qui n'a pas rempli les formalités exigées par les § 2 et 3 de l'article 5 de la Loi du 2 Janvier 1907, prétend à la situation privilégiée réservée : soit aux ministres du culte au service d'une Association formée en vertu des dispositions des Lois du 9 Décembre 1905 ou du 1er Juillet 1901, soit aux personnes dont les noms sont indiqués dans les déclarations mentionnées en l'article 25 de la Loi du 9 Décembre 1905 et auxquelles la jouissance de l'église a été accordée ; — Que si la loi de 1907 reconnaît à tout ministre du culte, comme à tout fidèle, le droit de recourir aux tribunaux pour faire respecter l'affectation cultuelle ou le libre accomplissement des pratiques de leur religion dans les églises, il ne faudrait pas en conclure que cette même loi reconnaisse par là même aux ministres du culte un droit d'usage, de jouissance ou de simple possession privatif sur l'édifice et sur son mobilier (V. Huot, la Commune et l'Eglise, p. 39 et suiv.) ;

Attendu qu'il n'y a aucune analogie entre l'autorité que l'abbé Ollivier détenait en vertu du Concordat et celle qu'il revendique aujourd'hui ; que si, sous le Concordat, les édifices et les objets mobiliers affectés à l'exercice du culte catholique avaient été mis à la disposition des évêques, et si, sous ce régime, les Conseils de fabrique avaient acquis sur ces biens des droits précis d'administration auxquels correspondaient des obligations d'entretien, aux termes de l'article 4 de la Loi du 9 Décembre 1905, au contraire, ces biens mobiliers et immobiliers devaient être transférés par les représentants légaux des menses, fabriques, conseils presbytéraux, consistoires et autres établissements publics du culte, non plus à une autorité ecclésiastique quelconque, mais bien à des laïcs composant seuls, ou avec les membres du clergé, des associations légalement formées en vue d'assurer l'exercice public du culte ;

Attendu qu'en supprimant ces anciens établissements, et les fabriques notamment, la volonté du législateur n'est pas douteuse ; qu'elle a été d'offrir aux associations cultuelles, avec la liberté du culte, la liberté d'association ;

Attendu qu'il appartient à ces seules associations constituées, soit en vertu de la Loi de 1905, soit en vertu de la Loi du 1er Juillet 1901, d'adopter les statuts qui leur conviennent, de fixer les tarifs, de percevoir les cotisations des membres de l'association, la location des chaises, les quêtes et collectes pour les frais du culte, les rétributions pour les cérémonies et services religieux même par fondation, de désigner les fonctions et attributions de ses divers membres ; — Que le curé, en l'absence de toute association légale, n'a seulement qu'une faculté : celle de recueillir les offrandes à l'occasion de son ministère (V. articles 19, Loi de 1905 et 4 de la Loi de 1907, — Circ. de M. le Ministre des Cultes, 1er Décembre 1906) ;

Attendu que les arrêts de cour sur lesquels l'abbé Ollivier se base pour arguer à son profit d'un titre juridique l'investissant, au regard des biens mobiliers et immobiliers de l'église Sainte-Anne, d'un droit de possession reconnu par la loi doivent être rejetés des débats, parce que ces arrêts statuent, non pas sur des différends intervenus entre fidèles et ministres du culte à l'occasion de la jouissance qu'ils peuvent revendiquer tous deux sur l'occupation des biens cultuels, mais sur l'action judiciaire qu'a indubitablement le curé pour se garantir des troubles qui pourraient entraver la liberté du culte ;

Attendu qu'il ne faut pas confondre, en effet, les droits qu'un ministre du culte peut exercer en vertu des doctrines qu'il enseigne ou des règles générales d'organisation de l'Eglise catholique romaine, avec les droits d'administration et de gestion que lui refuse aujourd'hui sa qualité de simple occupant ;

1re Année N° 7 Décembre 1909

RECUEIL DES ARRÊTS
DE LA COUR D'APPEL DE RENNES

et

DES JUGEMENTS RENDUS

par les

Tribunaux de Première Instance, Civils et de Commerce, les Justices de Paix et les Conseils de Prud'hommes du Ressort

REVUE MENSUELLE

publiée par

MM. CHARLIER, CUAULT, DUBOIS, Avocats à la Cour,

avec la collaboration des

MEMBRES DU BARREAU ET DE LA COMPAGNIE DES AVOUÉS A LA COUR

ABONNEMENT ANNUEL : 10 FRANCS

PRIX DU NUMÉRO : 1 FR. 50

RENNES
IMPRIMERIE DE L'HERMINE H. RIOU-REUZÉ
Rue de la Monnaie

1909

AVIS [1]

Bien que notre *Recueil* ne compte encore que sept mois d'existence et que le présent fascicule soit seulement le septième, nos Lecteurs remarqueront que nous avons publié déjà *86 décisions* émanant tant de la Cour de Rennes que des tribunaux de son ressort.

Aussi, dans le but de faciliter les recherches dans les numéros déjà parus et de simplifier les références au *Recueil*, nous avons décidé de terminer, avec la fin de l'année 1909, le premier volume. Nos Lecteurs trouveront donc dans le présent numéro les tables analytique, chronologique et par noms des parties, des décisions déjà publiées.

Il va sans dire que cette décision est sans influence sur la durée des abonnements qui continueront leur cours jusqu'à l'expiration des périodes convenues avec nos Abonnés.

Nous profitons de la présente occasion pour constater le bienveillant accueil reçu dans tout le ressort de la Cour de Rennes par notre publication, et pour exprimer à nos Abonnés et Lecteurs tous nos remerciements pour la confiance qu'ils nous ont témoignée.

---

(1) Dès à présent, la première année du *Recueil des Arrêts de la Cour de Rennes* est en vente au prix de **8** fr. **50**, brochée. — Toutefois, ce prix est réduit à **7** francs pour toute personne qui souscrira en même temps pour un abonnement d'une année.

Adresser les demandes à *l'Imprimerie de l'Hermine*, H. Riou-Reuzé, Rue de la Monnaie, à Rennes.

Attendu qu'au point de vue religieux, l'Etat ayant proclamé la liberté de conscience et ne voulant à aucun titre s'immiscer dans l'administration des associations cultuelles, il appartient aux fidèles d'attribuer à leur curé tous les droits et prérogatives nécessaires à la bonne marche des cérémonies du culte, de lui remettre personnellement la détention des objets affectés au culte, de le laisser nommer et diriger le personnel de l'église, mais que ne s'étant, pas plus que leurs curés, conformés aux prescriptions de la loi, les fidèles ne sauraient conférer à leurs pasteurs plus de droits qu'ils n'en ont eux-mêmes ;

Attendu que, sans titre juridique, le curé d'une paroisse n'est donc pas investi de la possession de l'église ni d'un droit d'usage ou d'habitation dans les termes des articles 637 et suivants du Code civil, et surtout du droit d'usufruit dont jouissait auparavant la Fabrique ; — Qu'il est inhabile à faire un acte d'administration, de gestion ou de disposition quelconque ; — Que sa qualité d'occupant lui donne simplement le droit de célébrer les offices comme par le passé, c'est-à-dire sans être troublé dans l'exercice de son ministère, la faculté de recueillir des offrandes, et enfin l'obligation de ne pas préjudicier et de ne pas laisser les tiers préjudicier à l'église et aux objets la garnissant ;

Attendu qu'il importe peu que la dame Rezeau ait accepté en 1907 la décision du Conseil de fabrique ; — Que le Conseil paroissial établi par l'évêque du diocèse en violation de la loi, n'ayant pas hérité, pas plus que l'abbé Ollivier, des droits et obligations qui appartenaient à la fabrique supprimée, ne possédait aucune autorité pour ordonner la mise à exécution d'une ancienne décision qui concernait un acte d'administration et de gestion temporelle relatif au culte ;

Attendu qu'en faisant afficher dans l'enceinte de l'église que seuls les cierges portant une marque spéciale seraient autorisés à brûler dans l'église Sainte-Anne, et qu'en accaparant, pour l'exécution de ce monopole, un meuble sur lequel il n'a qu'une jouissance relative, l'abbé Ollivier a violé le principe inscrit dans l'article 5 de la Loi du 2 Janvier 1907, aux termes duquel « les édifices affectés à l'exercice du » culte, ainsi que les meubles les garnissant... continueront à être » laissés à la disposition des fidèles et des ministres du culte pour la » pratique de leur religion » ;

Attendu que cette violation du droit des fidèles est d'autant plus grave qu'elle a été accomplie en dehors des cérémonies liturgiques et à l'occasion de cierges destinés à être brûlés devant une statue laissée à la disposition des fidèles, c'est-à-dire à l'occasion d'un acte de foi qu'on retrouve ordinairement dans les religions anciennes et modernes sous les appellations de : sacrifices, offrandes, dons, prière matérialisée, et que cette mesure atteint non pas seulement la dame Rezeau et les commerçants qui, plus ou moins librement, ont accepté la décision de la Fabrique et du Conseil paroissial, mais aussi toutes les personnes qui, étrangères à la paroisse Sainte-Anne, y viennent en pèlerinage :

Attendu que, pour décliner la responsabilité des conséquences de l'abus de l'exercice d'un droit qu'il n'avait pas, l'abbé Ollivier soutient que la dame Rezeau ne doit s'en prendre qu'à elle-même du préjudice qu'elle prétend avoir subi par suite de la perte de son ancienne clientèle parce que son attitude vis-à-vis de lui, les voies de fait de sa fille sur la sacristaine, ses attaques désobligeantes formulées dans la Presse, l'instance actuelle ne pouvaient que lui aliéner la sympathie de ses ouailles, — qu'enfin on ne saurait davantage lui faire un grief d'avoir affiché sur les portes intérieures de l'église sa lettre et celle de la dame Rezeau découpées dans les journaux, — qu'après la critique pleine d'inexactitudes dont il avait été l'objet, il convenait que sa défense et la réponse de la dame Rezeau fussent portées à la connaissance de tous;

Attendu que les arguments ci-dessus énoncés ne peuvent que se retourner contre l'abbé Ollivier ; — Qu'il est manifeste, en effet, qu'il était difficile aux personnes pieuses de braver son autorité en allant se pourvoir, chez la dame Rezeau, de cierges ne portant pas la marque « Sainte-Anne », mais que cette situation n'est que le résultat de son intolérance et l'exécution pure et simple de l'*ultimatum* contenu dans sa lettre du 28 Mai 1907 ainsi conçue : « *Je reçois ce matin la* » *note du cirier de l'église. Je suis étonné de voir que vous avez cessé de* » *vous approvisionner chez lui. Peut-être ignorez-vous que depuis deux* » *ans la Fabrique s'est réservé le monopole de la vente en gros des cierges* » *destinés à brûler dans l'église. J'espère que vous voudrez bien vous* » *conformer à cette décision, sinon je serai obligé de faire refuser par* » *mes employés tout cierge qui ne porterait pas la marque de la Fabrique,* » *et, au besoin, d'indiquer aux fidèles, par voie d'affiches, l'endroit où* » *ils peuvent s'en procurer sans s'exposer à les voir refuser* »;

Attendu qu'en affichant les lettres échangées entre lui et la dame Rezeau, en faisant précéder ces lettres de cet avis : « *J'avertis que la* » *marque « Sainte-Anne », imprimée en bleu au pied de chaque cierge* » *a été falsifiée* », l'abbé Ollivier n'a pas, comme il le prétend (et ce n'est pas dans les habitudes du clergé romain, puisque c'est en raison justement du contrôle laïque qu'il a refusé de se soumettre à la Loi de 1905), voulu prendre pour juges ses paroissiens entre lui et Mme Rezeau, mais plutôt clouer, en quelque sorte, au pilori les agissements de cette dame et mettre à l'index sa maison de commerce ;

Attendu qu'indépendamment du préjudice moral, de pareils abus ont causé à la demanderesse un préjudice d'autant plus considérable que s'il peut être évalué pour le moment, il reste inappréciable pour l'avenir, la dame Rezeau étant dans l'impossibilité matérielle et morale d'enrayer l'autorité de l'abbé Ollivier sur l'esprit de ses paroissiens ;

PAR CES MOTIFS :

Disons que c'est à tort, sans droit et abusivement que l'abbé Ollivier prétend dans l'église Sainte-Anne de Nantes à la situation privilégiée réservée soit aux ministres du culte au service d'une association formée en vertu des dispositions des Lois du 9 Décembre 1905 ou du 1er Juillet 1901, soit aux personnes dont les noms sont indiqués dans les déclarations mentionnées en l'article 25 de la Loi du 9 Décembre 1905 ;

Le condamnons à payer à la dame Rezeau cinq cents francs à titre de dommages-intérêts ;

Le condamnons en outre à enlever dans le délai de quarante-huit heures, à partir de la signification du présent jugement, non seulement la correspondance échangée, du 23 au 27 Mars dernier, entre lui et la dame Rezeau, mais aussi, tous avis et décisions relatifs à la vente des cierges portant la marque Sainte-Anne, et ce, sous une seule et définitive astreinte de cent francs ;

Le condamnons enfin aux entiers dépens dans lesquels sera compris l'enregistrement de la lettre du 28 Mai 1907.

MM. FOIGNET, Juge de Paix, — SERVAT et PICHELIN, Av.

COUR D'APPEL DE RENNES (2e Chambre)

11 Juin 1908

Navires. — Copropriétaires. — Associés. — Article 1869 C. civ. — Article 220 C. co.

L'association formée entre les co-propriétaires de navires pêcheurs ne doit pas être considérée comme une société à durée illimitée : en conséquence l'un des associés ne peut puiser dans les dispositions de l'article 1869 C. civ., la faculté de dissoudre une telle association par sa seule volonté. Une telle association est régie par l'article 220 C. co., d'après lequel l'avis de la majorité doit être suivi en tout ce qui concerne l'intérêt commun des propriétaires des navires et par suite la dissolution de l'entreprise et la licitation des navires et de l'armement ne peuvent avoir lieu que du consentement de cette majorité.

Veuve Huchet du Guermeur *C* Veuve Buhot de Launay

Le tribunal de Commerce de Paimpol a, le 12 Janvier 1907, rendu le **Jugement** suivant :

Le Tribunal,

Attendu qu'il résulte des débats que veuve Huchet du Guermeur, propriétaire en la ville de Paimpol, est devenue copropriétaire du quart des trois navires *Alfred-de-Courcy, Pâquerette* et *Marjolaine,* armés par veuve Buhot de Launay, armateur à Paimpol, pour la pêche de la morue en Islande ;

Attendu que veuve Huchet du Guermeur demande aujourd'hui la rupture de son association avec veuve Buhot de Launay ; — Qu'à l'appui de sa demande elle fait valoir que les comptes de la dernière campagne ne lui ont pas été présentés et que l'armateur, son associée, aurait commis une faute essentielle en n'engageant pas en temps opportun les équipages pour la campagne de 1907 ;

Vu l'article 220 C. co. ;

Attendu qu'une association formée sans fixation de durée par les propriétaires de navires pêcheurs ne doit pas être considérée comme une société de durée illimitée, lorsqu'il est établi que, d'après les usages du port où elle a été formée, elle présente les caractères d'une simple association en participation dont la durée est restreinte à celle des navires qui en sont l'objet ;

Attendu, en conséquence, que l'un des associés ne peut puiser dans la disposition de l'article 1869 du Code civil, relatif aux sociétés d'une durée illimitée, la faculté de dissoudre une telle association par sa seule volonté et de demander la licitation des navires engagés dans l'entreprise, ladite association étant régie par l'article 220 C. co., d'après lequel l'avis de la majorité doit être suivi en tout ce qui concerne l'intérêt commun des propriétaires de navires et, par suite, la dissolution de l'entreprise et la licitation des navires et de l'armement ne peuvent avoir lieu que du consentement de cette majorité;

Attendu que les allégations de veuve Huchet du Guermeur ne sont pas justifiées puisqu'il résulte des renseignements parvenus au tribunal que des approvisionnements importants ont été acquis ou commandés par veuve Buhot de Launay en vue de la campagne de 1907; — Que d'autre part l'impossibilité pour cet armateur de former des équipages de pêche avant le départ des navires islandais n'est pas démontrée;

Attendu que la défenderesse a proposé à veuve Huchet du Guermeur les dividendes lui revenant de la campagne 1905 et 1906 et mis à sa disposition ses livres d'armement;

Sur la demande reconventionnelle en dommage intérêts :

Attendu que veuve Buhot de Launay demande reconventionnellement la somme de 20.000 francs de dommages intérêts, en réparation du préjudice moral à elle causé par la demande principale;

Attendu que cette prétention n'est pas justifiée;

PAR CES MOTIFS :

Déboute veuve Huchet du Guermeur : 1o de sa demande en dissolution de la société en participation constituée entre elle et veuve Buhot de Launay; 2o et de celle en 5850 francs de dommages-intérêts qui supporte la conséquence de cette non-dissolution;

La condamne en tous les dépens de l'instance;

Déboute également veuve Buhot de Launay de ses conclusions reconventionnelles en dommages-intérêts.

MM. BERTHO, Président, — TANQUEREY (du barreau de Saint-Brieuc) et SALAUN (du barreau de Guingamp), av.

Appel par Mme Huchet du Guermeur. — **Arrêt** (11 Juin 1908).

LA COUR,

Adoptant les motifs qui ont déterminé les premiers juges:

Confirme le jugement entrepris;

Dit qu'il sortira son plein et entier effet;

Condamne l'appelante à l'amende et aux dépens.

MM. DE SAVIGNON-LAROMBIÈRE, Président, — MAHOUDEAU, Av. gén., — CHAUVEAU et MAULION, Av.

JUSTICE DE PAIX DE LIFFRÉ

6 Janvier 1909

Possession d'un droit de pêche. — Action possessoire. — Caractères de la possession. — Irrecevabilité.

La possession d'un droit de pêche sur un étang, revendiqué au profit d'un riverain propriétaire d'une parcelle située à la queue de cet étang et partiellement couverte, en temps normal, par les eaux, peut être protégée par une action possessoire; mais à la condition, pourtant, que le riverain justifie d'une possession conforme à l'article 2229 C. civ.

Sa possession n'a pas les caractères exigés par ce texte, — notamment elle n'est ni continue ni non-interrompue — lorsque le riverain est obligé de reconnaître, lui-même, que le propriétaire de l'étang, (dans l'espèce : un usinier), a le droit incontestable de se servir de la nappe liquide pour ses besoins industriels et, par suite, de baisser l'eau à sa guise sur la queue de l'étang et même de l'assécher complètement.

Dès lors, est irrecevable l'action possessoire introduite par le riverain contre le propriétaire de l'étang, à l'effet de se faire maintenir en possession du droit de pêche sur sa parcelle, et, par voie de conséquence, de faire supprimer un barrage en piquets et treillis de fer, récemment établi par le propriétaire de l'étang, pour en empêcher l'accès au poisson de l'étang.

AUBRÉE C. BRISOU

Ces solutions résultent du **Jugement** suivant rendu par M. le Juge de Paix de Liffré, le 6 Janvier 1909.

NOUS, JUGE DE PAIX,

Vu l'exploit introductif d'instance en date du 23 Novembre 1908, enregistré ;

Vu notre jugement préparatoire en date du 2 Décembre 1908, enregistré ;

Entendues les parties dans leurs explications et conclusions ;

Attendu qu'il ne paraît pas douteux que le possesseur d'un fonds riverain d'un cours d'eau non navigable ou d'un fonds en nature d'étang puisse protéger, par les actions possessoires, l'exercice de la pêche contre les troubles apportés à son droit par autrui ;

Mais attendu que ce possesseur doit justifier d'une possession ayant tous les caractères qu'exige l'article 2229 du Code civil pour prescrire ou conférer le bénéfice des actions possessoires, c'est-à-dire : continue, non interrompue, paisible, publique, non équivoque, à titre de maître ;

Attendu qu'il n'est pas allégué que M. Brisou ait troublé M. Aubrée dans la possession de la parcelle n° 284, appartenant à ce dernier, par des actes directs, notamment en se livrant lui-même à la pêche au-dessus du sol du demandeur, lorsque ce sol était recouvert par les eaux ;

Que les faits reprochés au défendeur consistent :

1° Dans un trouble de droit, résultant d'un procès-verbal de pêche, dressé le 16 Avril 1908 ;

2° Dans un fait de trouble indirect, constitué par l'établissement, sur le terrain possédé par M. Brisou, d'un grillage à mailles serrés, qui empêchera le poisson, lors de la hausse des eaux, de revenir sur la partie, alors immergée, de la parcelle n° 284 possédée par M. Aubrée ;

Attendu que les articulations dont M. Aubrée demande à faire la preuve tendent uniquement à établir à son profit la libre possesion d'une certaine quantité de la nappe liquide de Sérigné, ainsi que du poisson qu'elle renferme, possession considérée comme accessoire, dépendance normale de la possession d'un fonds en nature d'étang ;

Attendu qu'il y a lieu d'examiner si M. Aubrée a pu exercer une telle possession dans les conditions ci-dessus rappelées de l'article 2229 du Code civil ;

Attendu que la possession doit être tout d'abord continue et non interrompue — continue : en ce sens que le possesseur doit exercer sa possession chaque fois qu'elle devait l'être, — non interrompue : en ce sens qu'elle ne doit pas être rendue impossible par des actes contraires émanés de tiers ;

Attendu qu'une partie de la parcelle de M. Aubrée forme, lorsque les eaux sont suffisamment hautes, une queue du grand étang de Sérigné possédé par M. Brisou, étang avec lequel la dite parcelle communiquait tout à fait librement avant l'établissement du grillage ci-dessus visé, M. Aubrée n'ayant, lui, aucun moyen de retenir les eaux ;

Attendu que le déversoir et les vannes de décharge du dit étang sont situés à une grande distance de la parcelle Aubrée, à l'autre extrémité de l'étang et entièrement sur les terrains possédés par M. Brisou, qui semble maître de régler à son gré l'écoulement des eaux pour les besoins de son usine ;

Qu'en effet, M. Aubrée n'allègue aucun fait de nature à établir qu'il soit en possession du droit de limiter l'écoulement des eaux du grand étang de Sérigné ;

Attendu qu'au contraire M. Aubrée, dans les motifs de ses conclusions, du 15 Décembre 1908, déclare : « qu'il s'est borné à dire « que M. Brisou avait le droit *incontestable* de se servir de l'eau « pour son usage industriel, mais qu'il n'a nullement le droit d'assé- « cher la parcelle de M. Aubrée par pure fantaisie ou malice » ;

Attendu qu'il importe de retenir comme reconnu ainsi par le demandeur que M. Brisou peut user et use, en effet, du droit de retirer les eaux de la parcelle de M. Aubrée pour actionner les machines de sa fonderie, laquelle a été et demeure sans cesse en activité depuis de très-nombreuses années ; — Qu'il est donc certain (et les frais d'une enquête en ce sens seraient frustratoires) que, suivant les alternatives de pluie ou de sécheresse et les besoins correspondants de l'usine, les eaux s'élèvent ou s'abaissent, allant jusqu'à abandonner complètement et de loin, la queue de l'étang pendant la saison d'été, diminuant, supprimant même entièrement la possibilité de pêche en cet endroit ;

Attendu que de telles vicissitudes dans le flux et le reflux des eaux et du poisson ne ferait aucun obstacle à l'exercice des actions possessoires si elles étaient dues uniquement aux phénomènes de la nature, à la force majeure, mais qu'une possession constamment modifiée dans son étendue, partagée, diminuée et supprimée, c'est-à-dire troublée par le fait de la volonté d'un tiers, n'est qu'une disposition discontinue, interrompue, et, en tous cas, équivoque, car elle n'offre pas, avec un caractère suffisant de certitude, toutes les qualités pour constituer une possession utile ;

Que si, dans ces conditions, M. Aubrée peut revendiquer pour sa parcelle le libre accès des eaux et du poisson de la nappe liquide de Sérigné, ce n'est que s'il est en mesure de joindre les titres aux actes de possession qu'il prétend avoir exercés, appréciation qui est du ressort des juges du pétitoire ;

Attendu que, la possession étant désormais viciée, il n'y a pas lieu d'examiner les autres caractères énumérés par l'article 2229 du Code civil ;

Attendu que M. Brisou s'est porté reconventionnellement demandeur en 100 francs de dommages-intérêts ;

Mais que la demande de M. Aubrée ne nous paraît pas devoir être considérée comme téméraire et de mauvaise foi ;

Attendu enfin qu'il n'y a pas lieu de décerner acte à M. Brisou des paroles qu'auraient prononcées M. Aubrée à l'audience du 4 Novembre dernier, ainsi que le réclame le défendeur dans ses conclusions du 6 Décembre 1908 ;

Qu'en admettant que M. Aubrée ait prononcé textuellement, ce jour-là, les paroles qu'on lui prête, c'est à ce moment même, lorsqu'il était possible d'en examiner exactement la teneur, qu'il devait en être demandé acte ; — Que d'ailleurs il s'agissait d'une instance différente de la présente, la citation ayant été abandonnée par M. Aubrée ;

PAR CES MOTIFS ;

Disons et jugeons qu'il résulte des circonstances de l'objet du litige que la possession invoquée par M. Aubrée est discontinue, interrompue, en tous cas équivoque ;

Disons en conséquence l'action possessoire irrecevable ;

Renvoyons le demandeur à se pourvoir au pétitoire si bon lui semble.

MM. MAHÉO, Juge de Paix, — BOUGAULT et BILY, Av.

COUR D'APPEL DE RENNES (1re Chambre).

24 Février 1909

Responsabilité civile. — Chasseur. — Accident. — Imprudence.

Le chasseur est tenu de prendre toutes les précautions possibles pour ne blesser personne.

Il est responsable des conséquences des coups de fusil qu'il tire, à moins qu'il ne soit établi que la victime s'est, par sa propre imprudence, exposée à l'accident.

BRULON C LE MARCHAND

Le Tribunal civil de Saint-Brieuc a, le 26 Février 1908, rendu le **Jugement** suivant :

LE TRIBUNAL,

Attendu que Pierre Le Marchand ne nie pas avoir, en chassant dans les champs de Saint-Alban, le 6 Octobre 1907, atteint Jean-Marie Brûlon d'un grain de plomb à l'œil gauche, dont la vision est restée abolie ; — Qu'en cas de dénégation, les circonstances de la cause et les propositions de transaction faites par lui à Brûlon père le démontreraient à l'évidence ;

Attendu qu'un tel fait dénote, par lui-même l'imprudence qui rend l'auteur du dommage responsable aux termes de l'article 1383 du C. civ. ; — Que Le Marchand n'articule aucun fait précis et pertinent, de nature à prouver que le jeune Brûlon s'était glissé dans les buissons ; — Que, même dans ce cas, Le Marchand encourrait encore une certaine responsabilité, le chasseur étant tenu de prendre toutes les précautions possibles pour ne blesser personne ;

Attendu toutefois qu'il y a lieu de proportionner le dommage à la fortune du débiteur ;

Que Le Marchand a des charges de famille et, pour toutes ressources, la culture de deux ou trois parcelles de terre appartenant à ses parents ;

PAR CES MOTIFS :

Condamne Pierre Le Marchand à payer à Brûlon père ès-qualités la somme de 400 francs à titre de dommages-intérêts et, en outre, les frais médicaux qui seront justifiés par état visé et approuvé par le Président ou l'un des Juges du siège, en cas de désaccord entre les parties ;

Condamne Le Marchand aux dépens.

Appel par M. Brûlon. — **Appel incident** par M. Le Marchand. — **Arrêt** (24 Février 1909).

LA COUR,

Considérant qu'il est constant que Le Marchand chassait le 6 Octobre 1907, dans un champ voisin de celui lui appartenant, où Jean Brûlon était occupé à garder un troupeau de vaches ;

Qu'ayant tiré deux coups de fusil, un grain de plomb est allé atteindre Brûlon à l'œil gauche ;

Que cet œil est aujourd'hui perdu ;

Considérant que Lemarchand ne peut dénier la responsabilité qui lui incombe ; — Qu'elle est certaine et ressort même de ses propres écrits — Qu'un chasseur est toujours responsable des conséquences des coups de fusil qu'il tire, à moins qu'il ne soit établi, ce qui n'existe pas dans l'espèce, que la victime se soit, par sa propre imprudence, exposée à l'accident ;

Considérant que les premiers Juges n'ont pas fait une exacte appréciation du dommage causé ; — Qu'il y a lieu non seulement, ainsi que l'énonce le jugement entrepris, de se préoccuper des ressources de l'auteur responsable de l'accident, mais encore de l'étendue du préjudice ;

Que, dans la circonstance, il a une importance, puisqu'il doit avoir sa répercussion sur toute l'existence de Brûlon ;

Considérant que les faits apportés en preuve ne sont pas pertinents ; — Qu'ils sont, au surplus, d'ores et déjà démentis par les circonstances acquises aux débats ;

PAR CES MOTIFS :

Dit qu'il a été bien appelé, mal jugé ;

Réformant *parte in quà* et faisant ce que les premiers Juges auraient dû faire :

Élève à la somme de quinze cents francs les dommages-intérêts ;

Ordonne que le surplus du jugement sortira effet ;

Condamne l'intimé en tous les dépens de première instance et d'appel ;

Le déboute de toutes ses demandes, fins et conclusions.

MM. MAULION, 1er Président, — MAHOUDEAU, Av. gén., — RIOCHE (du Barreau de Saint-Brieuc) et CHARLIER, Av.

COUR D'APPEL DE RENNES (2e Chambre)

2 Décembre 1909

Diffamation. — Imputation d'un fait précis. — Atteinte à l'honneur et à la considération. — Intention de nuire.

Constitue l'imputation d'un fait précis et déterminé, de nature à porter atteinte à l'honneur et à la considération de la personne visée, la phrase suivante, adressée par un journaliste à un armateur : il aurait mieux valu, au lieu de réclames humanitaires tardives, ne pas entasser tant de malheureux sur ce bateau douteux qui s'appelait *Les-Cousins-Réunis*, et qui est allé rejoindre aux abîmes les victimes de Saint-Pierre.

L'intention de nuire, chez l'auteur et l'éditeur de l'article, résulte de cette circonstance qu'ils n'ont pas pu ne pas avoir la perception très-nette du préjudice qu'ils porteraient nécessairement à l'armateur ainsi désigné.

LEGASSE C BAZIN et BERTHAULT

Ces solutions résultent de l'**Arrêt** suivant, rendu le 2 Décembre 1909, par la 2e Chambre de la Cour d'Appel de Rennes, par réformation d'un Jugement de la 2e Chambre du Tribunal civil de Rennes en date du 20 Novembre 1908.

LA COUR,

Considérant que, par exploit en date du 15 Avril 1909, Louis Legasse a fait donner assignation à Bazin, directeur-propriétaire et gérant du journal *Le Salut*, et à M. Léon Berthault, homme de lettres, pour obtenir réparation du préjudice à lui causé par la publication, dans le numéro des 31 Janvier-1er Février 1908, d'un article intitulé : *Le Rapatriement des Terre-Neuvas*, signé *Léon Berthault* ;

Considérant que le fait de la publication de l'article incriminé n'est pas contesté et que Léon Berthault reconnaît être l'auteur de l'article ;

Considérant que dans cet article, après avoir critiqué une demande adressée par Legasse au Ministre, l'auteur prend à partie personnellement Legasse, qui est désigné par son nom, et lui dit en terminant : *Il aurait mieux valu, au lieu de réclames humanitaires tardives, ne pas entasser tant de malheureux sur ce bateau douteux qui s'appelait* Les-Cousins-Réunis, *et qui est allé rejoindre aux abîmes les victimes de Saint-Pierre* ;

Considérant qu'il y a là l'imputation d'un fait précis et déterminé : avoir exposé à la mort, en les entassant sur un bateau qui n'était pas sûr, des malheureux qui ont péri ; — Que ce fait serait incontestablement de nature à porter atteinte à l'honneur et à la considération de celui qui s'en serait rendu coupable ;

Considérant que Berthault, en écrivant l'article incriminé, et Bazin, en le publiant dans son journal, n'ont pas pu ne pas avoir la perception très-nette du préjudice qu'ils porteraient nécessairement à Legasse, et que leur intention de nuire résulte de cette circonstance ;

Considérant qu'il suit de ce qui précède que Bazin, en publiant dans les numéros des 31 Janvier-1er Février 1908 du journal *Le Salut*, dont il est le propriétaire-gérant, l'article reproché, a commis une diffamation contre Legasse, et qu'en lui fournissant sciemment le moyen de la commettre, Berthault s'est fait son complice ; — Qu'ils sont par suite tenus solidairement de réparer le préjudice causé ;

Considérant que Legasse a réduit de 20.000 francs à 1 franc sa demande de dommages-intérêts et réclame en outre l'insertion par extrait de l'arrêt à intervenir dans divers journaux : — Qu'il y a lieu de faire droit à ses conclusions ;

PAR CES MOTIFS :

Dit mal jugé, bien appelé ;

Met à néant le jugement dont appel ;

Et statuant à nouveau,

Condamne MM. Bazin et Berthault, solidairement, à payer à Legasse la somme de 1 franc à titre de dommages-intérêts, ainsi que le coût de l'insertion par extrait du présent arrêt dans un numéro du journal *Le Salut*, au cours de la quinzaine de la notification qui en sera faite, et dans trois journaux au choix de l'appelant, le coût de chaque insertion ne devant pas dépasser 25 francs ;

Décharge Legasse des condamnations contre lui prononcées ;

Déboute les parties de toutes leurs autres demandes, fins et conclusions ;

Ordonne la restitution de l'amende consignée ;

Condamne solidairement MM. Bazin et Berthault en tous les dépens de première instance et d'appel.

MM. Saiget, Président, — Laurent, Av. gén., — Maulion, Delmont (du barreau de Paris) et Le Bail (du barreau de (Quimper), av.

TABLE ANALYTIQUE

des Décisions publiées par le

RECUEIL DES ARRÊTS DE LA COUR DE RENNES

Pendant l'Année 1909

(Les chiffres renvoient aux pages).

Accidents du travail

I. — ENTREPRISES ASSUJETTIES ET PERSONNES PROTÉGÉES.

1. — Le commerce de marchand de bois comprend non seulement l'achat et la vente du bois, mais encore l'ensemble des moyens mis en œuvre pour réaliser le but commercial poursuivi.

Cour d'Appel de Rennes, 16 Décembre 1908........................ 12

2. — L'abattage d'un arbre, acheté et exploité par un marchand de bois non pour ses besoins personnels, mais uniquement pour être utilisé dans son commerce, constitue une opération commerciale entraînant l'application de la Loi du 12 Avril 1906. Et l'accident survenu au cours de cette opération procure à l'ouvrier blessé, ou à ses ayant-droits, le bénéfice des dispositions de la Loi du 9 Avril 1898.

Ibid — En sens contraire : *Trib. civ. de Nantes*, 24 Février 1908.... 12

3. — Et la Compagnie d'assurances qui s'est engagée à garantir tous les accidents pouvant survenir dans le commerce de bois de son assuré, est tenue de relever celui-ci des conséquences de l'accident survenu dans ces conditions.

Cour d'Appel de Rennes, 16 Décembre 1908........................ 12

4. — L'article 1er de la Loi du 9 Avril 1898, qui assujettit au risque professionnel les entreprises de transport, embrasse dans la généralité de ses termes les entreprises de pompes funèbres.

Cour d'Appel de Rennes, 22 Février 1909. — *Trib. civ. de Nantes*, 6 Février 1908........................... 16

5. — Il en est ainsi non seulement quand l'exploitation est dirigée par un particulier ou une société privée, mais encore quand elle est assurée en régie par une commune, bien qu'en ce cas ladite commune remplisse un service public, les services publics n'étant pas nécessairement exempts des conséquences du risque professionnel.

Ibid.

6. — Pour être considérée comme appartenant à la classe des industriels assujettis, il faut sans doute que la commune ait exploité dans un but de lucre ; mais cette circonstance se trouve réalisée quand il apparaît que la commune a exploité directement pour profiter elle-même des bénéfices que laisse l'exploitation.

Ibid.

7. — Il est difficile de considérer comme constituant deux établissements distincts, l'un purement commercial et l'autre industriel, un dépôt ou magasin et une scierie mécanique situés dans la même ville, appartenant au même patron, alors que, si le personnel de chacun de ces établissements est absolument distinct, jouissant même de salaires différents, il apparaît néamoins de l'examen des faits que les ouvriers du magasin obéissent à la même direction que ceux de la scierie, touchent leurs salaires au même guichet, collaborent dans une large mesure au fonctionnement de la scierie, apportant à pied d'œuvre les bois bruts, reprenant dans la scierie même les bois ouvrés pour les reporter au magasin.

Cour d'Appel de Rennes, 21 Décembre 1908........................ 105

8. — Lorsqu'un patron exerce deux professions, dont une seule est assujettie à la Loi du 9 Avril 1898, c'est à la nature même du travail au cours duquel l'accident s'est produit qu'il convient de s'attacher pour savoir si l'ouvrier, victime de l'accident, est fondé à invoquer le bénéfice de la dite loi.

Ibid.

9. — Chez un négociant en bois qui possède deux établissements bien distincts, — un magasin commercial et une scierie mécanique, — l'ouvrier faisant partie d'une équipe dont la fonction spéciale et presque exclusive consiste à charger au magasin des bois bruts, à accompagner les charretiers qui les transportent à la scierie, à les décharger à pied d'œuvre, à recharger ensuite les bois ouvrés pour les reporter au magasin, doit bénéficier des avantages de la Loi du 9 Avril 1898.

Ibid.

10. — Il s'agit là en effet d'une opération sans laquelle l'établissement assujetti serait dans l'impossibilité de fonctionner ; il existe dès lors un lien étroit et nécessaire entre l'industrie du patron et l'accident dont a été victime l'ouvrier.

Ibid.

II. — Quels accidents sont des accidents du travail.

11. — L'accident survenu sur le lieu et aux heures du travail donne lieu à l'application de la Loi du 9 Avril 1898, alors même qu'au moment où il s'est produit, le travail était momentanément suspendu.

Tribunal civil de Nantes, 8 Avril 1908. — *Cour d'Appel de Rennes*, 18 Novembre 1908.................. 146

III. — Quelles invalidités peuvent donner droit aux indemnités.

12. — Il peut arriver que, dans certaines circonstances, l'accident survenu à l'ouvrier soit réduit à des proportions telles que l'aptitude au travail ne s'en trouve en aucune façon atteinte ou diminuée.

Tribunal civil de Nantes, 25 Juin 1908. — *Cour d'Appel de Rennes*, 2 Mars 1909..................... 152

13. — Mais, chaque accident présentant une forme et des conséquences diverses, c'est la connaissance et l'appréciation de ces conséquences qui peuvent seules servir de base à une décision.

Ibid.

14. — Lorsqu'il résulte des détails et circonstances de la cause que l'accident, quelque restreintes que soient ses conséquences, n'a pas laissé la capacité professionnelle intacte et complète, c'est avec raison que les premiers juges allouent à l'ouvrier la rente prévue par la Loi du 9 Avril 1898.

Ibid.

15. — Une invalidité très-légère, consistant en une gêne du mouvement de flexion du médius et une réduction minime, — d'ailleurs problématique — de la force générale de la main, n'ouvre pas, pour l'ouvrier qui en est atteint à la suite d'un accident, le droit à la rente prévue par la Loi du 9 Avril 1898, alors du moins qu'il est appris que cette invalidité n'apporte aucun obstacle à l'exécution des mouvements utiles à sa profession, et que, par conséquent, la victime ne démontre pas que l'accident a réellement porté atteinte à sa capacité professionnelle.

Cour d'Appel de Rennes, 9 Mars 1909.......................... 156

16. — Pour savoir si et dans quelle mesure l'ouvrier, qui se dit atteint d'une incapacité partielle permanente a droit à la rente déterminée par l'article 3 de la Loi du 9 Avril 1898, le juge doit combiner deux éléments : le salaire effectif touché par l'ouvrier avant l'accident, et les facultés de travail que l'accident lui laisse, c'est-à-dire le salaire possible après l'accident.

Tribunal civil de Saint-Nazaire, 19 Février 1909. — *Cour d'Appel de Rennes*, 30 Juillet 1909.......... 158

17. — Pour un simple manœuvre, une légère raideur de l'annulaire n'a aucune influence appréciable sur ses facultés de travail et n'entraîne aucune diminution de salaire.

Ibid.

IV. — Faute inexcusable.

18. — Le fait par un ouvrier de s'étendre pour dormir sur un terrain en pente près d'une voie où circulent des wagonnets constitue sans doute une imprudence : mais on ne saurait lui attribuer le caractère de faute inexcusable.

Tribunal civil de Nantes, 8 Avril 1908. — *Cour d'Appel de Rennes*, 18 Novembre 1908.............. 116

Action de in rem verso

1. — L'action *de in rem verso* n'appartient qu'à celui qui ne peut invoquer aucun contrat précis.

Cour d'Appel de Rennes, 29 Mars 1909........................... 44

2. – Spécialement un vendeur ne peut se prévaloir de l'action *de in rem verso* et des facilités de preuve qu'elle offre pour obtenir de son acheteur le payement du prix de la vente.

Ibid.

Action en justice

L'exercice d'une action en justice ne peut devenir une faute et donner lieu à l'allocation de dommages-intérêts qu'autant qu'elle constitue un acte de malice ou de mauvaise foi, ou tout au moins un acte d'erreur grossière équivalent au dol.

Cour d'Appel de Rennes, 21 Juin 1909........................... 88

Action possessoire

V. *Pêche*.

Adoption

V. *Avoué*.

C'est à l'avoué à la Cour, mandataire *ad litem*, que revient le soin de réaliser les diverses diligences et formalités prescrites par un arrêt d'adoption.

Cour d'Appel de Rennes, 24 Mai 1909........................... 22

Ajournement

1. — Si, aux termes de l'article 61-4° C. Pr. civ., l'exploit d'ajournement doit contenir, à peine de nullité, l'indication du délai pour comparaître, aucun texte n'exige l'indication d'un jour préfixe de comparution.

Tribunal civil de Pontivy, 22 Juillet 1908........................... 50

2. — En conséquence, satisfait aux prescriptions de la loi un exploit qui contient assignation pour « la première « audience utile après l'expiration du « délai de la loi qui est d'un jour « franc augmenté en raison des dis- « tances » et l'indication que les audiences du tribunal saisi se tiennent le mercredi de chaque semaine à midi et demi.

Ibid.

Animaux

1. — Une action ayant pour but la restitution du prix de vente d'un animal abattu reconnu tuberculeux à l'abat est une action en rescision et non une action en paiement.

Tribunal de Paix de Vannes, 13 Janvier 1909......................... 112

2. — Est seul recevable à intenter cette action l'acheteur qui a fait aux autorités compétentes les déclarations prescrites par la loi.

Ibid.

3. — En cette matière, il ne peut y avoir un circuit d'actions récursoires.

Ibid.

4. — L'exception opposée au premier vendeur pour l'empêcher d'exercer l'action en rescision est un moyen tiré du fond du droit ; elle peut être invoquée en tout état de cause et ne tombe pas sous l'application de l'article 173 du Code de Procédure civile.

Ibid.

5. — Le fait par un voyageur de placer, et par l'aubergiste de recevoir un cheval dans l'écurie d'une auberge entraîne la formation entre eux d'un contrat de dépôt, soumis aux règles de l'article 1952 C. civ.

Cour d'Appel de Rennes, 13 Juillet 1909. 160

6. — Quelles qu'en soient la durée et la rémunération, il constitue l'aubergiste dans l'obligation de veiller sur la chose déposée et de la remettre dans l'état où elle lui avait été confiée.

Ibid.

7. — En conséquence, si l'animal ainsi déposé présente, au moment où son propriétaire le retire de l'écurie, une blessure qu'il ne portait pas au moment où il y est entré, la responsabilité de l'aubergiste se trouve engagée, et celui-ci ne peut s'en affranchir qu'en établissant que l'accident survenu au cheval est la conséquence soit d'un cas fortuit, soit d'une faute du propriétaire.

Ibid.

8. — Les dispositions de l'article 1385 C. civ. qui impose au propriétaire la responsabilité des accidents causés par l'animal qui lui appartient sont sans application dans une semblable espèce.

Ibid.

Appel Civil

V. Degré de juridiction. — Demande nouvelle.

I. — Décisions susceptibles d'appel.

1. — Un jugement qui ne statue sur aucune des questions soumises à l'appréciation du tribunal et qui se borne à ordonner le sursis, dans l'intérêt d'une bonne administration de la justice, n'est pas susceptible d'appel.

Cour d'Appel de Rennes, 11 Juin 1908. 153

II. — Qui peut interjeter appel.

2. — Le vendeur qui plaide la nullité de la vente par lui consentie sous certaines conditions, et qui a succombé en première instance, n'est pas recevable à interjeter appel du jugement exécutoire par provision qui a validé la vente, s'il a postérieurement à cette décision, d'abord sommé l'acheteur de verser son prix et d'exécuter les conditions portées dans l'acte de vente, puis, l'a ensuite assigné aux mêmes [illegible]

Cour d'Appel de Rennes, [illegible] 1909. [illegible]

3. — Peu importe que, tant dans la sommation que dans l'assignation, [illegible] vrées à sa requête, il [illegible] formellement réserver ses droits [illegible] que toutes les voies de recours [illegible] et exceptions qu'il [illegible] exercer ou à soutenir, ces actes [illegible] taires et spontanés étant essentiellement incompatibles avec la réserve [illegible] l'exercice du droit d'appel et impliquant nécessairement à la fois la reconnaissance de la validité du contrat [illegible] l'acquiescement au jugement [illegible] de la proclamer.

Ibid.

4. — L'appel relevé par le [illegible] le jugement déclaratif de la faillite [illegible] l'arrêt confirmant de cette décision [illegible] l'encontre d'un jugement [illegible] grief, n'est pas conforme aux [illegible] l'article 443 C. Co. alors que le jugement déclaratif de faillite n'est [illegible] définitif que postérieurement [illegible] d'appel, et que d'ailleurs le syndic de la faillite, agissant dans l'intérêt de la masse, qui confirme cet appel [illegible] reprendre l'instance.

Cour d'Appel de Rennes, [illegible] 1909. [illegible]

III. — [illegible]

5. — [illegible] comme leurs [illegible] sur la qualité de l'appelant [illegible] sur la décision [illegible] indications [illegible] partie contre laquelle [illegible] soit en mesure de [illegible] l'appelant [illegible] moyens de défense.

Cour d'Appel de Rennes, [illegible] 1909. [illegible]

6. — Ainsi, quand deux [illegible] ont été rendus [illegible] deux parties par le même [illegible] dans deux affaires différentes [illegible] considérée comme [illegible] d'un acte d'appel [illegible] que qu'il est fait appel [illegible] dont la qualité n'est pas [illegible] énoncée, du jugement [illegible] ment rendu à une [illegible] tribunal expressément [illegible] porter l'indication de l'affaire à laquelle s'applique cette copie d'appel.

Ibid.

7. — Mais si, malgré les omissions de la copie qui lui est délivrée, il apparaît que l'intimé n'a pu se méprendre sur la notification qui lui était faite, — par exemple si, ayant déjà reçu une notification régulière et complète d'appel dans l'une des deux affaires où il figurait avec sa femme, il a dû forcément dans sa pensée appliquer la seconde notification, faite par copie unique, à l'autre affaire où il figurait seul et comprendre nécessairement qu'elle concernait l'autre jugement, puisqu'il n'y en avait eu que deux prononcés ce jour-là dans lesquels il fût partie — si l'indication incomplète de la qualité de l'appelant et l'absence d'indications précises sur l'objet même de la décision n'ont pu déterminer dans sa pensée aucune confusion ou erreur dont ses intérêts et leur défense aient pu souffrir, il est mal fondé à invoquer la nullité de la notification et il y a lieu de tenir pour valable et régulier l'appel ainsi formalisé.

Ibid.

IV. — Effets de l'appel.

8. — L'appel relevé contre un jugement interlocutoire a pour effet de dessaisir définitivement et complètement les premiers juges de la connaissance du litige principal. Ils sont dès lors incompétents pour en connaître, comme aussi pour statuer sur les demandes accessoires.

Cour d'Appel de Rennes, 12 Novembre 1908 40

9. — Spécialement les premiers juges sont incompétents pour apprécier le mérite d'une demande à fin de dispense de caution pour l'exécution provisoire d'un jugement interlocutoire frappé d'appel. A la Cour seule, saisie par l'appel principal, il appartient de statuer, le cas échéant, sur une demande de cette nature.

Ibid.

10. — Lorsque la Cour a, dans le dispositif de son arrêt, confirmé purement et simplement le jugement qui avait été soumis à son examen, la connaissance des difficultés qui peuvent surgir au cours et à propos de l'exécution du jugement confirmé échappe à la compétence de la Cour, et appartient exclusivement aux premiers juges.

Cour d'Appel de Rennes, 2 Juillet 1909 125

11. — Il n'appartient pas à la Cour, saisie seulement d'un appel dirigé contre le jugement qui a nommé un administrateur provisoire, de faire droit aux conclusions par lesquelles le défendeur demande que l'administrateur provisoire soit obligé à donner main-levée de toutes les oppositions mises par lui entre les mains des banquiers dépositaires des valeurs du défendeur et des Compagnies d'assurances qui servent à celui-ci des rentes viagères.

Cour d'Appel de Rennes, 21 Décembre 1908 166

12. — C'est aux juges saisis de la demande d'interdiction qu'il appartient d'examiner et de définir, — au besoin, avant l'issue de l'instance principale, — dans quelles limites ces oppositions doivent être maintenues.

Ibid.

Armateur

V. *Navire.* — *Responsabilité civile.*

Assurances terrestres et maritimes

1. — Tout assuré a incontestablement le droit de modifier l'étendue du risque soumis par lui à l'assurance, au moyen d'avenants dont la conséquence est d'élever ou de réduire le montant de la prime.

Cour d'Appel de Rennes, 9 Novembre 1909 181

2. — Mais — les conventions librement consenties formant la loi des parties, — si la police porte la clause qu'*en cas de cessation partielle ou totale de l'assurance pour quelque cause que ce soit, il sera dû à la Compagnie, outre les primes échues, une indemnité égale à deux annuités*, l'assuré se trouve soumis, par la loi de son contrat, à payer, pour les réductions qu'il prétend faire, l'indemnité ainsi stipulée en faveur de l'assureur.

Ibid.

3. — L'assuré ne saurait, pendant le cours de l'exécution de son contrat, imposer à l'assureur une réduction du taux de la prime convenue entre les parties au moment de la rédaction de la police sous le prétexte que, depuis lors, le Syndicat des Compagnies Françaises d'Assurances aurait, dans son tarif courant, adopté un taux moins élevé, — alors que la police ne contient aucune référence à ce tarif courant du Syndicat.

Ibid.

4. — De même, l'assuré ne peut se prévaloir utilement de prétendues améliorations survenues dans son risque pour imposer à l'assureur une réduction du taux de la prime, si ce taux a été déterminé forfaitairement lors de la signature de la police.

Ibid.

5. — Une proposition émanant de l'assuré et comportant — outre une réduction des capitaux assurés, — une réduction du taux de la prime pour les capitaux maintenus à l'assurance, ne peut être considérée comme un avenant pur et simple, que l'assureur ne saurait refuser d'accueillir ; c'est en réalité une transformation complète et arbitraire du contrat primitif, équivalant à une cessation de l'assurance et, par là même, donnant droit pour l'assureur aux indemnités prévues en sa faveur au cas de cessation de l'assurance de la part de l'assuré.

Ibid.

Attentats aux mœurs

1. — La présentation à des mineurs de dessins, gravures ou photographies licencieuses peut être considérée comme un acte d'excitation à la débauche.

Cour d'Appel de Rennes, 19 Mai 1909.......................... 21

2. — Mais il faut pour que cet acte puisse être réprimé en vertu des dispositions de l'art. 334 C. Pén. qu'il ait été répété.

Ibid.

Aubergiste

V. *Dépôt.* — *Responsabilité civile.*

Autorisation de femme mariée

V. *Frais et dépens,* — *Responsabilité civile.*

1. — Un mari est recevable à faire tierce-opposition à un jugement interlocutoire, ordonnant une enquête, rendu contre sa femme à la suite d'une procédure à laquelle il n'a été ni appelé, ni représenté.

Tribunal civil de Rennes, 29 Janvier 1909.......................... 172

2. — Doit être déclarée nulle une telle procédure, la femme mariée non autorisée de son mari ne pouvant ester en justice soit en demandant soit en défendant.

Ibid.

Aveu

1. — Le défendeur ne peut se prévaloir de l'indivisibilité de son aveu, quand les faits qu'il y a reconnus sont établis, en dehors de son aveu, par les autres circonstances de la cause.

Tribunal civil de Saint-Brieuc, 7 Août 1907. — *Cour d'Appel de Rennes*, 7 Janvier 1909.......................... 149

2. — Il en est de même lorsque les déclarations contenues dans l'aveu sont contredites par d'autres déclarations émanées du même défendeur.

Ibid.

Avoué

1. — C'est à l'avoué à la Cour, mandataire *ad litem*, que revient le soin de réaliser les diverses diligences et formalités prescrites par un arrêt d'adoption.

Cour d'Appel de Rennes, 24 Mai 1909.......................... 22

2. — Mais il peut résulter des circonstances du procès que l'avoué de 1re instance a accepté de se substituer à son confrère pour l'accomplissement de ces formalités.

Ibid.

3. — A défaut de production d'un mandat spécial on peut trouver le commencement de preuve par écrit, suffisant pour l'établir, dans cette double circonstance que l'avoué de 1re instance a, d'une part, fait procéder à l'affichage de l'arrêt en prenant sur les placards la qualité d'avoué des adoptants et que, d'autre part, il a réglé non seulement ses honoraires, mais encore ceux de son confrère de la Cour.

Ibid.

4. — Aux termes de l'art 359 C. civ. c'est bien à la partie intéressée à requérir la transcription ; mais il ne suffit pas à l'avoué, pour être exonéré de toute responsabilité, qu'il établisse avoir remis à la partie la grosse de la décision à transcrire, il doit encore justifier lui avoir donné les indications et renseignements suffisants pour éviter toute erreur, les formalités à remplir en matière d'adoption étant très-exceptionnelles et d'une notion très-peu répandue.

Ibid.

5. — Dès lors l'avoué, en ne donnant pas les renseignements utiles, ou en fournissant des indications inexactes ou incomplètes, commet une faute qui engage sa responsabilité et doit indemniser l'adopté du préjudice qu'il peut subir par la suite, notamment par l'aggravation des droits d'enregistrement au moment où il recueille la succession de l'adoptant.

Ibid.

Capacité de recevoir et de disposer

Un légataire universel ne saurait être considéré comme étant une personne interposée destinée à assurer la transmission de la fortune du *de cujus* à des personnes indéterminées quand le testateur a réglé lui-même, au profit de personnes déterminées, la dévolution de toute la partie de ses biens qui ne serait pas absorbée par l'exécution de la charge imposée au légataire universel.

Cour d'Appel de Rennes, 22 Février 1909 69

Champ de foire

V. *Compétence administrative.* — *Travaux publics.*

Chasse

Le chasseur est tenu de prendre toutes les précautions possibles pour ne blesser personne.

Il est responsable des conséquences des coups de fusil qu'il tire, à moins qu'il ne soit établi que la victime se soit, par sa propre imprudence, exposée à l'accident.

Tribunal civil de Saint-Brieuc, 26 Février 1908. — *Cour d'Appel de Rennes*, 24 Février 1909 200

Chemin de fer

I. — Transport des voyageurs et des marchandises.

1. — Les tarifs des Compagnies de chemins de fer, dûment homologués et publiés, ont force de loi et doivent être appliqués à la lettre ; et il n'appartient pas plus aux Compagnies d'y déroger dans leurs conventions qu'aux Tribunaux d'en modifier le caractère et la portée.

Cour d'Appel de Rennes, 30 Juin 1908 5

2. — Spécialement, en ce qui concerne les demandes de wagons, lorsqu'elles ne comportent pas toutes les énonciations exigées par l'article 6 des Conditions générales d'application des tarifs spéciaux P. V., elles ne peuvent lier la Compagnie, dont la responsabilité, à défaut de fourniture, ne saurait en conséquence être retenue.

Ibid.

3. — On invoquerait en vain, pour échapper à cette solution, que depuis de très-longues années on a correspondu dans les mêmes conditions avec la Compagnie, et qu'il n'en est jamais résulté de difficultés — ou encore que la Compagnie a fourni un commencement d'exécution, ce commencement d'exécution ne pouvant avoir pour conséquence de régulariser une situation irrégulière.

Ibid.

4. — Le contrat de transport passé entre une Compagnie de Chemin de fer et l'expéditeur crée bien un lien de droit entre celui-ci et la Compagnie, mais n'en crée pas entre la Compagnie et le destinataire des colis.

Justice de Paix de Rennes, 27 Mai 1909 79

5. — En conséquence, lorsque, après le transport d'un fût de vin, un manquant est constaté à l'arrivée et que le destinataire s'est refusé à prendre livraison, la Compagnie n'a d'autre ressource, après avoir rempli les formalités prescrites par l'art. 106 C. co. pour l'expertise, et si cette expertise démontre que le transporteur n'a commis aucune faute dans le transport et que la faute de l'avarie ne lui est pas imputable, que de se retourner contre l'expéditeur auquel seul elle

peut réclamer les frais d'expertise et magasinage auxquels elle prétend avoir droit.

Ibid.

II. — Police des chemins de fer.

6. — Le fait d'avoir demandé et de s'être fait remettre un billet de chemin de fer au tarif militaire, alors même qu'on sait n'y avoir aucun droit, ne peut constituer le délit d'escroquerie, alors du moins qu'il n'a été fait usage ni d'un faux nom, ni d'une fausse qualité, ni d'aucune manœuvre frauduleuse destinée à faire croire à l'existence d'un pouvoir ou d'un crédit imaginaire.

Cour d'Appel de Rennes, 26 Mai 1909.......... 27

7. — Mais ce fait doit être assimilé au fait de voyager sans billet, et constitue ainsi la contravention prévue par l'art. 58 § 1er du Décret du 1er Mars 1901 et punie par l'art. 21 de la Loi du 15 Juillet 1845.

Ibid.

8. — L'erreur commise par l'employé chargé de distribuer les billets ne saurait servir d'excuse au prévenu, l'exacte application des tarifs s'imposant à la Compagnie des Chemins de fer comme aux voyageurs et devant être protégée en tous cas par une sanction pénale.

Ibid.

9. — La Loi du 26 Mai 1891 est applicable aux condamnations prononcées pour contraventions à la police des Chemins de fer.

Ibid.

Commune

V. *Compétence administrative.* — *Compétence judiciaire.* — *Maire.*

1. — Le droit d'attaquer les décisions du Maire ou du Conseil municipal n'est pas restreint aux seuls contribuables. Il est, au contraire, réservé, par la Loi du 5 Avril 1884, à tous ceux qui sont intéressés par les actes d'administration.

Tribunal civil de Nantes, 22 Mai 1905. — *Cour d'Appel de Rennes*, 23 Juin 1906 *et* 1er Juillet 1909.... 131

2. — A plus forte raison, quand il s'agit d'actes de gestion, l'action en réparation du préjudice causé par une faute ou un quasi-délit du Maire ou de la commune est ouverte à toute personne lésée.

Ibid.

Compétence administrative

1. — Un champ de foire étant considéré comme une dépendance du domaine public, la plantation dans le sol de ce champ de foire, par les soins de la commune qui en est propriétaire, de poteaux qui y sont ainsi incorporés et en deviennent nécessairement l'accessoire, doit être considérée comme un travail public.

Cour d'Appel de Rennes, 12 Juillet 1909.......... 92

2. — En conséquence, l'accident qui pourrait survenir du fait de l'établissement de ces poteaux ne saurait donner lieu à une action judiciaire devant les tribunaux civils, ceux-ci étant, aux termes de l'art. 4 de la Loi du 28 Pluviôse An VIII, incompétents pour connaître des dommages qui auraient pu être occasionnés par un travail public soit aux propriétés, soit aux personnes.

Ibid.

3. — L'accident survenu à un passant par suite du défaut ou de l'insuffisance d'éclairage des voies publiques de la commune ne saurait non plus donner lieu à une action devant la juridiction civile, puisque, dans ce cas, il résulterait d'une faute commise par le Maire dans l'exercice de l'autorité qu'il tient de la Loi du 5 Avril 1884 (art. 97), et que, la commune fût-elle civilement responsable, les tribunaux civils seraient incompétents pour connaître de la demande de la victime ou de ses ayant-droits.

Ibid.

Compétence civile des Juges de Paix

Si l'article 6 § 4 de la Loi du 12 Juillet 1905 donne aux juges de paix la connaissance des actions civiles pour diffamations ou injures publiques, qu'elles soient verbales ou par écrit, commises autrement que par la voie de la presse, cette connaissance leur échappe lorsqu'il s'agit d'un fait complexe, comportant non seulement des invectives, des propos téméraires ou diffamatoires, mais encore un appel à la force armée, une mise en scène, un véritable scandale permettant aux demandeurs de fonder leur action sur les articles 1382 et 1383 du Code civil.

Tribunal civil de Rennes, 3 Juillet 1908............................ 164

Compétence commerciale

I. — COMPÉTENCE *ratione personnæ.*

1. — Si les tribunaux de commerce ont compétence pour apprécier les demandes ayant pour objet la réparation d'un préjudice causé par la faute d'un commerçant à l'occasion et dans l'exercice de son commerce, cela n'est vrai qu'en ce qui concerne les infractions qui, constituant des quasi-délits purs et simples, ne sont pas prévus et réprimés par une loi spéciale.

Tribunal de commerce de Rennes, 21 Août 1908. — *Cour d'Appel de Rennes,* 29 Juillet 1909............ 128

2. — Spécialement les infractions commises par la voie de la presse ne peuvent donner lieu à aucune action devant la juridiction consulaire, alors surtout que ces infractions ont été commises dans un but politique et ne revêtent à aucun degré le caractère de concurrence déloyale.

Ibid.

II. — COMPÉTENCE *ratione loci.*

3. — L'indication par le vendeur, dans sa lettre confirmative du marché, que le payement aura lieu « par traite acceptable et payable sur place bancable » n'implique pas nécessairement une dérogation aux conditions du marché et la renonciation par l'acheteur qui n'a pas protesté contre les énonciations de cette lettre à la faculté de payer en son domicile.

Le Tribunal de commerce de ce domicile est donc compétent pour connaître des difficultés survenues entre les parties au sujet du marché, alors même qu'il n'existerait dans son ressort aucune place bancable.

Tribunal civil de Pontivy, 22 Juillet 1908. — *Cour d'Appel de Rennes,* 3 Juin 1909.................................. 50

4. — D'ailleurs le vendeur, en indiquant seulement, sur la traite créée par lui, le nom et la demeure du tiré sans désignation d'aucun autre domicile, fixe lui-même le lieu du payement au domicile du tiré.

Ibid.

5. — Peu importe qu'en envoyant cette traite à l'acceptation le vendeur y ait joint une facture portant en marge l'indication imprimée « que les « traites ne sont pas une dérogation à « la condition du lieu de paiement « qui est Paris » alors que l'acheteur a refusé la facture et la marchandise.

Ibid.

6. — Dans un marché conclu par correspondance, c'est le domicile de l'acheteur, auquel le vendeur a fait parvenir une offre qui a été acceptée, qui doit être considéré comme le lieu de la promesse ; et, si la livraison doit être également effectuée au même endroit, le tribunal du domicile est compétent aux termes de l'art. 420 C. Proc. Civ., comme réunissant les deux conditions prévues par le § 2ᵉ dudit article, à moins, toutefois qu'il n'y ait entre les parties convention contraire.

Cour d'Appel de Rennes, 8 Février 1909............................ 67

7. — La mention que « en cas de contestation, les tribunaux de Nantes seront seuls compétents », imprimée en marge de la lettre qui apporte à l'acheteur les offres du vendeur, doit être considérée comme constituant une convention spéciale, dérogeant aux règles ordinaires et attribuant compétence exclusive aux tribunaux de l'arrondissement ainsi désigné, alors que l'acheteur a déclaré, en réponse à la lettre portant cette clause marginale, qu'il acceptait le marché proposé, en donnant certaines indications quant à l'époque de la livraison, à la qualité de la marchandise, au paiement et à l'escompte, mais sans protester de quelque façon que ce soit, contre la clause attributive de compétence, qu'il a par suite acceptée, et que, de plus, il a reçu également par la suite une autre lettre du vendeur portant aussi en marge la même clause.

Ibid.

6. — En présence d'une semblable convention, il n'y a pas lieu pour le juge d'appliquer à la cause l'art. 420 C. Proc. civ.

Ibid.

Compétence judiciaire

1. — Si les tribunaux administratifs sont seuls compétents pour statuer sur les contestations relatives à un marché concernant des travaux publics, l'autorité judiciaire a de son côté compétence exclusive pour l'examen des difficultés nées à l'occasion de l'exécution d'un marché de fournitures passé entre une commune et un commerçant.

Tribunal civil de Rennes, 17 Mai 1909 ... 76

2. — Un marché ayant pour objet la fourniture à une commune d'imprimés, registres, etc., constitue non un marché de travaux publics, mais un marché de fournitures. Et c'est avec raison que la juridiction civile est saisie de la connaissance des difficultés qui sont nées à l'occasion de ce marché.

Ibid.

3. — S'agissant de rapports dressés et transmis hiérarchiquement, en obéissance aux règles de la discipline ainsi qu'aux règlements militaires, et qui constituent ainsi des actes de la fonction de ceux qui les ont rédigés, l'appréciation en échappe à l'autorité judiciaire, à moins que, en dehors de l'acte administratif, une faute personnelle soit alléguée contre ceux-ci.

Tribunal Civil de Rennes, 1er Mars 1909 ... 114

4. — Les tribunaux judiciaires ont compétence pour connaître d'une demande de dommages-intérêts intentée afin d'obtenir réparation du préjudice résultant de conventions intervenues entre le Maire, comme gérant et administrant le domaine privé d'une commune, et un industriel.

Tribunal civil de Nantes, 22 Mai 1905. — *Cour d'Appel de Rennes*, 23 Juin 1906 et 1er juillet 1909 ... 131

Concurrence illicite

1. — Constitue un élément de concurrence illicite, préjudiciable aux industries similaires, le fait, par une société industrielle qui a obtenu, à titre de subvention, de l'autorité municipale, la concession de certains avantages pour l'établissement et l'exploitation d'un frigorifère, — c'est-à-dire de chambres froides destinées à la conservation des denrées comestibles de tout ordre, — d'utiliser, au moins en partie, pour la fabrication et la vente de la glace artificielle — industrie non prévue au traité primitif — les locaux, les appareils et le personnel de l'entreprise subventionnée et de réaliser ainsi une économie appréciable dans l'exercice de cette industrie nouvelle, en la faisant profiter des avantages consentis pour l'établissement du frigorifère dans un but d'intérêt général.

Tribunal civil de Nantes, 22 Mai 1905. — *Cour d'Appel de Rennes*, 23 Juin 1906 et 1er Juillet 1909 ... 131

2. — Mais les autres industriels, victimes de cette concurrence illicite, ne sont recevables à dénoncer et à poursuivre ces agissements que s'ils leur ont préjudicié et dans la limite où ils ont été lésés.

Ibid.

3. — Ainsi, s'il apparaît de l'instruction de la cause qu'en réalité le seul préjudice qu'ait entraîné, pour l'un des demandeurs, cette concurrence illicite, consiste dans l'abaissement du prix de revient de la glace, les juges, pour évaluer les dommages-intérêts à lui allouer, ne doivent tenir compte que de cet élément.

Ibid.

4. — De même, s'il résulte des débats que, pour un autre des demandeurs, les faits dénoncés n'ont pu entraîner aucun préjudice, — puisqu'ils procurent seulement un bénéfice illicite de 1 fr. 50 centimes par tonne, alors que le transport d'une tonne de glace au lieu où s'exerce l'industrie de ce demandeur en majore le prix de revient de plus de 5 francs, — l'action de celui-ci doit être déclarée mal fondée.

Ibid.

Créanciers

Si les créanciers des copartageants peuvent intervenir aux opérations du partage et aux procès auxquels elles peuvent donner lieu, ils doivent seuls supporter les dépens de leur intervention, alors même que leur débiteur triompherait dans ses prétentions.

Cour d'Appel de Rennes, 10 Juillet 1908 ...

Cultes

V. *Degré de juridiction. — Établissements publics. — Prescription.*

I. — Suppression des établissements du culte. — Attributions des biens. — Conséquences.

1. — Les établissements publics qui, en exécution de la Loi de 1905, ont reçu des biens provenant d'un établissement du culte supprimé sont les ayants-cause dudit établissement. En conséquence, les écrits réguliers émanant des représentants légaux de celui-ci, leur sont opposables, alors même qu'ils n'auraient pas acquis date certaine.

Tribunal civil de Guingamp, 18 Mars 1908. — *Cour d'Appel de Rennes*, 29 Mars 1909. 44

2. — Toutefois, pour que de tels écrits puissent juridiquement constituer une preuve en faveur du créancier qui actionne l'établissement public attributaire en payement d'une dette contractée par l'établissement supprimé dont il est l'ayant-cause, il faut qu'il soit établi qu'ils ont été donnés antérieurement au moment où l'établissement du culte a été mis sous séquestre et où, par conséquent, ses représentants légaux ont cessé leurs fonctions.

Ibid.

3. — Spécialement, les fournitures de boucherie constituant une dépense ordinaire que l'économe d'un Petit-Séminaire avait qualité pour engager et régler, un arrêté de compte émanant de cet économe peut constituer une preuve littérale complète au profit du boucher qui en est bénéficiaire ; mais il est nécessaire pour cela qu'il porte une date antérieure à la mise sous séquestre du Petit-Séminaire et par conséquent à la cessation des fonctions de l'économe.

Ibid.

II. — Actions en reprise des biens ayant appartenu aux établissements du culte.

4. — Les biens qu'une fabrique a acquis par la prescription font légalement partie du patrimoine de la fabrique et les actions en reprise ou en revendication auxquelles il pourraient donner lieu sont soumises aux lois de 1905 et 1908.

En conséquence, seul un héritier en ligne directe a qualité pour les intenter.

Cour d'Appel de Rennes, 15 Juin 1909. 85

5. — Les actions en révocation pour inexécution des conditions d'une donation faite à une fabrique d'église dont les biens ont été, conformément aux dispositions de la Loi du 9 Décembre 1905, placés sous séquestre, sont comprises dans celles énoncées par l'article 9 de cette loi.

En conséquence, les héritiers en ligne directe ont seuls qualité pour produire une semblable demande.

Cour d'Appel de Rennes, 15 Juin 1909. 83

6. — L'action en reprise accordée par les Lois de 1905 et 1908 aux héritiers des donateurs n'appartient qu'aux héritiers en ligne directe seuls.

Cour d'Appel de Rennes, 16 Juin 1909. 86

7. — Ne peuvent être considérés comme habiles à exercer cette action les ayants-cause des héritiers en ligne directe, alors du moins qu'ils ne sont pas eux-mêmes personnellement héritiers en ligne directe des donateurs.

Ibid.

8. — Si les biens possédés par une fabrique d'Eglise n'étaient pas légalement entrés dans son patrimoine, les Lois de 1905 et de 1908 ne leur sont pas applicables.

Cour d'Appel de Rennes, 15 Juin 1909. 175

9. — En conséquence les héritiers collatéraux ont qualité pour les revendiquer et se prévaloir de la caducité du legs fait à la fabrique.

Ibid.

10. — Il ne saurait être question de surseoir à statuer jusqu'à ce que l'attribution de ces dits biens ait été faite au profit d'un établissement communal d'assistance ou de bienfaisance sous le prétexte que l'autorisation gouvernementale pourrait encore être utilement accordée, aucun établissement ne pouvant être appelé à recueillir l'attribution d'un bien sur lequel la fabrique n'avait, durant son existence, régulièrement acquis aucun droit.

Ibid. — *Tribunal civil de Lannion*, 21 Janvier 1909. 176

III. — Gestion et administration des biens du culte.

11. — Les Lois des 9 Décembre 1905 et 2 Janvier 1907 sur la Séparation des Eglises et de l'Etat ont mis, au point de vue juridique, les fidèles sur le même pied d'égalité que leurs pasteurs ; les édifices et meubles destinés au culte sont aussi bien à la disposition de ceux-là que de ceux-ci qui ne peuvent prétendre sur l'édifice ni son mobilier aucun droit d'usage, de jouissance ou de simple possesion privatif.

Tribunal de Paix de Nantes, 11 Novembre 1909............... 188

12. — Les Associations cultuelles auxquelles le législateur avait attribué l'organisation des services, l'administration et la gestion des biens du culte, n'ayant pas été constituées, les curés se trouvent avoir, à l'égard de ces biens, la qualité de simples occupants leur donnant seulement le droit de célébrer les offices comme par le passé, c'est-à-dire sans être troublés dans l'exercice de leur ministère, la faculté de recueillir des offrandes, et enfin l'obligation de ne pas préjudicier et de ne pas laisser les tiers préjudicier à l'Eglise et aux objets la garnissant.

Ibid.

13. — Les Conseils paroissiaux, établis en violation de la loi, n'ont aucune qualité pour prendre ou imposer le respect des décisions concernant un acte d'administration et de gestion temporelle relatif au culte.

Ibid.

14. — En conséquence, en affichant dans l'enceinte d'une église que, conformément à la décision du Conseil paroissial, seuls certains cierges portant une marque spéciale seraient autorisés à brûler dans la dite église, et en accaparant, pour l'exécution du monopole par lui ainsi créé, un meuble sur lequel il n'a qu'un droit de jouissance relative, un curé commet une violation du principe inscrit dans l'article 1er de la Loi du 2 Janvier 1907.

Ibid.

15. — Un curé commet également une faute en affichant dans l'intérieur de l'enceinte de l'église une recommandation aux fidèles pour leur enjoindre de n'acheter que des cierges d'une marque déterminée, et en accompagnant cette recommandation d'appréciations désobligeantes pour un commerçant vendant d'autres cierges, et ce dans le but, d'ailleurs atteint, de mettre à l'index ce commerçant.

Ibid.

IV. — POLICE DU CULTE.

16. — Le Maire d'une commune, en fixant pour les enterrements et services funèbres la durée maxima des sonneries de cloches ne fait qu'user du pouvoir de police qu'il tient de l'article 27 de la Loi du 9 Décembre 1905 et ne porte nullement atteinte au libre exercice du Culte.

Tribunal de simple police de Rennes, 24 Mai 1909............... 48

Degré de juridiction

1. — Les créances héréditaires se divisent de plein droit entre les cohéritiers, qui ne peuvent ainsi agir que dans la limite de leurs droits ; et il importe peu qu'ils aient agi par un seul et même exploit introductif d'instance.

En conséquence, lorsque l'intérêt de chacun est inférieur à 1500 francs, l'affaire est jugée en dernier ressort par le tribunal, alors même que la réunion de leurs créances donnerait un chiffre supérieur au taux du dernier ressort et qu'ils auraient procédé par une seule et même assignation.

Cour d'Appel de Rennes, 16 Juin 1909............................ 81

2. — La demande en restitution d'un titre de rente sur l'Etat français dont on fait connaître la valeur en indiquant le montant des arrérages annuels ne constitue pas une demande indéterminée, le demandeur déterminant lui-même le chiffre de sa demande par une référence implicite mais nécessaire au cours de la Bourse, et le juge n'ayant alors qu'à procéder, sans arbitraire possible, à un calcul des plus simples pour déterminer le taux de la demande.

Ibid.

3. — La demande de transfert, au profit du demandeur, du titre de rente qu'il réclame n'est qu'un accessoire qui concerne l'exécution du jugement et ne rend pas celui-ci susceptible d'appel.

Ibid.

4. — Une demande de restitution d'un titre de rente dont la valeur est indiquée par le chiffre des arrérages annuels, assortie d'une demande de dommages-intérêts sous la forme d'une astreinte de 20 francs par chaque jour de retard, constitue une demande indéterminée.

En effet, si elle est déterminée, quant à son chiffre en ce qui concerne le titre de rente dont la remise est réclamée, elle est au contraire indéterminée en ce qui concerne le chiffre des dommages-intérêts.

Cour d'Appel de Rennes, 16 Juin 1909........................... 86

5. — La juridiction compétente pour statuer en dernier ressort sur une demande connaît aussi en dernier ressort des incidents soulevés devant elle.

Cour d'Appel de Rennes, 1er Juillet 1909........................... 91

6. — Spécialement, une inscription de faux formée incidemment à une action en payement de fermages portée devant le juge de paix et qui devait être tranchée en dernier ressort par le Tribunal Civil jugeant comme juridiction d'appel est également jugée en dernier ressort par ce Tribunal, et ne saurait ensuite être portée devant la Cour d'Appel.

Ibid.

Demande nouvelle

La demande de dispense de caution ne constitue pas par elle-même une demande nouvelle ; elle doit être considérée comme un accessoire de la demande principale.

Cour d'Appel de Rennes, 12 Novembre 1908........................... 40

Dépôt

1. — Le fait par un voyageur de placer, et par l'aubergiste de recevoir un cheval dans l'écurie d'une auberge entraine la formation entre eux d'un contrat de dépôt, soumis aux règles de l'article 1952 C. civ.

Cour d'Appel de Rennes, 13 Juillet 1909........................... 160

2. — Quelles qu'en soient la durée et la rémunération, il constitue l'aubergiste dans l'obligation de veiller sur la chose déposée et de la remettre dans l'état où elle lui avait été confiée.

Ibid.

3. — En conséquence, si l'animal ainsi déposé présente, au moment où son propriétaire le retire de l'écurie, une blessure qu'il ne portait pas au moment où il y est entré, la responsabilité de l'aubergiste se trouve engagée : et celui-ci ne peut s'en affranchir qu'en établissant que l'accident survenu au cheval est la conséquence soit d'un cas fortuit, soit d'une faute du propriétaire.

Ibid.

4. — Les dispositions de l'article 1385 C. civ., qui impose au propriétaire la responsabilité des accidents causés par l'animal qui lui appartient, sont sans application dans une semblable espèce.

Ibid.

5. — Les dispositions édictées par les articles 1952 et 1953 C. civ. contre les aubergistes et hôteliers ne peuvent profiter qu'aux voyageurs reçus à titre temporaire et passager. Une personne qui loue une chambre ou un logement pour une habitation prolongée ne peut s'en prévaloir.

Tribunal Civil d'Ancenis, 23 Mars 1906. — *Cour d'Appel de Rennes*, 28 Février 1907........................... 162

Diffamation

1. — Si l'article 6 paragraphe 4 de la Loi du 12 Juillet 1905 donne aux juges de paix la connaissance des actions civiles pour diffamation ou injures publiques, qu'elles soient verbales ou par écrit, commises autrement que par la voie de la presse, cette connaissance leur échappe lorsqu'il s'agit d'un fait complexe, comportant non seulement des invectives, des propos téméraires ou diffamatoires, mais encore un appel à la force armée, une mise en scène, un véritable scandale permettant aux demandeurs de fonder leur action sur les articles 1382 et 1383 du C. civ.

Tribunal Civil de Rennes, 3 Juillet 1908........................... 164

2. — Constitue l'imputation d'un fait précis et déterminé, de nature à porter atteinte à l'honneur et à la considération de la personne visée, la phrase suivante, adressée par un journaliste à un armateur : *il aurait mieux valu, au lieu de réclames humanitaires tardives, ne pas entasser tant de malheureux sur ce bateau douteux qui s'appelait* Les-Cousins-Réunis, *et qui est allé rejoindre aux abîmes les victimes de Saint-Pierre.*

Cour d'Appel de Rennes, 9 Décembre 1909........................... 202

3. — L'intention de nuire, chez l'auteur et l'éditeur de l'article, résulte de cette circonstance qu'ils n'ont pas pu ne pas avoir la perception très-nette du préjudice qu'ils porteraient nécessairement à l'armateur ainsi désigné.

Ibid.

Disposition entre vifs

V. *Maison de tolérance. — Obligations.*

Dommages-intérêts

V. *Action en justice. — Frais et dépens.*

Enregistrement

V. *Frais et dépens.*

Escroquerie

1. — Le fait d'avoir demandé et de s'être fait remettre un billet de chemin de fer au tarif militaire, alors même qu'on sait n'y avoir aucun droit, ne peut constituer le délit d'escroquerie, alors du moins qu'il n'a été fait usage ni d'un faux nom, ni d'une fausse qualité, ni d'aucune manœuvre frauduleuse destinée à faire croire à l'existence d'un pouvoir ou d'un crédit imaginaire.

Cour d'Appel de Rennes, 26 Mai 1909.............................. 27

2. — Mais ce fait doit être assimilé au fait de voyager sans billet et constitue ainsi la contravention prévue par l'article 58, paragraphe 1er du Décret du 1er Mars 1901 et punie par l'article 21 de la Loi du 15 Juillet 1845.

Ibid.

Etablissements publics

V. *Cultes.*

1. — Les établissements publics peuvent, comme les simples particuliers, acquérir par prescription.

On ne peut considérer comme contraire à l'ordre public le fait, par une fabrique, de posséder un immeuble qui lui a été donné en dehors de l'autorisation qu'elle aurait dû demander.

L'obligation pour les établissements publics de se procurer l'autorisation administrative ne concerne que les acquisitions à titre gratuit et ne fait pas obstacle à ce qu'ils acquièrent par prescription, sans autorisation, les biens qu'ils ne pourraient recevoir directement en vertu de la donation qui leur a été faite sans avoir été autorisés.

Cour d'Appel de Rennes, 15 Juin 1909.............................. 55

2. — L'acceptation provisoire par une fabrique d'église d'un legs fait à son profit, — la demande par elle de délivrance, — la délivrance effective dudit legs par les héritiers, — le paiement des droits de mutation afférents à cette libéralité ne sauraient, même réunis, faire légalement entrer les biens ainsi légués dans le patrimoine de ladite fabrique.

Il faut, pour que la fabrique devienne capable de recevoir ces biens, qu'elle ait reçu l'autorisation nécessaire des pouvoirs publics édictée par l'article 910 C. civ. et maintenue par l'article 6 de la Loi du 4 Février 1901.

Tribunal Civil de Lannion, 21 Janvier 1908. — *Cour d'Appel de Rennes*, 15 Juin 1909.............................. 176

Exceptions

L'exception invoquée contre le vendeur d'un animal, pour l'empêcher d'exercer l'action en rescision, à raison de ce qu'il ne se trouve pas dans les conditions prévues par la Loi du 23 Février 1905, est un moyen tiré du fond du droit; elle peut être produite en tout état de cause et ne tombe pas sous l'application de l'article 173 du Code de Procédure civile.

Tribunal de Paix de Vannes, 13 Janvier 1909.............................. 112

Exécution provisoire

1. — Les jugements rendus par les Tribunaux de Commerce sont de plein droit exécutoires par provision, conformément aux termes de l'art. 439 C. Proc. civ., alors même que l'exécution provisoire n'a été ni ordonnée, ni même demandée. Mais en ce cas ils ne sont exécutoires par provision qu'à charge de fournir caution.

Cour d'Appel de Rennes, 12 Novembre 1908.............................. 40

2. — Les premiers juges sont incompétents pour apprécier le mérite d'une demande à fin de dispense de caution pour l'exécution provisoire d'un jugement interlocutoire frappé d'appel. A la Cour seule, saisie par l'appel principal, il appartient de statuer, le cas échéant, sur une demande de cette nature.

Ibid.

Exequatur

V. *Jugements et arrêts.*

Si quand une partie entend se prévaloir en France d'une décision rendue à l'étranger elle doit en demander l'*exequatur* aux tribunaux français pour la rendre exécutoire, il n'en est pas de même quand il ne s'agit pas de procéder à l'exécution d'une décision émanant d'une juridiction étrangère, mais seulement d'en apprécier la portée quant aux intérêts en jeu auxquels elle s'applique.

Cour d'Appel de Rennes, 23 Mars 1908........................ 35

Exploit

V. *Ajournement.*

Faillite

1. — L'appel relevé par le failli, entre le jugement déclaratif de la faillite et l'arrêt confirmatif de cette décision, à l'encontre d'un jugement qui lui fait grief, n'est pas nul, aux termes de l'article 443 C. co., alors que le jugement déclaratif de la faillite n'est devenu définitif que postérieurement à l'acte d'appel, et que d'ailleurs les syndics de la faillite, agissant dans l'intérêt de la masse, ont confirmé cet appel et déclaré reprendre l'instance.

Cour d'Appel de Rennes, 6 Mars 1909........................ 42

2. — Lorsque, après la clôture des opérations d'union d'une faillite, un nouvel élément d'actif est survenu et que les opérations de la faillite ont été ouvertes à nouveau par un jugement, le syndic a qualité pour intervenir dans les instances intéressant la faillite, qui sont nées pendant la période où elle était close.

Il a même seul qualité désormais pour agir au nom et dans l'intérêt des créanciers du failli.

Tribunal civil de Châteaulin, 23 Juin 1908. — *Cour d'Appel de Rennes*, 21 Juin 1909........................ 62

Faux incident civil

V. *Degré de juridiction.*

Femme mariée

V. *Autorisation de Femme mariée.*

Force majeure

V. *Obligations.*

Frais et dépens

1. La référence à justice invoquée par un plaideur dans ses conclusions doit être considérée, quant aux dépens, comme une contestation.

Tribunal Civil de Rennes, 17 Mai 1909........................ 76

2. — Les dépens d'un incident soulevé en cours de procédure par l'une des parties dans le but d'appeler l'attention du tribunal sur une question touchant à l'ordre public qu'il aurait pu soulever d'office doivent être réservés pour être joints aux dépens de l'instance principale ; alors surtout qu'en l'absence de texte précis et par suite de divergences en doctrine et en jurisprudence, il était de l'intérêt de toutes les parties d'obtenir, avant tout débat au fond, une solution pouvant acquérir l'autorité de la chose jugée, fixant la juridiction devant laquelle le débat fut valablement poursuivi.

Ibid.

3. — Demander à la Cour de dire que la condamnation aux dépens, par elle prononcée dans une décision antérieure, comprend les droits d'enregistrement des actes produits au cours du procès, c'est en réalité demander une addition à l'arrêt déjà rendu et non pas une interprétation de cette décision.

En effet, la condamnation aux dépens ne comprend jamais, en principe, les droits d'enregistrement des actes produits au cours du procès ; et ces droits ne peuvent être mis à la charge de la partie qui succombe qu'à titre de dommages-intérêts et par une disposition spéciale et motivée.

Cour d'Appel de Rennes. 2 Juillet 1909........................ 125

4. — Une femme mariée avisagée seule et sous la qualité de veuve commet, en prolongeant l'équivoque et en s'attribuant de même cette qualité de veuve dans les diverses phases de la procédure, une faute qui engage sa responsabilité.

En conséquence, les dépens tant de la procédure annulée pour défaut d'autorisation maritale que celle de la tierce-opposition formée par le mari doivent être partagés entre les parties par proportions égales.

Tribunal Civil de Rennes, 29 Janvier 1909........................ 172

Hypothèques et privilèges

V. *Navire.*

Interdiction

1. — Le droit que l'article 497 C. civ. attribue au tribunal, saisi d'une demande à fin d'interdiction, de nommer un administrateur provisoire pour prendre soin de la personne et des biens du défendeur, est un droit absolu qui n'a d'autres limites que l'intérêt de celui-ci.

Cour d'Appel de Rennes, 21 Décembre 1908........................ 166

2. — L'exercice n'en est pas subordonné à la présentation d'une requête formelle : le tribunal peut ordonner cette nomination aussitôt après l'interrogatoire subi en chambre du conseil, d'office et sans qu'elle ait été sollicitée.

Ibid.

3. — Le droit du Tribunal ne peut être restreint par cette circonstance que le Ministère Public, promoteur de l'action, serait déchu de son droit d'action par suite de la révélation de l'existence de parents inconnus au début de l'instance : en effet, le Procureur de la République, qui fait partie du tribunal, a le droit de signaler aux juges une situation qui comporte des mesures spéciales et il importe peu que ce soit sur la proposition de l'un quelconque de ses membres que le tribunal ait pris une mesure que la loi lui permet de prendre d'office.

Ibid.

4. — Il n'appartient pas à la Cour, saisie seulement d'un appel dirigé contre le jugement qui a nommé un administrateur provisoire, de faire droit aux conclusions par lesquelles le défendeur demande que l'administrateur provisoire soit obligé à donner main-levée de toutes les oppositions mises par lui entre les mains des banquiers dépositaires des valeurs du défendeur et des Compagnies d'assurances qui servent à celui-ci des rentes viagères.

Ibid.

5. — C'est aux juges saisis de la demande d'interdiction qu'il appartient d'examiner et définir, — au besoin, avant l'issue de l'instance principale, — dans quelles limites ces oppositions doivent être maintenues.

Ibid.

Jugements et arrêts

1. — Si quand une partie entend se prévaloir en France d'une décision rendue à l'étranger elle doit en demander l'*exequatur* aux tribunaux français pour la rendre exécutoire, il n'en est pas de même quand il ne s'agit pas de procéder à l'exécution d'une décision émanant d'une juridiction étrangère, mais seulement d'en apprécier la portée quant aux intérêts en jeu auquel elle s'applique.

Cour d'Appel de Rennes, 23 Mars 1908........................ 35

2. — Les jugements rendus par les Tribunaux de Commerce sont de plein droit exécutoires par provision, conformément aux termes de l'art. 439 C. Proc. civ., alors même que l'exécution provisoire n'a été ni ordonnée, ni même demandée. Mais en ce cas ils ne sont exécutoires par provision qu'à charge de fournir caution.

Cour d'Appel de Rennes, 12 Novembre 1908........................ 40

4. — Il n'y a pas lieu à interprétation d'un arrêt clair et précis, contre lequel on ne propose ni n'allègue aucune ambiguïté ou obscurité dans ses termes.

Cour d'Appel de Rennes, 2 Juillet 1909........................ 125

4. — Demander à la Cour de dire que la condamnation aux dépens, par elle prononcée dans une décision antérieure, comprend les droits d'enregistrement des actes produits au cours du procès, c'est en réalité demander une addition à l'arrêt déjà rendu et non pas une interprétation de cette décision.

Ibid.

5. — En effet, la condamnation aux dépens ne comprend jamais, en principe, les droits d'enregistrement des actes produits au cours du procès ; et ces droits ne peuvent être mis à la charge de la partie qui succombe qu'à titre de dommages-intérêts et par une disposition spéciale et motivée.

Ibid.

6. — Lorsqu'une Cour d'appel a, dans le dispositif de son arrêt, confirmé purement et simplement le jugement qui avait été soumis à son examen, la connaissance des difficultés qui peuvent surgir au cours et à propos de l'exécution du jugement confirmé échappe à la compétence de la cour, et appartient exclusivement aux premiers juges.

Ibid.

Legs-légataire

V. *Capacité de disposer et de recevoir. — Substitution.*

1. — Lorsque dans son œuvre testamentaire le testateur, à plusieurs reprises, exprime et affirme sa volonté de faire d'une personne — en l'espèce, son parent et filleul, auquel il a toujours donné des marques de son affection — son légataire universel, il faudrait, pour battre en brèche une volonté aussi nettement exprimée et réduire l'institué à la qualité de simple exécuteur testamentaire, rencontrer dans l'œuvre testamentaire des clauses absolument incompatibles avec l'institution d'un légataire universel.

Cour d'Appel de Rennes, 22 Février 1909............................ 69

2. — Ne sont pas incompatibles avec l'institution d'un légataire universel : la volonté exprimée par le *cujus* que, après prélèvement des legs particuliers, le surplus des biens composant sa succession soit employé à faire dire des messes.

Ibid.

3. — ... l'attribution d'un legs particulier à celui que le testament investit de la qualité de légataire universel, ce legs fût-il fait « à titre de récompense pour ses peines et soins. »

Ibid.

4. — ... la clause par laquelle le *de cujus* donne expressément au légataire universel la saisine : si cette clause est en effet inutile, elle ne peut du moins avoir pour effet d'annuler une clause valable en soi.

Ibid.

5. — La disposition par laquelle le *de cujus* consacre à faire dire des messes ce qui restera de sa fortune, les legs particuliers une fois acquittés, n'est pas nulle comme étant d'une réalisation impossible, même après la Loi du 9 Décembre 1905 : si les fondations de messes par l'intermédiaire des fabriques et d'autres établissements religieux ne sont plus autorisées, chacun reste libre de faire dire des messes de son vivant ou après son décès et de choisir les prêtres qui les célèbreront ou de laisser à ses successeurs le soin de faire le choix.

Ibid.

6. — Cette disposition n'est pas nulle non plus comme renfermant un legs au bénéfice de personnes incertaines ; les sommes ainsi employées constituant en réalité une charge de la succession et non pas des libéralités au profit des prêtres qui disent les messes et qui ne reçoivent que la rémunération d'un service demandé et rendu.

Ibid.

7. — L'importance des sommes ainsi consacrées à la célébration des messes ne modifie en rien le caractère de cette disposition.

bid.

8. — On ne saurait considérer comme ayant été imaginée dans le but de faire fraude à la loi et en vue d'assurer — en écartant, pour défaut d'intérêt, l'action des héritiers naturels en nullité ou en réduction du legs — l'exécution intégrale des libéralités interdites au profit de personnes morales incapables, alors que le peu d'importance de ces libéralités par rapport à l'importance de la succession rend cette fraude invraisemblable.

Ibid.

9. — Tout nu-propriétaire a virtuellement, en vertu de son titre même, un droit certain, mais différé, à l'usufruit des biens dont il n'est que nu-propriétaire. Il a donc la faculté de disposer *hic et nunc* de la nue-propriété d'une part et d'autre part de l'usufruit éventuel. Le droit à cet usufruit faisant partie de son patrimoine, il en a la libre disposition, à la condition de respecter les droits de l'usufruitier actuel.

Cour d'Appel de Rennes, 25 Février 1907............................ 98

Louage de choses

V. *Responsabilité civile.*

1. — Le bail de locaux et mobilier destinés à l'exploitation d'une maison de tolérance est, aux termes des articles 1131 et 1133 C. civ., radicalement nul comme ayant une cause immorale et illicite.

Le commandement que fait délivrer le bailleur aux fins de payement des termes de loyer est donc nul comme fait sans titre.

Tribunal Civil de Rennes, 25 Janvier 1909. — *Cour d'Appel de Rennes*, 17 Mai 1909........ 119

2. — Est nulle, comme ayant une cause contraire aux bonnes mœurs, toute convention contractée, ou, dans la commune intention des parties, l'obligation a pour cause l'acquisition d'une maison de tolérance.

Doivent donc être considérés comme inopérants pour établir les droits du propriétaire actuel, les actes d'achat et de vente successifs d'une maison de tolérance qui en ont amené la propriété entre ses mains.

Ibid.

Louage d'ouvrage et d'industrie

1. — La rétrogradation du directeur d'une Société ne peut être considérée comme injustifiée, s'il résulte des circonstances de la cause qu'elle a été motivée, sinon par une incapacité manifeste, du moins par le manque de décision et d'autorité.

En pareil cas, le directeur ainsi rétrogradé ne peut prétendre qu'à une indemnité pour brusque révocation.

Cour d'Appel de Rennes, 6 Mars 1909. 42

2. — Le délai de préavis qui doit être observé dans un cas semblable doit être fixé à un an.

Ibid.

3. — Mais l'indemnité à laquelle peut prétendre le directeur rétrogradé ne saurait être supérieure à la différence pendant un an entre son traitement de directeur et celui qui lui est alloué pour les fonctions qu'il est invité à reprendre.

Ibid.

Maire

1. — Le Maire, en fixant pour les enterrements et services funèbres la durée maxima des sonneries de cloches ne fait qu'user du pouvoir de police qu'il tient de l'article 27 de la Loi du 9 Décembre 1905 et ne porte nullement atteinte au libre exercice du culte.

Tribunal de Simple Police de Rennes, 24 Mai 1909. .... 18[illegible]

2. — La contravention à l'arrêté pris par le Maire conformément à ses pouvoirs est sanctionnée par l'article 471 § 15e du Code Pénal.

Ibid.

3. — Un Maire n'est responsable personnellement que s'il a commis, comme administrateur des biens de sa commune, une faute lourde.

Tribunal civil de Nantes, 22 Mai 1905. — *Cour d'Appel de Rennes*, 28 Juin 1906 et 1er Juillet 1909. .... 13[illegible]

Maison de tolérance

V. *Louage de choses. — Obligations.*

1. — Le bail de locaux et mobilier destinés à l'exploitation d'une maison de tolérance est, aux termes des articles 1131 et 1133 C. civ., radicalement nul comme ayant une cause immorale et illicite.

Le commandement que fait délivrer le bailleur aux fins de payement des termes de loyer est donc nul comme fait sans titre.

Tribunal Civil de Rennes, 25 Janvier 1909. — *Cour d'Appel de Rennes*, 17 Mai 1909. 119

2. — Est nulle, comme ayant une cause contraire aux bonnes mœurs, toute convention contractée, ou, dans la commune intention des parties, l'obligation a pour cause l'acquisition d'une maison de tolérance.

Doivent donc être considérés comme inopérants, pour établir les droits du propriétaire actuel, les actes d'achat et de vente successifs d'une maison de tolérance qui en ont amené la propriété entre ses mains.

Ibid.

3. — Dans un contrat à titre gratuit, l'intention d'exercer une libéralité constitue une cause suffisante d'engagement. On ne peut donc, dans les contrats de cette sorte, imaginer une hypothèse où la cause soit illicite. Il s'ensuit que les articles 1131 et [illegible] C. civ. sont inapplicables aux contrats de cette nature.

En conséquence, doit être considérée comme formant, au profit du propriétaire actuel, un titre suffisant de propriété, la donation qui lui a été faite, dans un contrat de mariage, par son conjoint, d'un immeuble affecté à l'exploitation d'une maison de tolérance.

Ibid.

4. — Le but immoral postérieur à un acte est distinct de l'acte lui-même, et la justice n'a pas à rechercher les motifs pour lesquels un plaideur exige l'exécution d'un acte valable en soi.

Ibid.

5. — Constitue une convention valable la vente pure et simple d'un immeuble dans lequel est exploitée une maison de tolérance, alors qu'elle est faite sans indication de l'usage auquel il est affecté et qu'elle comporte ainsi pour cause d'un côté l'obligation de payer le prix stipulé, de l'autre l'obligation de transmettre la propriété.

Ibid.

6. — En effet, si la circonstance que l'immeuble vendu abrite une maison de tolérance a pu être le motif déterminant l'acheteur à en faire l'acquisition, mais ce motif ne peut entacher de nullité une convention qui a, par ailleurs, une cause licite, la vente d'un immeuble dans lequel existe une maison de tolérance n'étant pas contraire aux bonnes mœurs comme le serait la cession de l'exploitation d'un pareil établissement, et n'étant pas par suite interdite par la loi.

Ibid.

Mandat

V. *Avoué*. — *Notaire*.

Marché de fournitures

1. — Toute fourniture — à quelques [illegible] exceptions près — comprenant une matière transformée par le travail, il ne suffit pas pour faire la distinction entre les marchés de fournitures et ceux relatifs aux travaux publics, et [illegible] la compétence, d'apprécier lequel du travail ou de la fourniture doit être considéré comme principal ou accessoire.

— *Tribunal civil de Rennes*, [illegible] Mai 1909. [illegible]

2. — Il y a incontestablement marché de fournitures, quand il s'agit de la livraison d'objets mobiliers, même transformés par le travail, alors que ces objets doivent être employés pour les besoins de la personne administrative et non incorporés à un immeuble par les soins de l'adjudicataire.

Ibid.

3. — Spécialement, un marché ayant pour objet la fourniture à une commune d'imprimés, registres, etc., constitue non un marché de travaux publics, mais un marché de fournitures. Et c'est avec raison que la juridiction civile est saisie de la connaissance des difficultés qui sont nées à l'occasion de ce marché.

Ibid.

4. — Lorsque le cahier des charges d'un marché de fournitures prévoit que, dans certaines circonstances et après l'accomplissement de certaines formalités, le marché pourra être résilié par le chef de corps soit purement et simplement, soit avec mise à la charge de l'entrepreneur commissionnaire des conséquences du marché par défaut ou de toutes autres mesures qui pourraient être prises pour assurer l'exécution du service, il est impossible d'étendre hors des cas énoncés au cahier des charges les obligations imposées à l'entrepreneur [illegible] en cas de résiliation.

— *Tribunal civil de Rennes*, [illegible] Mars 1909. [illegible]

5. — Et si l'exécution du marché est interrompue par obéissance à un ordre de M. le Ministre de la Guerre, circonstance non prévue au cahier des charges, — et que les formalités stipulées [illegible] [illegible] de mise en demeure [illegible] administrative [illegible] [illegible] fournisseur [illegible] [illegible] des clauses du cahier des charges, les conséquences onéreuses du marché par défaut passé par le chef de corps pour assurer l'exécution du service.

Ibid.

[illegible]

[illegible]

[illegible]

[illegible]

navire saisi, relèvent non pas de la loi du pavillon, ni de celle du lieu où a pris naissance la dette qui a déterminé la saisie, mais de la loi du lieu où ont lieu les poursuites et l'exécution.

Cour d'Appel de Rennes, 23 Mars 1908........................ 35

2. — Spécialement quand, s'agissant d'un navire saisi et vendu en Angleterre, les prescriptions de la loi anglaise ont été régulièrement observées en ce qui concerne la saisie, la vente, le paiement, la distribution du prix, le navire est libéré et purgé de toutes les hypothèques qui le grevaient, ainsi qu'il en serait France en cas de saisie et de vente.

Ibid.

3. — L'article 195 C. co. qui prescrit que « la vente volontaire d'un navire doit être faite par écrit » n'est pas applicable au marché à forfait passé pour la construction d'un navire.

Tribunal de commerce de Saint-Malo, 1er Juillet 1908. — *Cour d'Appel de Rennes* 21 Juin 1909.............. 60

4. — L'association formée entre les copropriétaires de navires pêcheurs ne doit pas être considérée comme une société à durée illimitée : en conséquence l'un des associés ne peut puiser dans les dispositions de l'article 1869 C. civ., la faculté de dissoudre une telle association par sa seule volonté. Une telle association est régie par l'article 220 C. co., d'après lequel l'avis de la majorité doit être suivi en ce qui concerne l'intérêt commun des propriétaires de navires ; et par suite la dissolution de l'entreprise et la licitation des navires et de l'armement ne peuvent avoir lieu que du consentement de cette majorité.

Tribunal de commerce de Paimpol, 12 Janvier 1907. — *Cour d'appel de Rennes*, 11 Juin 1908.............. 195

Notaire

1. — Le débiteur qui a remboursé sa dette aux mains du notaire rédacteur de l'acte d'obligation peut, à défaut de preuve littérale, démontrer par des présomptions graves, précises et concordantes que ce notaire avait mandat de recevoir et que par conséquent le paiement ainsi fait est valable et libératoire, à la condition qu'il existe en ce sens un commencement de preuve par écrit.

Tribunal Civil de Redon, 20 Janvier 1909........................ 169

Cour d'Appel de Rennes, 9 Novembre 1909........................ 185

2. — Ne peuvent être considérés comme constituant à cet égard un commencement de preuve par écrit, la stipulation contenue à l'acte que le remboursement aura lieu en l'étude du notaire.

Ibid.

3. — ... ni l'élection de domicile par le créancier en ladite étude.

Ibid.

4. — Au contraire la représentation du créancier dans l'acte par un clerc du notaire rédacteur, en qualité de mandataire verbal, constitue en faveur de ce mandat un commencement de preuve par écrit.

En pareil cas, il est certain, en effet, que le clerc ne figure à l'acte que pour masquer la personne de son patron qui ne pouvait y prendre la qualité de mandataire des parties.

Tribunal Civil de Redon, 20 Janvier 1909........................ 169

5. — Les circonstances que les deux parties étaient toutes deux clientes du notaire, — qu'elles habitent des communes différentes et sont étrangères l'une à l'autre, — les énonciations des comptes du notaire indiquant qu'il était le gérant ordinaire des affaires du créancier compléteraient utilement la preuve imposée au débiteur, et établiraient d'une manière décisive l'existence du mandat invoqué.

Ibid.

6. — Jugé, en sens contraire, que ne peut constituer un commencement de preuve par écrit, en faveur du mandat prétendu, la comparution à l'acte d'un clerc du notaire rédacteur comme mandataire du prêteur, cette intervention ayant uniquement pour but d'éviter à la partie qu'il représente un déplacement inutile, puisque, les termes de la convention étant arrêtés par avance, il ne s'agit plus que de les consigner dans l'acte et d'autre part le mandat de représenter le prêteur pour la constitution de l'obligation devant être strictement renfermé dans ses limites et ne pouvant être étendu aux circonstances ultérieures qu'il n'avait pas mission d'envisager.

Cour d'Appel de Rennes, 9 Novembre 1909............................ 185

7. — Il doit surtout être ainsi jugé quand il apparait des circonstances de la cause que le prêteur avait recours pour la gestion de ses capitaux aux offices de plusieurs notaires, qu'il surveillait lui-même de très-près tous ses placements, et n'abandonnait à personne le soin de recouvrer ses capitaux, restant toujours dans ce but détenteur des grosses ; — et quand, d'autre part, il ressort clairement de la quittance remise en échange du paiement en ses mains par le notaire qu'elle n'est qu'un reçu provisoire, n'ayant pas pour effet de libérer le débiteur vis-à-vis du créancier.

Ibid.

8. — En semblable circonstance, il appartient au débiteur de poursuivre sans retard ses diligences pour se faire remettre la quittance du créancier. Et, à défaut de l'avoir fait, il doit être considéré comme toujours tenu à l'égard de celui-ci.

Ibid.

9. — Le paiement fait par un débiteur aux mains d'un notaire doit être considéré comme valable et libératoire vis-à-vis du créancier, lorsque ce notaire qui a rédigé l'acte d'obligation, négocié entre les parties le remboursement de la dette, a été indiqué par lettre au débiteur, par le créancier lui-même, pour recevoir un premier acompte.

Cour d'Appel de Rennes, 9 Mars 1909............................ 174

10. — Il en est surtout ainsi quand il apparait de l'examen des faits que le notaire a averti le créancier de la date à laquelle il recevrait paiement pour lui, et qu'à tous moments il s'est considéré comme nanti du mandat de recevoir.

Ibid.

Nu-propriétaire

V. *Successions.*

Tout nu-propriétaire a virtuellement, en vertu de son titre même, un droit certain, mais différé, à l'usufruit des biens dont il n'est que nu-propriétaire. Il a donc la faculté de disposer *hic et nunc* de la nue-propriété d'une part et d'autre part de l'usufruit éventuel. Le droit à cet usufruit faisant partie de son patrimoine, il en a la libre disposition, à la condition de respecter les droits de l'usufruitier actuel.

Cour d'Appel de Rennes, 25 Février 1907............................ 98

Obligations

V. *Assurances terrestres. — Maison de tolérance. — Notaire. — Preuve testimoniale.*

1. — Une décision du Ministre de la Guerre, enjoignant à un chef de corps de cesser l'exécution d'un marché de fournitures régulièrement passé avec un boucher et d'assurer l'alimentation de son régiment au moyen d'un nouveau marché par défaut, doit être considérée comme un cas de force majeure, mettant ce chef de corps dans l'impossibilité de remplir les obligations que lui imposait le marché en question et l'exonérant, conformément à l'article 1148 C. civ., de tous dommages-intérêts à raison de l'inexécution de ses obligations.

Tribunal Civil de Rennes, 1er Mars 1909............................ 114

2. — C'est en vain que le fournisseur, ainsi privé du bénéfice de son marché, prétend que ce cas de force majeure ne saurait lui être opposé, parce que la décision ministérielle aurait été provoquée par des renseignements faux ou erronés communiqués par son débiteur lui-même.

Ibid.

3. — En effet, s'agissant en l'espèce de rapports dressés et transmis hiérarchiquement, en obéissance aux règles de la discipline ainsi qu'aux règlements militaires, et qui constituent ainsi des actes de la fonction de ceux qui les ont rédigés, l'appréciation en échappe à l'autorité judiciaire, à moins que, en dehors de l'acte administratif, une faute personnelle soit alléguée contre ceux-ci.

Ibid.

4. — Dans un contrat à titre gratuit, l'intention d'exercer une libéralité constitue une cause suffisante d'engagement. On ne peut donc, dans les contrats de cette sorte, imaginer une hypothèse où la cause soit illicite ; il s'ensuit que les articles 1131 et 1133

C. civ., sont inapplicables aux contrats de cette nature.

En conséquence, doit être considérée comme formant, au profit du propriétaire actuel, un titre suffisant de propriété, la donation qui lui a été faite, dans un contrat de mariage, par son conjoint, d'un immeuble affecté à l'exploitation d'une maison de tolérance.

Tribunal Civil de Rennes, 25 Janvier 1909. — *Cour d'Appel de Rennes*, 17 Mai 1909 119

5. — Le but immoral postérieur à un acte est distinct de l'acte lui-même, et la justice n'a pas à rechercher les motifs pour lesquels un plaideur exige l'exécution d'un acte valable en soi.

Ibid.

6. — Le débiteur qui a remboursé sa dette aux mains du notaire rédacteur de l'acte d'obligation peut, à défaut de preuve littérale, démontrer par les présomptions résultant des circonstances de la cause que ce notaire avait mandat du créancier pour recevoir et que, par conséquent, le paiement ainsi fait est valable et libératoire, à la condition qu'il y ait en ce sens un commencement de preuve par écrit.

Tribunal civil de Redon, 20 Janvier 1909 169

Cour d'Appel de Rennes, 9 Novembre 1909 185

7. — Ne peuvent être considérés comme constituant à cet égard un commencement de preuve par écrit : la stipulation contenue à l'acte que le remboursement aura lieu en l'étude du notaire.

Ibid.

8. — ... ni l'élection de domicile par le créancier en ladite étude.

Ibid.

9. — Au contraire la représentation du créancier dans l'acte par un clerc du notaire rédacteur, en qualité de mandataire verbal, constitue en faveur de ce mandat un commencement de preuve par écrit.

En pareil cas il est certain, en effet, que le clerc ne figure à l'acte que pour masquer la personne de son patron qui ne pouvait y prendre la qualité de mandataire des parties.

Tribunal civil de Redon, 20 Janvier 1909 169

10. — Les circonstances que les deux parties étaient toutes deux clientes du notaire, — qu'elles habitent des communes différentes et sont étrangères l'une à l'autre, — les énonciations des comptes du notaire indiquant qu'il était le gérant ordinaire des affaires du créancier compléteraient utilement la preuve imposée au débiteur, et établiraient d'une manière décisive l'existence du mandat invoqué.

Ibid.

11. — Jugé, en sens contraire, que ne peut être considérée comme constituant un commencement de preuve par écrit en faveur du mandat prétendu la comparution à l'acte d'un clerc du notaire rédacteur comme mandataire du prêteur, cette intervention ayant uniquement pour but d'éviter à la partie qu'il représente un déplacement inutile, puisque, les termes de la convention étant arrêtés par avance, il ne s'agit plus que de les consigner dans l'acte et d'autre part le mandat de représenter le prêteur pour la constitution de l'obligation devant être strictement renfermé dans ses limites et ne pouvant être étendu aux circonstances ultérieures qu'il n'avait pas mission d'envisager.

Cour d'Appel de Rennes, 9 Novembre 1909 185

12. — Il doit surtout être ainsi jugé quand il apparaît des circonstances de la cause que le prêteur avait recours pour la gestion de ses capitaux aux offices de plusieurs notaires, qu'il surveillait lui-même de très-près tous ses placements, et n'abandonnait à personne le soin de recouvrer ses capitaux restant toujours, dans ce but, détenteur des grosses ; — et quand, d'autre part, il ressort clairement de la quittance remise en échange du paiement en ses mains par le notaire qu'elle n'est qu'un reçu provisoire, n'ayant pas pour effet de libérer le débiteur vis-à-vis du créancier.

Ibid.

13. — En semblable circonstance, il appartient au débiteur de poursuivre sans retard ses diligences pour se faire remettre la quittance du créancier. Et, à défaut de l'avoir fait, il doit être considéré comme toujours tenu à l'égard de celui-ci.

Ibid.

14. — Le paiement fait par un débiteur aux mains d'un notaire doit être considéré comme valable et libératoire vis-à-vis du créancier, lorsque ce notaire qui a rédigé l'acte d'obligation, négocié entre les parties le remboursement de la dette, a été indiqué par lettre au débiteur, par le créancier lui-même, pour recevoir un premier acompte.

Cour d'Appel de Rennes, 9 Mars 1909.............................. 174

15. — Il en est surtout ainsi quand il apparaît de l'examen des faits que le notaire a averti le créancier de la date à laquelle il recevrait paiement pour lui, et qu'à tous les moments il s'est considéré comme nanti du mandat de recevoir.

Ibid.

Partage

1. — Si les créanciers des copartageants peuvent intervenir aux opérations du partage et aux procès auxquels elles peuvent donner lieu, ils doivent seuls supporter les dépens de leur intervention, alors même que leur débiteur triompherait dans ses prétentions.

Cour d'Appel de Rennes, 10 Juillet 1908.............................. 7

2. — L'article 826, C. civ., aux termes duquel chacun des cohéritiers peut demander sa part en nature des meubles et immeubles de la succession est applicable même quand l'un des cohéritiers n'a accepté la succession que sous bénéfice d'inventaire.

Ibid.

Pêche

1. — La possession d'un droit de pêche sur un étang, revendiqué au profit d'un riverain, propriétaire d'une parcelle située à la queue de cet étang, et partiellement, couverte, en temps normal, par les eaux, peut être protégée par une action possessoire; mais à la condition, pourtant, que le riverain justifie d'une possession conforme à l'article 2229 C. civ.

Justice de Paix de Liffré, 6 Janvier 1909.............................. 197

2. — Sa possession n'a pas les caractères exigés par ce texte, — notamment elle n'est ni continue ni non-interrompue — lorsque le riverain est obligé de reconnaître lui-même que le propriétaire de l'étang (un usinier, dans l'espèce) a le droit incontestable de se servir de la nappe liquide pour ses besoins industriels, et, par suite, de baisser l'eau à sa guise sur la queue de l'étang, et même de l'assécher complètement.

Ibid.

3. — Dès lors, est irrecevable l'action possessoire introduite par ce riverain contre le propriétaire de l'étang, à l'effet de se faire maintenir en possession du droit de pêche sur sa parcelle, et, par voie de conséquence, de faire supprimer un barrage en piquets et treillis de fer, récemment établi par le propriétaire de l'étang, pour en empêcher l'accès au poisson de son étang.

Ibid.

Peines

La loi du 26 Mars 1891 est applicable aux condamnations prononcées pour contraventions à la police des chemins de fer.

Cour d'Appel de Rennes, 26 Mai 1909.............................. 27

Possession

V. *Pêche*. — *Prescription*.

Prescription

1. — Les établissements publics peuvent, comme les simples particuliers, acquérir par prescription.

On ne peut considérer comme contraire à l'ordre public le fait, par une fabrique, de posséder un immeuble qui lui a été donné en dehors de l'autorisation qu'elle aurait dû demander.

L'obligation pour les établissements publics de se procurer l'autorisation administrative ne concerne que les acquisitions à titre gratuit et ne fait pas obstacle à ce qu'ils acquièrent par prescription, sans autorisation, les biens qu'ils ne pourraient recevoir directement en vertu de la donation qui leur a été faite sans avoir été autorisés.

Cour d'Appel de Rennes, 15 Juin 1909.............................. 55

2. — La présomption de propriété résultant de la possession dans les termes de l'art. 2279 C. civ. ne peut être utilement opposée, par le tiers détenteur de valeurs et titres ayant appartenu à une personne décédée, aux héritiers de celle-ci, alors qu'il résulte des circonstances de la cause et qu'il est reconnu par le défendeur lui-même, chez qui le *de cujus* s'était retiré pendant les derniers temps de sa vie et est ensuite décédé, que celui-ci n'avait aucun domicile ni même aucun meuble personnel, où il pût les renfermer : une telle possession est en effet incertaine et équivoque.

Tribunal civil de Saint-Brieuc, 7 Août 1907. — *Cour d'Appel de Rennes*, 7 Janvier 1909................. 149

3. — Doivent être considérés comme constituant une possession équivoque, ne pouvant engendrer la présomption de propriété de l'article 2279 C. civ., la vente d'un titre de rente au porteur et l'encaissement des coupons de divers titres et valeurs, alors que, eu égard aux circonstances de la cause, celui qui a fait ces encaissements et ordonné cette vente peut avoir agi aussi bien comme mandataire verbal du véritable propriétaire, — qui habitait alors chez lui, et se trouvait, par suite de maladie, incapable de gérer ses affaires, — que, comme étant devenu lui-même, par l'effet d'un don manuel, le propriétaire des titres.

Ibid.

4. — La prescription de l'article 2265 C. civ. n'est pas interrompue par un acte qui ne contient ni citation en justice, ni commandement, ni saisie, surtout si cet acte est signifié par un tiers.

Tribunal civil de Vannes, 26 Mai 1909................................ 25

Preuve littérale

V. *Cultes*.

1. — Les établissements publics qui, en exécution de la Loi de 1905, ont reçu des biens provenant d'un établissement du culte supprimé sont les ayant-cause dudit établissement. En conséquence, les écrits réguliers émanant des représentants légaux de celui-ci leur sont opposables, alors même qu'ils n'auraient pas acquis date certaine.

Tribunal civil de Guingamp, 18 Mars 1908. — *Cour d'Appel de Rennes*, 29 Mars 1909.................................. 44

2. — Toutefois, pour que de tels écrits puissent juridiquement constituer une preuve en faveur du créancier qui actionne l'établissement public attributaire en payement d'une dette contractée par l'établissement supprimé dont il est l'ayant-cause, il faut qu'il soit établi qu'ils ont été donnés antérieurement au moment où l'établissement du culte a été mis sous séquestre et où, par conséquent ses représentants légaux ont cessé leurs fonctions.

Ibid.

3. — Spécialement, les fournitures de boucherie constituant une dépense ordinaire que l'économe d'un Petit-Séminaire avait qualité pour engager et régler, un arrêté de compte émanant de cet économe peut constituer une preuve littérale complète au profit du boucher qui en est le bénéficiaire ; mais il est nécessaire pour cela qu'il porte une date antérieure à la mise sous séquestre du Petit-Séminaire et par conséquent à la cessation des fonctions de l'économe.

Ibid.

4. — Un boucher, fournisseur habituel d'un Petit-Séminaire, ne peut être considéré comme étant dans l'impossibilité de se procurer une preuve écrite de ses livraisons journalières, au moins sous la forme d'arrêtés de comptes mensuels ou trimestriels.

Ibid.

5. — L'article 195 C. co. qui prescrit que « la vente volontaire d'un navire doit être faite par écrit » n'est pas applicable au marché à forfait passé pour la construction d'un navire.

Tribunal de commerce de Saint-Malo, 1er Juillet 1908. — *Cour d'Appel de Rennes*, 21 Juin 1909.......... 60

Preuve testimoniale

V. *Notaire*. — *Obligation*.

Responsabilité civile

V. *Avoué*. — *Accidents du travail*. — *Action en justice*. — *Animaux*. — *Aubergiste*. — *Dépôt*.

1. — Par le fait de la location à lui consentie sans aucune réserve, d'une grue avec son mécanicien, le preneur devient libre pendant toute la durée du contrat de s'en servir à son gré, à son heure, de donner des ordres pour prendre et faire cesser le travail.

Tribunal civil de Nantes, 11 Novembre 1908. — *Cour d'Appel de Rennes*, 13 Juillet 1909.......................... 95

2. — La machine doit dès lors être considérée comme l'un des éléments indispensables au travail de déchargement auquel elle est affectée, et le mécanicien qui la conduit, comme un préposé du preneur qui se trouve ainsi responsable des accidents qui surviendraient au cours de l'exécution du travail.

Ibid.

3. — La responsabilité du propriétaire de la machine ne saurait être engagée que si l'accident résultait soit d'un vice afférent à la machine, soit de l'incompétence reconnue du mécanicien.

Ibid.

4. — Aux termes de l'art. 11 de la Loi du 29 Décembre 1905, sur la Caisse de prévoyance des Marins français, qui affranchit l'armateur de la responsabilité civile des fautes du capitaine ou de l'équipage, aucune indemnité n'est due par l'armateur aux marins, victimes d'un accident à son service, si l'on n'établit contre lui une faute personnelle, intentionnelle ou inexcusable.

Tribunal civil de Lorient, 24 Mars 1908. — *Cour d'Appel de Rennes*, 30 Décembre 1908........................ 108

5. — Spécialement lorsqu'un navire a, pendant le cours d'une traversée, péri corps et biens, les ayants-droits des marins disparus dans le naufrage ne peuvent obtenir de l'armateur une indemnité qu'en établissant la relation certaine existant entre les actes de celui-ci et le sinistre, comme par exemple que le chargement a été, par le fait de l'amateur, opéré avec l'intention d'exposer le navire à un sinistre, ou dans des conditions telles qu'il devait apparaître inévitable.

Ibid.

6. — Une femme mariée, avisagée seule et sous la qualité de veuve, commet, en prolongeant l'équivoque et en s'attribuant de même cette qualité de veuve dans les diverses phases de la procédure, une faute qui engage sa responsabilité.

Tribunal Civil de Rennes, 29 Janvier 1909........................ 172

7. — En conséquence, les dépens tant de la procédure annulée que celle de la tierce-opposition doivent être partagés entre les parties par proportions égales.

Ibid.

8. — En affichant dans l'enceinte d'une église que, conformément à la décision du Conseil paroissial, seuls certains cierges portant une marque spéciale seraient autorisés à brûler dans ladite église, et en accaparant, pour l'exécution du monopole par lui ainsi créé, un meuble sur lequel il n'a qu'un droit de jouissance relative, un curé commet une violation du principe inscrit dans l'article 1er de la Loi du 2 Janvier 1907.

Tribunal civil de Nantes, 11 Novembre 1909........................ 188

9. — Un curé commet également une faute en affichant dans l'intérieur de l'enceinte de l'église une recommandation aux fidèles pour leur enjoindre de n'acheter que des cierges d'une marque déterminée, et en accompagnant cette recommandation d'appréciations désobligeantes pour un commerçant vendant d'autres cierges, et ce dans le but, d'ailleurs atteint, de mettre à l'index ce commerçant.

Ibid.

Retour légal ou conventionnel

V. *Donations*. — *Successions*.

Saisie-Arrêt

Une saisie-arrêt pratiquée aux mains d'un commerçant sur les sommes dont il peut être débiteur envers un représentant travaillant pour lui à la commission ne peut frapper que les commissions déjà dues ; ses effets ne sauraient s'appliquer aux commissions ou remises qui pourraient être dues par la suite et dont le principe de créance n'existe pas encore au moment de la saisie.

Tribunal civil de Châteaulin, 23 Juin 1908. — *Cour d'Appel de Rennes*, 21 Juin 1909........................ 62

2. — Si les commissions ou remises versées à un représentant travaillant à la commission ne peuvent être assimilées aux salaires ou appointements des employés et par conséquent donner lieu à l'application des règles édictées pour la saisie des salaires, le juge doit cependant rechercher si elles

ne revêtent pas un caractère alimentaire, et, s'il en est ainsi, ordonner la distraction, au bénéfice du saisi, de la partie des sommes saisies-arrêtées qui lui est indispensable pour vivre et continuer l'exercice de sa profession.

Ibid.

Séparation des patrimoines

V. *Succession.*

Substitution

L'institution conjointe comme légataires universels de deux personnes, — en l'espèce: le neveu et la nièce du disposant — avec cette stipulation que dans le cas où celle-ci viendrait à mourir sans enfants la part qu'elle aurait recueillie dans la succession appartiendrait à son colégataire ou aux enfants de celui-ci, ne révèlent pas chez le testateur la volonté de régler la succession de sa légataire en même temps que la sienne et d'organiser un ordre successif de transmission des biens; elle ne constitue donc pas une substitution prohibée.

Il faut voir dans de semblables dispositions deux legs conditionnels alternatifs, l'un sous condition résolutoire, l'autre sous conditions suspensive.

Cour d'Appel de Rennes, 17 Juillet 1907. — *Cour de Cassation*, 24 Juin 1908............................... 7

Succession

1. — L'art. 826 C. civ., aux termes duquel chacun des cohéritiers peut demander sa part en nature des meubles et immeubles de la succession est applicable, même quand l'un des cohéritiers n'a accepté la succession que sous bénéfice d'inventaire.

Cour d'Appel de Rennes, 10 Juillet 1908............................... 7

2. — Si l'acceptation bénéficiaire crée au regard des tiers une séparation de patrimoine au profit de l'héritier qui a accepté sous bénéfice d'inventaire, celui-ci ne peut enlever à l'héritier pur et simple son droit absolu de perpétuer la personne du *de cujus* et de payer ses dettes même *ultra vires*.

Ibid.

3. — L'obligation imposée à l'héritier bénéficiaire de réaliser l'actif et d'éteindre le passif ne s'étend qu'à la part qu'il recueille dans la succession.

Ibid.

4. — En présence d'un légataire universel seul habile à profiter des sommes provenant des legs ou charges annulés ou dont l'exécution serait impossible, les héritiers naturels, que d'ailleurs le testament a exhérédés, sont sans intérêt et par conséquent sans qualité pour critiquer et faire annuler les legs ou charges contenus dans le testament.

Cour d'Appel de Rennes, 22 Février 1908............................... 69

5. — Le droit de retour prévu et organisé par l'article 747 C. civ. constitue un droit successoral dont le mode d'exercice est exclusivement régi par la loi. Toute convention qui y porterait atteinte est nulle et doit être considérée comme non avenue.

Cour d'Appel de Rennes, 25 Février 1907............................... 98

6. — Mais rien n'empêche un ascendant de stipuler, comme condition d'une donation faite par lui à l'un de ses héritiers, le retour, à son profit, des biens qui font l'objet de la donation sous certaines conditions et restrictions, cette clause de retour conventionnel devant produire effet au cas où le retour légal ne pourrait s'accomplir au profit du donateur.

Ibid.

7. — Ainsi, lorsque l'ascendant donateur renonce à la succession du donataire, il se trouve par là même privé du droit d'exercer à son profit le retour légal; dans ces conditions, rien ne doit empêcher une clause stipulant, au profit du donateur, le retour conventionnel, sous certaines conditions et restrictions, des biens par lui donnés, de produire effet.

Ibid.

8. — On ne saurait annuler une clause d'un acte de donation par un ascendant à l'un de ses héritiers, — par laquelle celui-ci stipule qu'il pourra, dans certaines conditions et sous certaines réserves, disposer de l'usufruit des biens donnés au profit de son conjoint, — sous le prétexte que le retour conventionnel ne peut jamais diminuer les droits éventuels que la loi donne au donateur en sa qualité de successible, et qu'il peut bien étendre, mais non restreindre les effets du retour légal.

Ibid.

9. — En effet, une telle clause ne comporte rien qui modifie l'ordre successoral ou qui constitue un pacte sur une succession non ouverte, l'éventualité des décès qui y sont prévus ne constituant que des clauses conditionnelles relatives à l'objet même de la donation. D'autre part, elle ne constitue pas une renonciation anticipée à un droit successoral ; elle n'est qu'une modalité réglant la manière dont s'opérera le retour.

Ibid.

Sursis (Loi de).

V. *Peines.*

Testament

1. — La lecture, qu'aux termes de l'article 972 C. civ. le notaire doit donner du testament qu'il a reçu en la forme authentique, doit être une lecture efficace, que le testateur puisse entendre, afin de lui permettre de vérifier si sa pensée a été exactement traduite et de rectifier les erreurs de rédaction qui auraient été commises.

Cour d'Appel de Rennes, 17 Mai 1909. 32

2. — Dès lors, si le testateur n'avait pu, en raison de son état de surdité, percevoir cette lecture, le testament serait entaché de nullité.

Ibid.

3. — Mais, lorsqu'il n'est pas établi que le testateur était atteint de surdité absolue, c'est au demandeur en nullité à préciser les conditions dans lesquelles cette lecture a été faite et à démontrer que le testateur n'a pu l'entendre ; — et les témoins instrumentaires sont les seuls dont le témoignage importe à cet égard.

Ibid.

4. — Il ne saurait suffire de faire entendre des témoins représentant le testateur comme étant arrivé à un degré de surdité extrême, ne lui permettant plus de comprendre que par signes, alors que ces affirmations absolues sont contredites, d'une part, par les déclarations d'autres témoins, et d'autre part, par ce fait capital qu'interrogé par le notaire, en son étude, lors de la confection du testament, le testateur a nettement répondu aux questions qui lui étaient posées, montrant ainsi qu'il les avait entendues et comprises.

Ibid.

5. Lorsque plusieurs écrits testamentaires portant la même date et ne contenant aucunes dispositions inconciliables entre elles ont été trouvés réunis en un même endroit par les soins mêmes du testateur, ils doivent être considérés comme formant par leur réunion l'ensemble des dispositions testamentaires de leur auteur ; et il n'y a pas lieu à l'application de l'article 1036 C. civ.

Cour d'Appel de Rennes, 22 Février 1909. 69

Tierce-opposition

1. — Une opposition à une vente judiciaire renvoyée devant un notaire ne peut être reçue de la part d'une personne étrangère au jugement que par la voie de la tierce-oppositon.

Tribunal Civil de Vannes, 26 Mai 1909. 25

2. — Un mari est recevable à faire tierce-opposition à un jugement interlocutoire ordonnant une enquête, rendu contre sa femme à la suite d'une procédure à laquelle il n'a été ni appelé ni représenté.

Tribunal Civil de Rennes, 29 Janvier 1909. 172

Travaux publics

1. — Toute fourniture — à quelques rares exceptions près — comprenant une matière transformée par le travail, il ne suffit pas, pour faire la distinction entre les marchés de fournitures et ceux relatifs aux travaux publics et fixer la compétence, d'apprécier lequel, du travail ou de la fourniture, doit être considéré comme principal et prépondérant.

Tribunal Civil de Rennes, 17 Mai 1909. 76

2. — Doivent être seuls considérés comme présentant le caractère de travaux publics, les travaux de construction, terrassement, entretien d'immeubles pour le compte d'une personne administrative ou en vue d'un service public.

Ibid.

3. — Spécialement, un marché ayant pour objet la fourniture à une commune d'imprimés, registres, etc., constitue, non un marché de travaux publics, mais un marché de fournitures. Et c'est avec raison que la juridiction civile est saisie de la connaissance des difficultés qui sont nées à l'occasion de ce marché.

Ibid.

4. — Un champ de foire étant considéré comme une dépendance du domaine public, la plantation dans le sol de ce champ de foire, par les soins de la commune qui en est propriétaire, de poteaux qui y sont ainsi incorporés et en deviennent nécessairement l'accessoire, doit être considérée comme un travail public.

Cour d'Appel de Rennes, 12 Juillet 1909........................... 92

5. — En conséquence l'accident qui pourrait survenir du fait de l'établissement de ces poteaux ne saurait donner lieu à une action judiciaire devant les tribunaux civils, ceux-ci étant, aux termes de l'art. 4 de la Loi du 28 Pluviôse An VIII, incompétents pour connaître des dommages qui auraient pu être occasionnés par un travail public soit aux propriétés, soit aux personnes.

Ibid.

6. — L'accident survenu à un passant par suite du défaut ou de l'insuffisance d'éclairage des voies publiques de la commune, ne saurait non plus donner lieu à une action devant la juridiction civile, puisque, dans ce cas, il résulterait d'une faute commise par le maire dans l'exercice de l'autorité qu'il tient de la Loi du 5 Avril 1884 (art. 97), et que la commune, fût-elle civilement responsable, les tribunaux civils seraient incompétents pour connaître de la demande de la victime ou de ses ayants-droit.

Ibid.

Usufruit

V. *Nu-propriétaire*.

Vente

V. *Navire*.

1. — Lorsque le vendeur fait livrer la marchandise à l'acheteur par un tiers avec lequel il a seul traité, l'acheteur est irrecevable à actionner le tiers dont il a reçu la livraison mais avec lequel il n'a aucun lien de droit, si la marchandise livrée ne correspond pas à la qualité promise par le vendeur.

Tribunal de Commerce de Quimper, 10 Avril 1908. — *Cour d'Appel de Rennes*, 21 Juin 1909................ 88

2. — Il en est ainsi alors même que le tiers aurait fait traite directement lui-même sur l'acheteur.

Ibid.

Vente commerciale

V. *Compétence commerciale*.

En matière commerciale, des démarches faites par l'acheteur auprès du vendeur pour obtenir livraison peuvent constituer une mise en demeure suffisante.

Tribunal civil de Pontivy, 22 Juillet 1909. — *Cour d'Appel de Rennes*, 3 Juin 1909........................ 50

Vente d'immeubles

V. *Maison de tolérance*.

Une opposition à vente judicaire renvoyée devant un notaire ne peut être reçue, de la part d'une personne étrangère au jugement, que par la voie de la tierce-opposition.

Tribunal civil de Vannes, 24 Mai 1909.............................. 25

TABLE CHRONOLOGIQUE

des Décisions publiées dans le

RECUEIL DES ARRÊTS DE LA COUR DE RENNES

Pendant l'Année 1909

NOTA. — Les décisions de la Cour sont indiquées ainsi : RENNES.

1905

Mai

22. Tribunal civil de Nantes..... 133

1906

Mars

23. Tribunal civil d'Ancenis..... 162

Juin

23. RENNES...................... 131

1907

Janvier

12. Trib. de comm. de Paimpol.. 195

Février

25. RENNES...................... 98
28. RENNES...................... 162

Juillet

17. RENNES...................... 7

Août

7. Tribunal civil de St-Brieuc... 149

Novembre

22. Tribunal civil de St-Nazaire. 103

1908

Janvier

21. Tribunal civil de Lannion.... 176

Février

6. Tribunal civil de Nantes..... 16
24. Tribunal civil de Nantes..... 12
26. Tribunal civil de St-Brieuc... 200

Mars

18. Tribunal civil de Guingamp. 44
23. RENNES...................... 35
24. Tribunal civil de Lorient.... 108

Avril

8. Tribunal civil de Nantes..... 146
10. Trib. de comm. de Quimper.. 88

Juin

11. Rennes 103
11. Rennes 195
23. Tribunal civil de Châteaulin 62
24. Cour de Cassation 9
25. Tribunal civil de Nantes 152
30. Rennes 5

Juillet

1. Trib. de commerce de St-Malo 60
3. Tribunal civil de Rennes 164
10. Rennes 7
15. Tribunal civil de Nantes 166
22. Tribunal civil de Pontivy 50

Août

21. Tribunal de comm. de Rennes 128

Novembre

11. Tribunal civil de Nantes 95
12. Rennes 40
18. Rennes 146

Décembre

16. Rennes 12
21. Rennes 105
21. Rennes 166
30. Rennes 108

1909

Janvier

6. Tribunal de Paix de Liffré 197
7. Rennes 149
13. Tribunal de Paix de Vannes 112
20. Tribunal civil de Redon 169
25. Tribunal civil de Rennes 119
29. Tribunal civil de Rennes 172

Février

8. Rennes 67
19. Tribunal civil de St-Nazaire 158
22. Rennes 16
22. Rennes 69
24. Rennes 200

Mars

1. Tribunal civil de Rennes 114
2. Rennes 152
6. Rennes 42
9. Rennes 156
9. Rennes 174
29. Rennes 44

Mai

15. Rennes 30
17. Rennes 32
17. Tribunal civil de Rennes 76
17. Rennes 119
19. Rennes 21
24. Rennes 22
24. Tribunal de simple police de Rennes 48
26. Rennes 27
26. Tribunal civil de Vannes 25
27. Tribunal de Paix de Rennes 79

Juin

3. Rennes 50
15. Rennes 55
15. Rennes 83
15. Rennes 176
16. Rennes 81
16. Rennes 86
21. Rennes 60
21. Rennes 62
21. Rennes 88

Juillet

1. Rennes 91
1. Rennes 131
2. Rennes 125
12. Rennes 92
13. Rennes 95
13. Rennes 160
29. Rennes 128
30. Rennes 158

Novembre

9. Rennes 181
9. Rennes 185
11. Tribunal de Paix de Nantes 188

Décembre

2. Rennes 202

TABLE ALPHABÉTIQUE

des

NOMS DES PARTIES

A

Abalan et Riou c. Prigent........ 165
Aciéries Nantaises (Société des) c. *Le Nord*.................... 181
Astier (Vve) c. Boissonneau (époux) 98
Aubrée c. Brizou............... 197

B

Baillergeau et Bureau c. Chantiers de Saint-Nazaire.......... 35
Barbotin c. Daniel (époux)....... 169
— — 185
Barré c. Leguern................ 146
Basse-Loire (Société de la) c. Molay 156
Bazin et Berthault c. Légasse.... 202
Béchu et Bourgoint c. Coupel.... 7
Beillevert (Époux) c. Desbois (Vve) 103
Bellier......................... 166
Berthault et Bazin c. Legasse.... 202
Blin (Vve) c. Esnault et Lemarchand (époux)................ 164
Id............................. 172
Boissonneau (Époux) c. Astier (Vve) 98
Bourgoin. c. Béchu et Coupel.... 7
Brizou c. Aubrée................ 197
Brulon c. Lemarchand........... 200
Buhot de Launay (Vve) c. Huchet du Guermeur (Vve)............ 195
Bureau et Baillergeau c. Chantiers de Saint-Nazaire......... 35
Busnel c. Gautier............... 60

C

Calbris c. Guy.................. 125
Caradec c. Prigent.............. 91
Chambre de Commerce de Nantes c. Grandjouan................ 95
Chantiers de Saint-Nazaire contre Bureau et Baillergeau......... 35
Ciments de Portland (Société des) c. Le Calloch................. 62
Clémenceau c. *La Foncière*....... 152
Cogez et Lepeltier c. Ville de Nantes et la Société Frigorifique 131
Compagnie Française de Phosphates c. Lucas............... 59
Coupel c. Béchu et Bourgoint.... 7
Cusenier c. *Le Nouvelliste de Bretagne*..................... 128

D

Daniel (Époux) c. Barbotin....... 169
— — 185
Denouault c. Le Calvé.......... 25
Depeux, Gelas et Tracol c. Duhamel.......................... 88
Desbois (Vve) c. Beillevert (époux) 103
Duhamel c. Tracol, Depeux et Gelas........................ 88
Duréchou c. Enregistrement..... 176
Duval c. Compagnie de l'Ouest... 5

E

Enregistrement c. Duréchou..... 176
— de Kergrist... 83
— Le Moign..... 55
— cons de Ploeuc 81
— cons Renaudet 86
Esnault et Lemarchand (époux) c. Blin (Vve).................... 164
Id............................. 172
Etat (Chemins de fer de l') c. Margot........................... 79

F

Ferré (Vve) c. Parois et l'*Urbaine et la Seine*.................... 42

Fischer c. Prévost et Cie......... 158
Foncière (La) c. Clémenceau..... 152

G

Gautier c. Busnel............... 60
Gelas, Tracol et Depeux c. Duhamel 88
Glacières et Entrepôts frigorifiques (Société des) c. Ville de Nantes et Cogez et Lepeltier... 132
Goarin-Labia (Époux) c. Labia... 149
Gouthière (Époux) c. Saumade (Vve) 119
Gouyon de Coipel (De) c. Thélohan........................ 174
Grandjouan c. Chambre de commerce de Nantes............. 95
Guillevin et Lena c. Massin...... 40
Guy c. Calbris................... 125

H

Halgand (Vve) c. Ville de Nantes. 16
Halgand c. Jallais.............. 69
Henry ès-qualités c. Ody-Audrain 44
Huchet du Guermeur (Vve) c. Buhot de Launay (Vve)......... 195

J

Jallais c. Halgand.............. 69

K

Kergrist (De) c. Enregistrement.. 83

L

Labia c. Goarin-Labia........... 149
Lajat c. Papeteries Gouraud..... 67
Le Brise (Société F.) c. Portanguen (Vve).................. 108
Le Calloch c. Société des Ciments de Portland................. 62
Le Calvé c. Denouault et Porcheron...................... 25
Le Dizet c. Société des Ciments de Portland et Le Calloch........ 63
Legasse c. Berthault et Bazin.... 202
Leguern c. Barré................ 146
Le Hur c. Nicol................. 112
Le Maillot c. Moreau et Rozet.... 30
Lemarchand (Époux) et Esnault c. Blin (Vve)................ 164
Id................................ 172
Lemarchand c. Brulon............ 200
Le Moign c. Enregistrement..... 55
Léna et Guillevin c. Massin...... 40
Léost (Vve) c. Troadec-Kergil..... 32
Lepeltier c. Masnou............. 114
Lepeltier et Cogez c. Ville de Nantes et Société Frigorifique. 131
Lucas c. Compagnie Française de Phosphates.................. 50

M

Margot c. Chemin de fer de l'État 79
Masnou c. Lepeltier............ 114
Massin c. Léna et Guillevin........ 40
Ministère public c. Von B........ 21
— Mornac....... 27
— X et Y........ 48
Molay c. Société de la Basse Loire 156
Monmirel c. Vincent............ 162
Montoir (commune de) c. Vve Trufil. 92
Moreau et Rozet c. Le Maillot.... 30
Mornac c. Cie d'Orléans et Minis-Public....................... 27

N

Nantes (ville de) c. Halgand (Vve).. 16
— c. Cogez, Lepeltier et Société des Glacières et Entrepôts frigorifiques......... 132
Nicol c. Le Hur................ 112
Nicol (Vve) c. Pilorge 160
Nord (Le) c. Société des Aciéries Nantaises................... 181
Nouvelliste de Bretagne (Le) c. Cusenier.................... 128

O

Ody-Audrain c. Henry ès-qualités 44
Ollivier c. Rezeau (dame)........ 188
Orléans (Compagnie d') c. Mornac. 27
Ouest (Compagnie de l') c. Duval. 5

P

Papeteries Gouraud c. Lajat..... 67
Parois c. Ferré (Vve) et l'*Urbaine et la Seine*.................. 12
Phosphates (Compie française des) c. Lucas..................... 50
Pilorge c. Nicol (Vve)........... 160
Pisnel-Peschardière c. Société des Tracteurs Bretons............ 42
Plœuc (De) c. Enregistrement..... 81
Porcheron c. Le Calvé.......... 25
Portanguen (Vve) c. Société Le Brise...................... 108
Prévost et Compagnie c. Fischer. 158
Prigent c. Caradec.............. 91
Prigent c. Riou, et Abalan....... 105

R

Raulin c. X.................... 22

Renaudet c. Enregistrement...... 86
Rennes (Ville de) c. Simon....... 76
Rezeau (Dame) c. Ollivier....... 189
Riou et Abalan c. Prigent....... 105
Rozet et Moreau c. Le Maillot... 30

S

Saumade (Vve) c. époux Gouthière.......................... 119
Simon c. Ville de Rennes........ 76
Société des Aciéries Nantaises c. *Le Nord*..................... 181
Société des Ciments de Portland c. Le Dizet et Le Calloch...... 62
Société Nantaise des Glacières et Entrepôts frigorifiques c. Cogez, Lepeltier et la Ville de Nantes. 132
Société Le Brise c. Portanguen (Vve) 108
Société des Tracteurs Bretons c. Pinel-Peschardière............ 42
Société des Usines de la Basse-Loire c. Molay................ 156

T

Thélohan c. Gouyon de Coipel (de) 174
Tracol, Depeux et Gelas c. Duhamel......................... 88
Tracteurs Bretons (Société des) c. Pinel-Peschardière............ 42
Troadec-Kergil c. Vve Léost...... 32
Trufil (Vve) c. commune de Montoir......................... 92

U

Urbaine et la Seine (L') c. Ferré (Vve) et Parois..................... 12

V

Vincent c. Monmirel 162
Von B*** c. Ministère Public..... 21

X

X c. Raulin 22
X et Y c. Ministère Public....... 48

Y Z

Y et X c. Ministère Public....... 48

ERRATA

Un certain nombre de fautes se sont glissées dans le *Recueil*. Voici celles qui peuvent présenter quelque importance :

Page 25, 10e ligne :

Au lieu de : 26 Mai 1907
Lire : 26 Mai 1909.

Page 71, 2e ligne :

Au lieu de : *...pour anticiper et faire annuler...*
Lire : *...pour critiquer et faire annuler...*

Page 164, 16e ligne avant la fin :

Au lieu de : COUR D'APPEL DE RENNES (2e Chambre)
Lire : TRIBUNAL CIVIL DE RENNES (2e Chambre)

Page 172, 9e ligne avant la fin :

Au lieu de : COUR D'APPEL DE RENNES (2e Chambre)
Lire TRIBUNAL CIVIL DE RENNES (2e Chambre)

SOMMAIRE

Cultes. — Séparation des Eglises et de l'Etat. — Gestion et administration des biens du Culte. — Pouvoirs des curés. — Monopole de la fourniture des cierges. — Mise à l'index d'un commerçant........ 188

Navires. — Copropriétaires. — Associés. — Article 1869 C. civ. — Article 220 C. co........ 195

Possession d'un droit de pêche. — Action possessoire. — Caractères de la possession. — Irrecevabilité........ 197

Responsabilité civile. — Chasseur. — Accident. — Imprudence.. 200

Diffamation. — Imputation d'un fait précis. — Atteinte à l'honneur et à la considération. — Intention de nuire........ 202

Table analytique des décisions publiées pendant l'année 1909.... 207

Table chronologique........ 235

Table par noms des parties........ 237

L'Imprimeur-Gérant :

H. RIOU-REUZÉ

www.ingramcontent.com/pod-product-compliance
Ingram Content Group UK Ltd.
Pitfield, Milton Keynes, MK11 3LW, UK
UKHW020446200726
13857UKWH00002B/590